外国人生徒の学びの場
多様な学び場に注目して

はじめに

Tは生き延びていた!

Konbanwa Ismael desu. Ogenki desu ka!?!（原文のママ）

2023年1月29日早朝、深夜12時23分にこのメッセージがメールで届いていたことに気づいた。2019年11月にブラジルに強制送還されたTからのメールである。

2020年3月5日にメッセンジャーでTのメッセージを確認して以降、何度かメッセンジャーで呼びかけたが、返信がなく、元気で暮しているのか、そもそも生き延びているのか心配していた。上記のメールを確認した時はとにかく安堵し、これから連絡しあえるかもしれないとの期待感が沸いた。

Tとは、2018年5月に、茨城県牛久市にある入管施設（東日本入国管理センター）から田巻宛に送られてきた手紙がきっかけで出会った。日系ブラジル人であるTは、両親とともに2008年に10歳で来日した。Tは日本語が全く分からない状態で来日したが、小学校の時は楽しそうに学校に通っていたという。しかし、中学校に入って、Tの生活は大きく変わる。勉強が分からない、友だちができない、いじめをうけるなどして、数か月で不登校になり、その後日本人の不良グループと一緒に非行を重ねる。その後、少年院、再非行、少年院再入院、犯罪（コンビニ強盗）、刑務所服役（服役中に定住者の在留資格喪失）、仮釈放された当日に入管施設収容、約3年間の入管施設長期収容を経て、2019年暮れ、31歳の時に母国ブラジルへ強制送還された。

Tの20年を追跡したことから見えてきたのは、義務教育を十分に受けることが出来ず、また、学び直しの場を得られなかったことに強く規定された「転落の20年」である。Tは、度々定時制課程の高校で学び直しすることは出来ないかと語った。夜間中学という言葉は、手紙で一度だけ出てくる。「最後に自分自身の夢である人生をやり直すために学び直したいことが夢です。日本社会にも役立ちたいです。学歴が足りないので私から進んで夜間中学に通うことを考えています」。

Kとの出会い

Kと初めて会ったのは2021年10月だったと思う。「とちぎ自主夜間中学宇都宮校」（2021年8月開校）でのグループワークでたまたま一緒のグループとなった。Kはその時15歳、どこの学校にも在籍していない状態であった。

2020年10月頃に父親の日本での就労が決まったことに伴い、Kは中学卒業まであと2か月を残し、母国ブラジルの中学を退学した。予定通り2020年中に来日できていれば、Kは14歳で県内の中学校に編入できたと思われる。しかし、コロナ禍の影響で来日が延期となり、Kが来日したのは2021年5月であった。この間、Kは3月に15歳の誕生日を迎えた。来日後すぐに父親とKは、居住する市の教育委員会に中学校入学希望の相談に行くが、2回断られている。Kは2021年度中に16歳になるため、「学齢超過」を理由に断られたと思われる。母国の9年間の義務教育課程を修了していないため、日本の中学校を卒業出来ないと、高校受検の資格が得られない。この事情を知り、当該の教育委員会に相談に行った。相談の結果、「学齢超過者の入学を認めない方針は変わら

ないが、コロナ禍の影響で学ぶ場が奪われることがあってはならない」との判断で、中学校への入学が認められた。

　Kは、来日するまで、日本語は学んだことがなかった。Kは中学3年に編入し、卒業近くまで外国人児童生徒適応指導教室で集中的に日本語を学んだ。そして、Kは居住地に近い茨城県の全日制高校を受検し合格した。この高校は、日本語を母語としない生徒も個々の能力を発揮できるような教育体制を構築することをねらいとして、2022年度より、外国人特例枠の拡大（募集定員3学級120人うち特例枠40人）と応募資格の緩和等（在日期間の制限なし）の入試を導入した。この点、Kは幸運であった。

学ぶチャンス

　2017年11月〜2018年2月にかけて関西の公立夜間中学で学んでいた80代の日本人女性Sと出会った。Sは、小さいころ耳が悪くて十分に学べなかった（耳が悪いことは恥ずかしくて言えなかった）。Sは、75歳まで畳屋の仕事を手伝い、数年後に公民館で夜間中学のポスターを見て入学を決める。Sは10代の外国人学生と一緒の教室で実に楽しそうに学んでいた。第63回の全国夜間中学校研究大会（2017年11月開催）で、Sは他の夜間中学生の体験談を時に泣きながら真剣な表情で聞いていた。入学を決めた時の気持および学校の様子を「生活を変えたいという気持ちはありました。自分のね、もっとこう前向きに生きられるようにいうて。だから学校へ来てからうんと変わりました」、「全部楽しいです。勉強も、お友だちとお話しするのも。家の者も『お母さん変わったね』って」と語った。

　大阪の特別定員枠校の卒業生である30代のAとは、しばらく前に愛知県のある町で会った。Aは、中国の中学校を卒業後数か月して両親とともに2001年に日本に来た。日本語は全く出来なかった。来てから数か月で高校受検の時期を迎え、大阪のある特別定員枠を有する高校を受検した。その高校に特別定員枠が設置された初年度（2002年度）の受験生であった。試験の結果はほとんど零点であったが、Aは合格した。Aが合格できた要因は大きく2つある。1つは、制度的要因で大阪府では「定員内不合格は出さない」ことが基本方針とされていたことである。初年度の特別定員枠受験者は定員を下回った。もう1つは、中国の中学校での成績が優秀であったことである。当時の状況を知る教員によると、合否に対する判定では意見が割れたが、中国の中学校の成績が優秀であったことが確認されたことが大きな要因となり合格した。Aは、高校卒業後、国立大学および大学院に進み、大手メーカーに正社員として就職した。

　定時制課程や夜間中学で学びたい希望が叶わずブラジルに帰国させられたT、80歳近くになって初めて楽しく学べる場を見つけたS、何とか中学校への編入が認められて全日制高校に進学できたK、特別定員枠によって学ぶ場を与えられ大学院まで進学したA。

　本書は、「外国人生徒の学びの場」に焦点を当てているが、「多様な学び（場）」への関心が根底にある。このテーマに関する研究を進めるうえで、上記の4人を始め、出会ってきた様々な人々の顔が蘇ってくる。

序　章

I 外国人生徒の学びの場

　外国人の子どもたちは、多様な場で学んでいる。日本の正式な学校（一条校）である全国の公立小学校、中学校、高等学校、義務教育学校、中等教育学校及び特別支援学校では約10万人の外国人児童生徒が学んでいる。公立夜間中学で学ぶ生徒の約8割は外国人生徒である。高校では日本語指導を必要とする外国人生徒の半数以上が定時制課程で学んでいる。全国で約40あると思われる自主夜間中学では外国人の大人も子どもも学んでいる。このほか、ブラジル学校のような外国人学校あるいは移民団体と呼ばれる民間組織で学ぶ外国人児童生徒もいる。

　本書は、主に外国人生徒の学びの場に焦点を当てている。学校における学びの場として本書が注目するのは、公立夜間中学、高校の定時制課程、特別定員枠校である。学校以外の学びの場として注目するのは、自主夜間中学、外国人学校、移民団体である。それぞれの学びの場を俯瞰しておこう。

1 学校

　2022年4月現在、夜間に授業を行う公立夜間中学（設置主体は自治体）は全国15都道府県で40校ある。設置地域は、北海道1、東京都8、埼玉県1、茨城県1、千葉県2、神奈川県3、大阪府11、兵庫県3、奈良県3、京都府1、広島県2、徳島県1、高知県1、香川県1、福岡県1である。戦後に開設された公立夜間中学は当初昼間に勤労する生徒に夜間での授業を提供する形で始まり、その後、「中学校を卒業していないこと」と「学齢を超えていること」を基本要件として生徒を受け入れてきた。2015年7月に「義務教育修了者が中学校夜間学級への再入学を希望した場合の対応に関する考え方」（通知）が出されたことで、2016入学年度より、形式卒業生（入学希望既卒者）の受入れも可能となった。

　『第68回　全国夜間中学校研究大会　大会資料』（2022年度）によると、全国40校の国籍別生徒数（2022年10月7日現在）は1,558人である。そのうち、外国人は1,175人で、75.4%を占める。年齢別生徒数（2022年9月10日現在）は1,366人である。そのうち、10代（15-19歳）396人（29.6%）、20代163人（12.2%）、30代121人（9.1%）、40代233人（17.4%）、50代200人（15.0%）、60代59人（4.4%）、70代165人（12.4%）、80代29人（2.2%）となっている（大会資料では、いずれも項目別生徒数と合計数が異なっている。上記の数値は項目別生徒数を合計し直したものである）。

　高校は、全日制、定時制、通信制の3つの課程に分かれる。2019年度生徒総数は3,366,065人で、全日制3,086,434人（91.7%）、定時制81,935人（2.4%）、通信制197,696人（5.9%）となる。全日制3,086,434人のうち、公立は2,052,788人（66.5%）、私立は1,025,170人（33.2%）、国立は8,476人（2.7%）である。定時制81,935人のうち、公立79,290人（96.8%）、私立2,645人（3.2%）である。通信制197,696人のうち、公立56,373人（28.5%）、私立141,323人（71.5%）である。定時制生徒は公立の定時制に集中しており（96.8%）、通信制生徒は私立の通信制に多い（71.5%）ことが分かる。

　日本語指導が必要な外国人生徒の高等学校課程別在籍者数をみると（2021年度）、総数

4,292人のうち、全日制2,041人（47.6%）、定時制2,197人（51.2%）、通信制54人（1.3%）で、定時制が全日制よりも多い。高校生の総数に占める定時制生徒の割合がわずかに2.4%であることを踏まえると、日本語指導を必要とする外国人生徒の定時制課程への集中は著しいものがある。

なお、参考までに、今日、定時制は通信制とともに、外国人生徒を始めとする多様化・複雑化する生徒の受け皿になっていることに触れておこう。2018年に実施された文部科学省の委託調査『定時制・通信制課程における多様なニーズに応じた指導方法等の確立・普及のための調査研究』（回答校数は405校で、回答率63.4%）は、全国の定時制通信制課程における多様なニーズの実態とそれに対する取り組みをまとめたものである。多様な生徒のニーズは、(1)不登校生徒、中途退学を経験した生徒のニーズ、(2)特別な支援を必要とする生徒のニーズ、(3)外国籍生徒、日本語の指導が必要な生徒のニーズ、(4)経済的に困難を抱える生徒のニーズ、(5)非行・犯罪歴を有する生徒のニーズの5つに分けられている。このうち、(3)外国籍生徒、日本語の指導が必要な生徒のニーズが確認された課程数は167で、全体の14.7%を占めた。本調査報告書では、多様なニーズに対する特徴的かつ優れた実践を行っているとして選定された22校（外国籍生徒に関する実践報告は5校）の実践報告が掲載されている。

さて、2000年前後から、各都道府県の自治体主導で外国人生徒の高校受験に対して特別な配慮が実施されてきた。この配慮は、特別定員枠と特別措置に大別される。特別定員枠とは、特定の高校で一般の生徒とは別に外国人生徒のための定員を設けている場合あるいは定員内の一定の人数や割合を外国人生徒のための枠として設けている場合を指す。特別措置とは、一般入試の定員内ではあるが、科目の免除あるいは軽減、時間延長、漢字のルビふり等の配慮を行う措置を指す。2022年時点で全国の26地域に特別定員枠が設置されており、特別措置については政令指定都市を含め多くの都道府県で受けることが可能となっている。

2 学校以外の学びの場

自主夜間中学とは、公立夜間中学増設を求める運動体の関係者や市民ベースの多様な学びの場の実践に関わっている関係者のなかで使われている用語であるが、明確な定義はない。一般には、ボランティアで運営され、公立夜間中学の未設置地域を中心に、義務教育未修了者、形式卒業生、日本語に不自由な外国人等を対象に、無料あるいは低額で主に義務教育段階の学習の補完などの学習支援を行う民間の組織を指す。自主夜間中学という名称を用いている組織と名称は違うが関係する組織とを合わせて、現在全国で約40存在すると思われる。

筆者らが2021年10月から11月にかけて実施した全国の自主夜間中学関係諸グループに関する実態調査（37団体を対象）では、回答のあった25団体で学習者の人数は581名であった（2021年9月1日現在）。年齢別では10代が19.3%で一番多かった。国籍別では、回答のあった24団体で、552名の総数のうち、日本国籍が362人（65.6%）、外国籍が190名（34.4%）であった。

外国人学校とは、専ら外国人の子どもの教育を目的としている施設を指す。朝鮮学校や中華学校等のオールドカマー系の学校とブラジル人学校のようなニューカマー系の学校に大別される。外国人の子どもの母国語教育や母国の教育課程に準拠して授業を行う外国人学校は教育課程や

授業内容などの点から、日本の正式な学校(一条校)とは認められていない。認可を受けても「各種学校」となる。無認可の私塾状態にある学校も少なくない。

　文部科学省は、2021年4月から5月にかけて、外国人学校の保健衛生環境に係る調査を実施した。この調査の概要から、現在の外国人学校数と在籍する生徒数のおおよその状況が知れる。調査対象は、以下の①～④のいずれかに該当する外国人学校(161校)であった。①都道府県から各種学校認可を受けた外国人学校、②各種学校でないが都道府県が把握している外国人学校、③日本インターナショナルスクール協議会の加盟校、④在京ブラジル大使館から認可を受けているブラジル学校。以上のうち、各種学校認可を受けた外国人学校は128校存在し、在籍する生徒数は26,857名(2020年5月時点)であった。

　移民団体(Immigrant Organization／Association)は、基本的に移民当事者によって設立・運営される移民支援団体をさす。日本社会では全般的に移民は支援される立場であるとの認識が根強い。移民研究においても、特にニューカマーを対象とする研究では、日本社会がどのように移民を受け入れるべきかという点に議論の中心が置かれ、移民を支援対象者と見る傾向が強かった。このため、移民当事者による移民支援や移民の相互扶助についての認識は全般的に低いものであった。しかし、移民と日本人および日本社会との共生を目指す移民団体の活動は確実に広がりを見せている。移民団体は、一般に移民の日本への参加・適応・統合支援やエスニックアイデンティティの生成を重視するが、学びの場としても注目される。

Ⅱ 本書の目的と構成

　本書の執筆者は、現代日本における外国人児童生徒の学びの場に対する高い関心を共有している。そして、学びの場における不適応や学びの場からの排除は、外国人児童生徒を将来の下層に転落させてしまう危惧も共有している。われわれがこの問題に向き合う視点と方法は様々である。本書に収めた多くの論考は、日本の現実そのものに焦点を当て、学びの場の意義と課題を論じている。外国の事例検討や外国との比較を通して、日本の学びの場のあるべき形について議論するための論点を得ることを主な目的とする論考も含まれる。また、外国人児童生徒を学びの場につなげるためのサポートは極めて重要であるが、1つの論考は、学びの場につなげるための外国人教育相談窓口に焦点を当て、その設置の背景や機能について論じている。加えて、外国人生徒が学びの場から排除されがちな背景とその帰結、外国人生徒の学びにおける固有な困難さを取り上げている論考もある。

　各章およびコラムの概要を紹介しておく。

　Ⅰ部(夜間中学、定時制課程、特別定員枠校)では、日本と海外の学校に焦点を当てる4つの論考と1つのコラムを収めた。

　第1章は、外国人児童生徒を取り巻く学びの場の現状と課題について、主にX市のブラジル人学校、外国人受け入れ重点高校、夜間中学をフィールドとし調査(観察および半構造化インタ

ビュー)を行った結果を基に論じている。(1)制度、家族、文化・思想が子どもの関係流動性(学校・進路の選択の自由)を阻む力として働いていること、(2)メインストリームでの機会(選択肢)をより多く獲得できる可能性のある公教育と、周縁ではあるが承認/包摂を得やすい私教育にはジレンマが生じており、日本社会では前者が偏重される傾向が強いこと、(3)外国人支援制度の整備はもとより、多文化共生社会の一員であるという当事者意識を市民が育んでいく必要があることが論じられる。

第2章は、日本の夜間中学と定時制高校の制度的な位置づけと実質的な機能について、ドイツとの比較を通して整理したものである。比較のために改めて夜間中学・定時制高校の歴史的経緯、法的規定を確認してみると、日本では時代の変化に応じた政策的対応がとられてきたとは言い難く、他方ドイツでは、多様な教育機関が対象と目的を明確にした上で、二次的教育システムとして機能していることがわかる。日独比較を経て、夜間中学や定時制高校をめぐる課題を社会全体の問題として共有し、公教育全体で対応するための議論の必要性を訴えている。

第3章は、外国人非集住地域と言われている北海道において、外国人生徒の教育を支える論理を導き出すことを目的としている。そのために、北海道に唯一設置されている外国人特別入試枠を持つ札幌市立大通高校(定時制単位制高校)を対象とし、入試枠が設置された経緯や教育実践、及び教育支援ネットワークのありようを分析する。大通高校では特別枠で入学する生徒一人ひとりのレベルや目的に応じてカリキュラムが組まれ、アイデンティティ保障を行い、居場所となる活動場所が用意されていることが理解できる。また、学内だけではなく、学外の資源を取り入れてシステムを維持しようとしていることがわかる。このことから、大通高校の外国人生徒の教育を支える論理を「公正」を重視する教員・学校文化に見出す。

第4章は、台湾の夜間中学を取り上げている。教育資源が一定水準以上に構築され、高校や大学などへの進学率も高い台湾には160校を超える夜間中学がある。人口が日本の5分の1しかないにも関わらず、日本の4倍も多い夜間中学が存在している。一方、台湾の夜間中学は全体的に日本と同様に生徒および教員の不足に直面している。本稿は台湾の夜間中学の特徴と歴史をまとめて、夜間中学が多く設置されている理由を考察したうえ、今日の運営課題をその役割と社会的意義の視点から問いかける。

コラムIでは、ペルーの教育制度における代替的基礎教育の位置付けについて解説する。

II部(学校以外の学びの場)では、学校以外の学びの場に関する4つの論考と1つのコラムを収めた。

第5章は、多様な学習ニーズに応えるための学びの場を無料あるいは低額で提供する市民のボランタリーな組織活動である自主夜間中学を取り上げている。まず、自主夜間中学の歴史と類型を簡潔に整理したうえで、公立夜間中学や潜在的な学習ニーズとの関係で自主夜間中学の存在意義を語る。次に、2021年9月から12月にかけて実施したアンケート調査結果とその後実施した関係者からの聞き取り結果を主に参照しながら、27団体の実態と特徴を整理し、その一般的意義と

外国人の学びの場としての意義を探る。そのうえで、外国人若年層の増加傾向と多くの自主夜間中学が重視し実践しているマンツーマン方式に着目し、問題提起的な議論を行っている。

第6章は、長年ペルー人を支援してきた移民団体を取り上げ、同団体がもつ同胞への理解、紐帯、人材、経験値をもとに新たな多様な学びの場の意義と課題を論じている。近年、多様な学びの場は注目されているが、日本の国内法では移民の子どもへの支援が明確にされているわけではない。日本社会では移民の子どもを支援する多くの実践が教育関連を中心に蓄積されてきたが、移民の子どもの問題に必ずしも迫ってきたとは言えない部分がある。公教育の補完的な位置づけが期待される多様な学びの場として、移民団体はどのような支援が出来るのかについて検討する。

第7章は、北関東にあるブラジル人学校の事例をもとに、編入学の様相と学校卒業後の進路に着目し、ブラジル人学校が担う「学びをつなぐ場」としての役割を論じている。特に、公立学校での学習についていけなくなった者や、発達障害が疑われる者に対して、ブラジル人学校では、メンタル面でのケアや信頼関係の構築に重点を置きながら学習の継続を図っている点が注目される。また、今日のブラジル人学校は、ブラジルのみならず日本や第三国での進学や就職を希望する生徒の多様な進路選択を後押しする役割を模索している。ブラジル人学校には、日本におけるブラジル人家庭の滞日長期化に即した教育を展開していくことが求められることを訴える。

第8章では、人と学ぶ場をつなぐことの重要性に着目し、外国人教育相談窓口と教材のリソースセンターが、神奈川県立地球市民かながわプラザ（通称：あーすぷらざ）内に開設されるようになったきっかけを探り、立ち上げまでの経緯を明らかにしている。また、ここで働くスタッフの声をもとに、業務を支えるスタッフの思いと姿勢を記述する。利用者のその後の姿から、当事業が果たした役割を考える。最後に相談窓口として機能するために大事な点を挙げている。

コラムⅡでは、2022年12月3日に開催された「自主夜間中学について考える研修会」第1回の様子を紹介している。

Ⅲ部（排斥、排除、壁）では、様々な形で行われる排斥行動、学びからの排除、日本語習得に関する壁についての3つの論考と座談会の記録を収めた。

第9章では、差別、いじめ、ヘイトスピーチ等さまざまな形態で行われる排斥行動の背景を心理学の観点から明らかにし、その予防と対応策立案への貢献を試みる。まず、排斥の現状と課題について、事例を紹介しながら確認し、学校教育からの排斥を予防し、対応するためにも、排斥行動の心理的背景の理解が重要であることを論じる。次に、排斥行動を個人レベルで説明するための心理プロセスモデルを導入し、さらにマクロな集団要因を考慮したモデルへの拡張を試みる。そのうえで、排外主義に基づく具体的な排斥の事例をモデルと対照させて分析し、排斥行動の予防と対応策について検討する。

第10章では、学びから排除された外国につながる子どもたちの行方を追う。文部科学省の公表によれば、2021年現在の外国人の子どもの小中学校相当の不就学者は1万人前後、7%前後である。昼間の普通高校に進学できない子どもの主たる退避先は定時制高校であるが、定時制

高校の中退率はきわめて高い。学びから排除された外国につながる子どもたちのなかには、犯罪者となる者が出現する。経済的困窮者、中学卒業者、無職者が多く、不良集団などの共犯者集団への参加をともなう。このような子どもたちの行方の典型として、中国帰国者二世三世による準暴力団「怒羅権」と退去強制されたブラジル人Tの事例を紹介している。

第11章は、日本語が示す構造的・文化的特徴を習得していく際に、学習者の母語との距離がどの程度かという視点から日本語習得をはばむ壁（困難点）を詳述し、そうした壁や困難点をどう克服したかについて検討する。言語文化的距離に照らして「言語の構造」と「文化を反映する機能」を比較したうえで、母語と目標言語との間に距離があればあるほど目標言語の習得が困難になるという仮説を立てて、スペイン語、韓国語、中国語、ポルトガル語が母語の日本語学習者にアンケートとインタビュー調査を行ってその妥当性を確認・検証する。

座談会では、宇都宮大学国際学部卒業生と在学生が外国人生徒としてどのように日本語習得に取り組んできたかについて語っている。

目次　INDEX

I 部

夜間中学、定時制課程、特別定員枠校

第1章

外国人集住地域における多様な学びの場の現状と課題
―子どもたちの関係流動性および承認／包摂から捉える―

横溝　環

Ⅰ　背景および目的

　昨今、学校教育法の「一条校※1」を中核とした学校と周縁・周辺部の関わりが問われている。その例として、不登校者への対応、公教育学校の枠以外の教育の位置付け、外国人児童生徒の教育の場の保障等が挙げられる（木村2020）。

　令和2年の国勢調査（総務庁統計局2022）によれば、最終卒業学校が小学校の外国人は19,731人で全体の約2.5%、小中学校に在学したことがない、あるいは小学校を卒業していない「未就学者」の外国人は9,024人で全体の約9.6%、「不詳」の外国人は1,571人で全体の約61.6%であった。さらに15〜29歳以下に限定すると、最終卒業学校が小学校の外国人は全体の約54.7%、「未就学者」の外国人は全体の30.6%、「不詳」の外国人は全体の62%を占めていた（表1）。これらの結果からは、とりわけ若年層の外国人における義務教育未修了者の多さが分かる。外国人児童生徒には日本の義務教育への就学義務はない。その一方で、文部科学省（2020）は、学齢の外国人の子どもが就学の機会を確保できるよう、教育委員会に就学状況の把握とともに就学の促進を求めている。

表1　最終卒業学校が小学校の者、未就学者、不詳の人数

	最終卒業学校が小学校の者			未就学者			不　詳		
	総　数	日本人	外国人	総　数	日本人	外国人	総　数	日本人	外国人
総数（人数）	804,293	784,536	19,731	94,455	85,414	9,024	2,551	21	1,571
総数に占める割合		0.975	0.025		0.904	0.096		0.008	0.616
15〜19歳	302	144	157	1,760	1,563	197	2,527	―	1,568
20〜24歳	1,084	484	600	2,632	1,706	926	3	2	1
25〜29歳	1,424	643	781	2,721	1,665	1,056	1	1	―
15〜29歳（人数）	2,810	1,271	1,538	7,113	4,934	2,179	2,531	3	1,569
15〜29歳に占める割合		0.452	0.547		0.694	0.306		0.001	0.620

（令和2年国勢調査をもとに筆者作成）

1. 外国人集住地域X市の現状

　北関東に位置するX市は外国人が市の人口の約10%を占める外国人集住地域である。出入国在留管理庁（2022）の「在留外国人統計（2021年12月末）」によれば、X市の在留外国人の総

数は5,765人、ブラジル人(2,003人)、フィリピン人(1,260人)がその半数以上を占めているが、ベトナム人(813人)も近年増加している。さらに、在留外国人統計の「その他」(ブラジル、フィリピン、中国、韓国、ネパール、インドネシア、米国、タイ以外)に位置づけられる国籍の外国人が1,019人もいることからは、X市が多文化化していることがうかがえる。池田・金・落合・堀江・山下・森(2014)によれば、ブラジル人・フィリピン人を中心としたX市の定住外国人の多くは人材派遣・請負企業を通して、または直接雇用で市内の食品加工製造業で働いており、労働環境の厳しい職場の労働力として欠かせない存在となっているという。日本語能力の高い外国人従業員はリーダーとして作業内容の指示、企業からの連絡伝達、採用担当等の役割を果たしており、昨今は一戸建て住宅を購入する者も増えてきている。その一方で、より高い時給を求めて転職を繰り返すブラジル人も少なくない。そのため、企業では日本人配偶者の滞在資格を持つフィリピンを中心としたアジア系国籍の外国人労働者への切り替えが徐々に進みつつあるという。

　X市教育委員会によれば、令和3年度5月1日現在のX市の小学校の外国人児童数は284人(全児童数2,927人の9.7%)、中学校の外国人生徒数は152人(全生徒数1,641人の9.3%)であるという。なお、この人数にブラジル人学校の児童生徒数、日本語指導を必要とする日本国籍の児童生徒数は含まれていない。国際学級は小学校14校のうち4校に11学級、中学校5校のうち2校に4学級設置されている※2。

　X市は、公立小中学校の国際学級に加え、外国人学校(ブラジル人学校)、市立中学校夜間学級(以下、夜間中学)、外国人生徒支援強化校として指定された県立高等学校(以下、外国人受け入れ重点高校)等、子どもたちのセーフティーネットの機能を果たす多様な学びの場が並立している地域である。しかし、それら多様な学びの場同士のつながり、さらに、子どもたちが自分の意思でそれらを選択できるのか否かについては明らかになっていない。そこで、本稿ではX市を一事例とし、子どもたちの学校・進路選択の自由度、さらに学校における承認/包摂に着目し、彼/彼女らを取り巻く学びの場の現状と課題について検討していくこととする。

2. 市民を対象とした街頭アンケート調査の結果概要

　2022年5月、X市の協力のもと筆者は大学の授業の一環として市の多文化共生に関する街頭アンケートを実施した※3。質問項目は主に、外国人に対するイメージ(「明るい」「暗い」等24の選択肢から複数回答)、外国人に好印象/不快感をもったエピソードの有無、多文化共生推進への賛否(4件法)等である。市在住者・通勤者・通学者に限定し分析を行った結果(N=297)、市内の外国人に対して58%の回答者が「明るい」イメージを抱いていた一方で、19%が「近寄りがたい」、16%が「よく知らない」というイメージを持っていたことが分かった。さらに、挨拶をしてくれる、真面目に働く等「好印象をもったエピソードがある」は43%、反対に、ゴミ出しを守らない、騒音等「不快感をもったエピソードがある」と回答した者は60%であった。興味深いことに、「好印象をもったエピソードがある」と「不快感をもったエピソードがある」には正の相関(R=.34***)※4、「好印象をもったエピソードがある」と「よく知らない(イメージ)」には負の相関(R=−.24***)、「不快感をもったエピソードがある」と「よく知らない(イメージ)」には負の相関(R=−.17**)がみられた。このことからは、X市には外

国人と直接関わったことのある市民とない市民の二層が存在しており、前者は外国人を多面的に捉えていることが浮かび上がってきた。

　多文化共生推進への賛否に関しては回答者の93%が比較的前向きに捉えていた(〈賛成〉61%、〈やや賛成〉32%)。〈賛成〉の理由の多くは「職場/市役所/通りすがりの外国人の方が挨拶してくれる」「これからの時代仲良く/協力したほうがよい」といったものであった。〈やや賛成〉と回答した人々の理由は「反対ではない」「関わりがない」「日本の文化を理解してもらった上で」といった"積極的というわけではないが推進には反対しない"という意味合いを含むものが多かった。さらに、〈やや反対〉〈反対〉においては「言葉が通じない」「関わりがない」「良い印象をもっていない」といった理由が挙げられていた。

　共分散分析の結果(図1)、若年層は直接的、または外国人に対する「明るい」イメージを媒介として多文化共生推進を肯定的に捉える傾向があることが分かった。さらに「明るい」イメージは「好印象をもったエピソードがある」および「治安が悪くなる」イメージと相関関係にあり、それぞれ多文化共生推進への賛否につながっていた(前者正、後者は負)。加えて「不快感をもったエピソードがあると知人から聞いたことがある」(傍点筆者)を選択した者は多文化共生推進に対して否定的になる傾向がみられた。

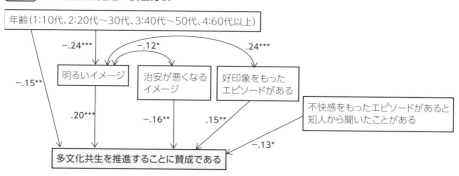

図1　多文化共生推進の要因分析

　以上のことから、外国人との直接接触による肯定的な経験のある層はX市の多文化共生推進に前向きであるが、直接接触のない無関心層は消極的肯定、外国人を遠巻きから見ている層は否定的であることが分かる。

3. 着眼点および調査方法

　筆者はこれまで、個人が主観的に感じる格差(以下、格差感)に関する研究を行ってきた。調査の結果、格差感は経済面だけではなく地域、障がい、年齢、国籍、セクシュアリティ等に起因する様々な理不尽さと関わっていることが分かった。さらに準拠集団において人格・能力の承認/包摂が得られた者、あるいは関係流動性(Yuki & Schug2012)、つまり準拠集団選択の自由度の高い者は否定的な格差感を抱かない傾向があることを示した(横溝2021)。そこで、本稿ではこれら

を転用し、外国人児童生徒の関係流動性（学校・進路等キャリア形成における選択の自由度）および学びの場における承認/包摂の程度を、(1)ブラジル人学校、外国人受け入れ重点高校、夜間中学での観察、(2)各教育関係者を調査協力者（表2)とした半構造化インタビューの結果から推察、その上で外国人児童生徒を取り巻く学びの場の現状と課題について検討していくこととする。

表2 調査協力者一覧

学校・組織	調査協力者	調査時期
ブラジル人学校（A校）	校長	2022年7月・8月
外国人受け入れ重点校（B校）	教頭	2022年6月(2回)
夜間中学（C校）	副校長	2022年7月
B校の外国人生徒支援コーディネートを行うNPO法人	代表（D氏）	2022年7月
X市の地域日本語教室	代表（E氏）	2022年9月

II　各校の現状と課題

　本節では、A校の校長、B校の教頭、C校の副校長の語りをもとに各学校の概況を記す。

1.ブラジル人学校（A校）

　A校は2001年に開校、2003年にブラジル教育庁の認可を獲得、文部科学省から日本の高等学校相当として指定されているが各種学校にはなっていない。両親から後を引き継いだ日系3世の現校長は、補助金や課税面での優遇等を考えると各種学校にしたいが、手続きが複雑なので日本人が代表でないと難しいと考えている。しかし、2019年にNPO法人にしてからは課税が少し優遇され、以前よりもステイタスが高まったと校長は捉えている。調査時の在籍児童生徒数は、保育園児約40名、小学生、中高校生がそれぞれ約30名、計100名程度であるが、転出入が頻繁に行われているため児童生徒数は日々変化しているという。常時在中しているスタッフは約10名である。

(1) 学校内での使用言語

　教科学習はブラジル人の教員がブラジルから送られてくる教科書を用いて行っている。日本語の授業は、「虹の架け橋教室」[※5]の頃は週3～4時間開講していたが、現在は週に1時間である。日本語指導の教員は4名、児童生徒は8クラスに分かれて勉強している。クラス編成は学年がベースとなっているが、日本語レベルによって適宜調整している。通常の日本語の授業の他に日本語能力試験N3～N5のクラス（別料金）も開講している。日本語能力試験の合格者は年に2～3人程度である。過去に日本の小学校に通った経験のある生徒のなかにはN1、N2に合格した者もいる。

　学校内ではポルトガル語が中心のため、子どもたちが日本語を使用する機会は少ない。このよ

うな現状についてD氏は、A校は日本語を頻繁に使用する仕事に子どもたちを就かせたり日本の高等教育を受けさせ資格を取らせたりするというビジョンをもっていないのではないかと言及している。

(2) 転校

　A校の保育園を卒園後、日本の公立小学校に入学する子どもが年に1〜2名いる。また、経済的理由による公立学校への転出、祖父母の介護のための帰国も最近は増えている。D氏は、金銭的困窮を理由にいきなり公立の学校に行けという親の一貫性のなさに子どもたちが苦しんでいると指摘している。

　一方、公立学校からブラジル人学校に転入してくる児童生徒も少なからずいる。その理由の多くは、日本語能力またはダブルリミテッド（日本語・ポルトガル語ともに年相応のレベルに達していないこと）による不適応、精神的不安による不登校等である。カウンセリングを受けてA校への転入を勧められて来る場合もある。さらに、保護者が条件の良い仕事を求めて移動することに伴うブラジル人学校間の転校も多い。保育園から公立小学校に上がる以外は、家庭の事情または本人の不適応等、消極的な理由が多くを占める。

　A校と公立学校の間の転校は可能であるが、ブラジル人学校（中学校）を卒業後、日本の公立高校に入ることは制度的にできない。D氏は、ブラジルで9年間義務教育を受け修了してきた子どもは日本の公立高校を受検することができるのに、日本のブラジル人学校でブラジルと同じ教育内容を学んだ子どもが受けられないのは理屈が通らないとの見解を示している。

(3) 進路選択

　日系4世のビザは18歳まではブラジルと日本の往来が比較的容易にできるが、19歳からは1度ブラジルに帰国したら日本に入国することが難しくなる。そのため、卒業後はX市内の食品工場で派遣社員として働く者が多いという。なかには、卒業後すぐにブラジルに帰国して母国の大学に進学する者、また日本で学費を貯めてから帰国し進学する者もいる。最近はオンラインで母国の大学の単位を取得する者も増えてきている。少数ではあるが、過去にはイギリス、イタリアの大学に進学した者もいた。

　A校は文部科学省に高等学校相当として指定されているため、日本の大学および専門学校への進学が可能である。しかし、これまでに専門学校に進学した者は1名のみである。日本の専門学校に進学するには、勉強に対する本人の意欲、親や周囲の経済力・理解が必要であると校長は言う。

　さらに、現在のブラジルは治安や景気が悪いため、日本で一戸建てや車を購入することが市内在住ブラジル人の目標でありステイタスとなりつつある。ブラジル人の子どもは親への依存が強く、自分の気持ちより家族を優先する。彼/彼女らは家族を大切にしており、年の離れた弟妹や甥姪の世話をしたりアルバイトをして家計を助けたりすることも多いという。子どもたちは親の苦労を見て育ってきているので、親を助けなければならないという思いが強い。親にここまで育ててもらったのだから、自分は好きなことができる立場ではないと捉えており、そのため自由に自分の将来を決めることができなくなっているという。卒業後も、ローン返済または日々の生活のた

めに、働いて家にお金を入れることが当たり前となっている家族も少なくない。さらに、自分の学費を稼ぐために派遣で働き始めたとしても、そのお金で好きなものが買えるようになると、そこで得られる満足感から消費が優先され、それが日常になってしまうこともあるという。

将来、子どもたちが社会で活躍していくためには複数の言語およびIT技術等の能力を習得する必要があると校長は語る。しかし、現在はロールモデルを示すことができないことが課題であるという。

⑷ 近隣の学校および地域との関わり

地域の小中学校との交流はない。近隣の小中学校と交流をもちたいと考え、何度か依頼したこともあったが、時間がとれないことを理由に断られている。以前、ブラジルの文化に関心のある教員が中学校にいた頃は交流することもあったが、その教員が異動してからはなくなったという。その一方で、子どもたちの一部は地域の祭りやよさこいソーラン等のサークル活動に参加している。また、X市内の高校、県内外の大学、JICAとは交流が行われている。

昼間はA校、夜は夜間中学に通うことができるのであれば、それに越したことはないと校長は語る。しかし、夜間中学の定員は限られているのでなかなか入ることができない。しかも、欠員があったとしても年度途中から入学できないことは課題であるという。また、夜間中学は若くなければ続かない。以前、校長の知人も通い始めたが、子どもを育てながら夜間中学に通うことは負担が大きく5人とも辞めてしまった。日本語学習が中心ではなく教科学習もしなければならなかったことも壁であったという。夜間中学に通うには、将来を見据えた目標を持つことが必要であると校長は考えている。

⑸ 小括

A校は公立学校から零れ落ちてしまう子どもたちのセーフティーネット、母語・母文化の保持、母国との接点といった役割を果たしている。子どもたちが友人だけでなく校長のこともファーストネームで呼ぶほど人と人との垣根が低く、アットホームな環境であることが現地での観察からはうかがえた。子どもたちの多くは空き時間に、建物の中心に位置するフリースペースで思い思いに勉強をしたり絵を描いたり友人とはしゃいだりしていた。よそ者の筆者が違和感なく「ここにいてもいいんだ」と思えたのは、その心地よい混沌さ故であろう。このことからは、個々の自由が尊重された学校環境において子どもたちが承認/包摂を感じていることがうかがえる。

その一方で、日本語の習得が十分でない児童生徒が多く、さらに制度の壁もありA校から日本の公教育への進学は少ない。何よりも、子どもたちは親や家族に対する依存が高く、家族の意向に沿った道を歩んでいる点が特徴として挙げられる。このことからは子どもたちの自分の意思による関係流動性は低いことが推察できる。

2. 外国人受け入れ重点高校（B校）

2009年に高等学校2校を統合することにより開校した普通科単位制高等学校である。昨今、B校は外国人生徒が全定員数の10〜20%を占めており、今後一層進学希望者の増加が見込まれることから、県教育委員会は2022年度より同校を含めた県内2校を外国籍生徒支援強化校とする

こととした。教育委員会が示した「外国人生徒支援体制（イメージ）」[※6]によれば、高校教育課と契約を結んだ大学およびNPO法人が、生徒の個別支援計画の作成等の学習支援（大学）、学校生活のサポート体制の構築支援（NPO法人）を行う計画となっている。教頭によれば、高校から手を挙げたわけではないが、地域からの要望を考慮するとB校が外国人支援強化高校に指定されたことはやむを得ないと捉えているという。

入学者選抜は、（1）募集定員160名のうち外国人特例枠を40名に拡大し、（2）学力検査の検査問題（国数英）にルビ振りがなされ、（3）応募資格は入国後3年以内の制限を緩和し、在日期間の制限なしで行われる。2022年度入試では、特例枠を用いて受検に臨んだ22名全員が合格、一般入学者4名と合わせて計26名の外国人生徒が入学した。国籍はフィリピンおよびブラジルが約7割を占めるが、ペルー、パキスタン、インドネシア、中国、ベトナム、バングラディシュ、ガーナ、ネパールの生徒もいる。在住地域はX市が20名、その他が6名である。この他、日本国籍だが日本語の指導を必要とする生徒もいる。フィリピン人、ブラジル人の生徒は人数が多いのでそれぞれ集団で固まる傾向があるという。しかし、日本人や他の国籍の生徒との関係が悪いわけではない。日本人生徒の多くは小学生の頃から外国人が近くにいる環境で学校生活を送ってきているので、その点は理解しているのではないかと教頭は捉えている。

(1) 授業─学習への配慮

1学年は4クラス各40名程度で構成されており、外国人生徒は4つのクラスに分散して在籍している。2022年度に入学した外国人生徒のうち日本語指導を必要としている者は17名、生徒間のレベル差があるため、日本語の授業では日本語レベルの高い生徒と低い生徒の座席を近くに配置し、後者は前者にサポートをしてもらいつつ授業を受けている（週2時間）。日本語の授業に対する生徒の意欲には個人差がみられるという。

国語と理科は3〜6名の生徒が取り出し授業を受けており、対象となる生徒は教科により異なっている。数学は取り出し授業を行っていないが、日本語能力の低い生徒は習熟度別クラスの下位層に入ることが多いので、このクラスの生徒数を減らし教員の目が彼／彼女らに行き届くような工夫をしている。社会は教員不足のため取り出し授業を行うことができていない。専門用語が多いため新課程の「歴史総合」等に生徒がついていけるのかどうか心配であると教頭は言う。それについてはD氏も同様の懸念を示していた。英語に関しては、むしろ得意とする生徒もいるので取り出し授業は行っていない。取り出し授業を受けてもらうかどうかは、担任または教科担当者あるいは外国人支援担当者が本人や保護者と相談しながら決めている。一般のクラスに戻すかどうかも同様である。

試験問題には全てルビ振りをしている。問題用紙を一斉に配付する関係から、ルビ振りの試験問題を日本人生徒も使用している。教科書のルビ振りに関しては担当教員によるところが大きい。生徒の評価は試験だけではなく、取り組みも含めた様々な観点から行っている。

NPO法人のスタッフが週に5日ほど外国人支援コーディネーターとして学校に来ており、生徒および保護者が母語で相談が受けられるようになっている。そのための部屋も用意され、生徒が来やすい雰囲気作りを心掛けている。

(2) 教員体制

　例年、教員の入れ替わりが激しい。そのため、外国人生徒の支援体制の構築や教育方法に関するノウハウの蓄積があまりできていない。また、日本語を系統立てて指導できる教員がいないため、現在、校内研修を進めながら手探りで授業を行っている。取り出し授業の担当教員はさながら、外国人・日本人混在のクラスを担当する教員からも「一般のクラスの中に日本語の分からない生徒が含まれる状況で授業をするのは難しい」との意見が挙がっている。翻訳ソフトを使用しても伝えられないことが多く、担当教員の負担は大きい。

　非常勤講師の枠があるので県に加配の希望を出しているが、なかなか近隣地域で見つからない。そのため、現在は、市をまたいだ地域から数名の講師に来てもらっている。教員不足はB校において喫緊の課題であると教頭は指摘する。

(3) 卒業後の進路

　卒業後の進路については、これまで日本人生徒と外国人生徒の統計を分けて行ってこなかったため、後者に関する詳しいデータは分からないという。外国人生徒の場合、専門学校に進学する者もいれば就職する者もいる。なかには母国に帰って進学する者もいる。進学か就職かの選択は、本人の日本語能力よりも家族の事情（経済的事情・親の方針）によるところが大きいという。就職先は、親が働いていたり外国人を既に多く雇用していたりする地元の工場が多い。

　外国人生徒の就職では「家族滞在」の在留資格が壁になっている。「会社として受け入れる際にはフルタイムの勤務なので、家族滞在の場合はどんなに生徒が優秀でもすんなりと採ってくれるということはないですね」と教頭は語る。実際、就職先から内定をもらい要件を満たせば「定住者」または「特定活動」に変更することはできるが、特に「特定活動」は就労要件が複雑なので、内定を出すことに躊躇する企業もいるのではないかと教頭は捉えている。この点についてD氏に尋ねたところ、在留資格を就職前に「定住者」「特定活動」に変更するには卒業の数か月前に内定を得た段階で入管に申請する必要があるが、手続きが遅れると就職時に変更できないことがあり得るからではないかと述べていた。

　進路指導に関しては、以前は教員・生徒・保護者の3者で情報や事情が十分に共有できず離齬が生じたこともあった。今後は支援コーディネーターが入ることにより、3者で十分に情報共有ができるようになることが期待されるという。

(4) X市の多様な学びの場との関わり―ブラジル人学校・夜間中学

　ブラジル人学校との関わりはない。ブラジル人学校は、ブラジルに帰国してからも生活ができるようにとブラジル教育庁のカリキュラムに沿って授業を行っているので、日本に残ることを前提としていないとの認識であるという。

　夜間中学からは高校卒業の資格を得たいという生徒が受検してくると考えている。昨年度、夜間中学で行われた説明会にも参加してきた。今年度（2022年度）の入試では、例外的に、日本の中学校を形式卒業した生徒および本国で義務教育を終えている生徒が、夜間中学を退学してB校を受検し[7]、3名とも合格している。

⑸ 将来への懸念および期待

　教頭によれば、外国人特例枠を増やすことは、日本人生徒からすると日本人の枠が減少することになるので、そこに不公平感を抱く者が出てくるのではないかという懸念があるという。しかし、現時点では、そのような不満は言動となって表れていない。

　外国人生徒および保護者から進路の相談を受けた各中学校、県の教育委員会の担当者は、B校の受検を勧めることが多いという。これまでなら入学することが難しかったであろう低い点数の生徒が今回合格しているので、それを認識している中学校は今後も勧めてくる可能性が高いだろうとD氏は語る。さらに、外国籍であれば在日期間を問わず受検できるため、日本語能力の高い外国人生徒が特例枠で入学してくる可能性も出てくる。もし40人定員を超えた生徒が受検をしてきた場合、在日期間の短い生徒が不合格になることが危惧される。

　その一方で、将来への期待もあるという。外国人は支援されるだけではなく支援をする側にもなってくる。手探りの状態ではあるが少しずつ前進していきたいと教頭は語る。

⑹ 小括

　B校は外国人生徒の支援に取り組まざるを得ない状況に立たされており、教頭の話からも授業見学からも教員たちが模索している様子がうかがえた。また、日本人と外国人生徒の日本語能力の差だけでなく外国人生徒間の差も懸念の一つであろう。特に、日本語能力が低く同じ母語話者のいない生徒は学校内で包摂／承認が得づらいことが推察される。技能教科や部活動等で能力が発揮できる機会が得られること、さらに学校関係者による細心の配慮が求められる。加えて、ブラジル人学校同様に、家族の意向が進路に影響している点も挙げられる。B校での学びを通して将来に向けた選択肢が増えることが望まれる。

3. 夜間中学（C校）

　県が夜間中学設立を希望する市町村を募集、市の外国籍の人口比率が県内で最も高いということもあり、X市がそれに立候補し県内初の夜間中学として令和2年（2020年）4月に設立された。校舎は市内の中学校の一角を利用している。年間授業時数は、1日4時間×週5日×35週＝700時間と定められている。

　令和4年（2022年）4月1日現在の在籍生徒数は、定員30名のところ36名（男性21名、女性15名）、年代は10代が20名と多いが、70代の生徒もいる。国籍は日本人10名、パキスタンとフィリピンが各7名、ブラジルが5名、ベトナムが2名、ペルー、アフガニスタン、イラク、中国、バングラディシュが各1名である。生徒の居住地は市内が13名、それ以外は他市他県である[8]。10代の外国人生徒の在留資格は「家族滞在」が多くを占めている。教員数は校長・副校長含め16名である。

⑴ クラス運営における工夫

　昨年度までは日本人・外国人生徒合同で授業を行っていたが、今年度からは各生徒の日本語能力を考慮して国語・理科・社会の授業は両者を分けて行っている。筆者は、国語（日本語）と外国人生徒対象の理科および日本人生徒対象の社会の授業を見学させてもらった。日本語の授業（2クラス）ではそれぞれ5名の生徒が授業を受けていた（国籍はパキスタン、フィリピン、

ベトナム）。いずれのクラスも2名の教員（正副）が授業を担当し、教員と生徒とで活発なやりとりがなされていた。なかにはゲーム感覚の活動を取り入れていた授業もあった。教員が生徒からの発話を引き出すために工夫を凝らしていること、事前準備に時間をかけていることがうかがえた。国語・社会・理科の授業は、教壇に立つ教員の他に2〜4名の教員が生徒の近くに位置し、それぞれサポートを行っていた。C校では全ての授業を2名以上の教員が担当することになっているという。

編入生がいるため、入学年度別クラスと学年にズレが生じているが、夕会（学級活動）は入学年度別クラスで行っている。それにより生徒はクラスに所属感を持つことができ、教員も役割が明確化されたことで各生徒に応じた指導ができるようになったという。全体を通して、生徒一人一人への手厚いサポートと教育に対する教員の熱意が感じられた。

教員は一つ一つの授業のために相当の時間を割いて教材研究を行っているという。授業が1日に4時間しかない上に十分な数の教員配置があるからこそできるというのもあるが、夜間中学は規定されていないことが多く、全てを自分たちの手で新しく作っていかなければならないため、それが意欲につながっている可能性もあると副校長は語る。

(2) 入学・退学・卒業後の進路

A校（ブラジル人学校）など認可外の学校であれば在籍しながらC校に通うことも可能であるという。しかし、定員が30名と限られており、来年度の入学希望者が既に23名も待機している。面接により選抜を行っているが、高学歴の人には遠慮してもらっているという。また公立中学校のため、日本語学習を目的として通うことはできないと事前に伝えている。日本語はあくまでも教科学習を補助するためのものなので、教科学習がメインであることは譲れない。ただ、国籍の異なる生徒間のコミュニケーションには、共通言語である日本語は欠かせない。学校でも日本語でお互いに意志疎通および相互理解を図ることを求めている。そのためにも日本語を指導する意義はあると副校長は言う。

退学者は少ないとは言えない。今年度（2022年度）は36名でスタートしたが既に3名退学している。昨年度、一昨年度はさらに多かった。その主たる理由として学業と仕事の両立の難しさが挙げられる。生徒のなかには授業後、夜勤に向かう者もいる。その負担は計り知れない。C校は3分の1以上欠席すると退学扱いとなる。心情的には学業に専念できない者の立場も理解できるが、入学待ちをしている者が多数いる現状を考えると、それは致し方ないという。そのため、入学選抜では、出席できる者、その多くは仕事をしていない、または自営業で融通の利く家庭の子どもたちを入学させる傾向が強まっており、結果、今年度は欠席が少なくなっている。

国籍を問わず、若い生徒たちは高校や専門学校への進学を希望する者が多い。昨年度は、B校に3名が（制度上、C校退学後）入学している。B校とは今後も連携していきたいと考えている。加えて、学び直しの日本人のなかには、高卒認定試験を受けて大学進学を目指す生徒もいる。それに対応すべく社会人入試のある二部の大学を探している。さらに、就職を希望する外国人生徒への対応も必要である。彼/彼女らの課題は自らの能力を発揮できる職場を見つける術を知らないことである。例えば、4か国語も話せる生徒が最低賃金で働いている現実がある。

彼/彼女らの能力が活かせる職場の開拓を自治体も巻き込んで進めていく必要があると副校長は指摘する。

(3) 将来に向けて

　夜間中学は作られたこと自体が使命感をもっている。夜間中学の必要性を地域の人々に理解してもらい協力を得ることが重要であると考える。自分の生活と関わりがなければ、市在住の外国人や夜間中学の存在に関心をもつことは稀である。夜間中学に通う外国人生徒たちには、日本人と外国人の相互理解のきっかけ作りを担ってほしい。それが夜間中学の役割の一つでもあると副校長は語る。

　夜間中学には法律上定められていない独特のものが多い。一般の義務教育の法律が当てはめられないことが多々あるので、手探りで進んでいかざるを得ない。学校全体を整えるにはあと2～3年は必要であると考える。例えば、一般の義務教育は就学義務があることを前提にしているため除籍や休学という制度はない。3分の1欠席したら退学というC校の規則は市が独自に定めたことであり、それを証明する根拠はない。「特別の教育課程」の編成、学齢経過者に対応した書類作成等、一般の義務教育とは異なることが多く、それら一つ一つを調整・決定し、さらに、その決定が適正であると判断されなければならない。今年度は初めて卒業生を送り出すので、今はその対応に追われている。カリキュラムに関してもまだ検討していく必要がある。県に1校しかなく前例がないため他県の夜間中学と情報交換を行っている。長年継続してきたところではなく、最近設立された学校のほうが課題を共有しやすい。今後、夜間中学間の連携が必要になってくると考える。

　外国人の生徒には就学義務がないので退学するのは自由である。しかし、法律からすれば、夜間中学をはじめ外国人児童生徒をサポートする学校はなくてはならない。文部科学省は各都道府県・指定都市に夜間中学が少なくとも1校は設置されるよう進めているが、現実問題として費用等が壁となり市町村は手を挙げられず、結果、県立となっているところが多い。X市は豊かな市ではないが、既存の中学校をそのまま使用しているため費用が抑えられた。また、市で動いたほうが小回りが利くのは事実である。日本社会の将来は、公教育が外国人児童生徒に対してどのような役割を果たしていくのかにかかっていると副校長は語る。

(4) 小括

　生徒たちの実態に配慮した「特別の教育課程」の編成を行っており、教員体制も充実している。日本語初級を学ぶ少人数クラスの授業では、和やかな雰囲気のもと教員と生徒との双方向のコミュニケーションが十分になされていた。また、教員が一人一人の生徒を把握している様子からも生徒たちが学校において比較的承認/包摂が得られていることが推察できる。

　江口（2020）は、義務教育は「完全普及」「完全な保障」を目指すべきものであるので、本来はそこから弾きだされた者の教育は「あってはならない」が、現実としてはそれを担う教育は「なくてはならない」ものであると説いている。その上で、生徒が要求する様々な諸問題に柔軟に対応できるように、「完全普及」「完全な保障」の対象や中身が曖昧なまま、その教育を押し付けられているのが夜間中学であると指摘する。これは、夜間中学では法律上制定されていないこと

が多々あるため、手探りで決めなければならないという副校長の語りと重なるところがある。メインストリームから距離をおいた人々を受け入れ、メインストリームあるいは別の道に送り出す媒介機能、すなわち生徒の選択肢を広げ、関係流動性を高める可能性をC校は秘めていると言えるだろう。筆者の「外国ルーツの子どもたちへの教育はグレーの部分が多いですよね」という発言に対し、「学校はもともとグレーなところが多いところなんですけどね」と副校長が笑いながら語っていたことが印象に残る。「グレー」は曖昧でネガティブな印象を与えるが、白黒つけない柔軟な対応により救われる生徒も多いと考える。

Ⅲ　総括

1. 子どもの関係流動性を阻む力—制度、家族、文化・思想

　調査の結果から、子どもたちが自身の意思で自らの選択肢を広げることの難しさが浮かび上がってきた。彼/彼女らの関係流動性を阻む力として、(1)制度、(2)家族、(3)文化・思想が挙げられる。

　第一に制度である。外国人児童生徒には日本の義務教育への就学義務がない。国勢調査の結果からは若年層の外国人における義務教育未修了者の多さが見えてきた。これは「以前ほどではないが現在もX市には不登校になったままの外国人生徒がいるだろう。子どもたちが行き場を失い犯罪に巻き込まれてしまうことが心配である」というE氏の語りとも重なる。加えて、A校をはじめとした多くのブラジル人学校(中学校卒業レベル)の生徒には日本の高校への受検資格がないことが挙げられる。このことからは、多様な学びの場の間ですら、義務教育修了レベルにおける私教育から公教育への移動(方向転換)が難しいことが分かる。加えて、参入後の適応も一つの課題となってくる。「日本語能力の低い生徒を中退させずに無事に卒業させる工夫がB校には求められている」というD氏の語りからもそれはうかがえる。「家族滞在」の在留資格が未だ就職において生徒の足枷となっていることも見えてきた。さらに、日本とブラジルを自由に往還することが難しい日系4世は親世代以上に人生の選択に慎重にならざるを得ない状況に置かれている。以上のことからは、日本の社会制度には、マジョリティによって形成されるメインストリームにマイノリティが参入することを阻む壁があることが垣間見られる。

　B校の外国人特例枠においても壁がある。まず、日本語指導が必要な生徒でも日本国籍の場合はこの特例枠には含まれない。さらに、外国人特例枠への応募資格を入国後3年以内から在日期間の制限なしにしたことから、在日期間が長く日本語が堪能な外国人生徒も受検することが可能になった。その結果、受検者が特例枠40名を超えた場合「適格者主義」に基づき日本語能力の低い生徒が不合格になる懸念が生じてきた。それについて、D氏は、在日期間の短い生徒に対するアドバンテージをB校がどのように考慮していくかが重要であると言及している。C校では30名の定員に対して多くの入学希望者が待機している。その枠を無駄にしないためにも、欠席することなく通える生徒、つまり日々の生活に余裕のある生徒を入学させる傾向が強くなってきていると副校長は語る。以上のことからは、社会的弱者のためのセーフティーネットとなり得る外国人受け入れ重点高校・夜間中学からも零れ落ちてしまう者がいることが危惧される。

外国人生徒をB校に集め当校の支援体制を重点的に強化していくことは合理的な方策であると言えるだろう。ただし、その体制を整えるためには一定期間が必要であると多くの調査協力者が語っていた。文部科学省は、2023年度から外国ルーツの生徒に対して高校で「特別の教育課程」を編成できるようにし、日本語指導を21単位を超えない範囲で卒業の履修単位として認定する方針を定めた（桑原2022）。来年度からB校の教育課程もこの方針に沿って変更されることが予想できる。今後のB校の新たな教育課程、そして支援体制の強化に期待していきたい。

第二に家族の影響が挙げられる。調査結果からは、親や家族の意向に沿って子どもたちが人生を歩んでいる様相がうかがえた。公立学校への不適応といったやむを得ない理由を除けば、子どもたちの就学先や進路等は、家族の帰国予定・教育方針（自文化／母語の保持か日本文化／日本語の習得か）・地域移動・経済状況・世帯構成・勤務時間等といった諸事情により決められることが多かった。日本の公教育であるB校の卒業後の進路でさえも、本人の能力よりも家庭の事情によるところが大きいことが本調査の結果からは見えてきた。しかし、子どもたちが家族の思いを優先し生きてきたことを一概に否定することはできないだろう。

第三に文化・思想の壁である。D氏の話では、ある宗派の思想を理由に娘を小学校までは行かせるが中学校には上がらせない家族が県内のある地域に増えてきているという。これは、制度、家族、文化の壁の全てが重なり合い生じている課題であろう。制度の壁としては外国人の子どもたちには就学義務がないことが挙げられる。加えて、差異を超えた普遍主義の立場から人権・平等を擁護するのか、それとも文化相対主義の立場から集団の共同体的アイデンティティへの権利を保持するのかという議論（梶田1992）が、この問題の解決を複雑にしている。自治体を巻き込んだ早急の検討および対応が求められる。

2. 生き方の格付け―メインストリームへの偏重

A校の校長、B校の教頭、D氏はともに、子どもたちが将来に向けたビジョンもつためにはロールモデルを示すことが必要であると語っていた。三氏の求めるロールモデルは、大学または専門学校に進学し、そこで知識や能力・技術を身につけて社会で活躍する人物であり、そこには、子どもたちの家族の生き様、例えば派遣の仕事に就くことや一戸建て・車の所有をゴールとすること等は含まれていない。たしかに、子どもたちがそのようなロールモデルと出会うことにより自らの将来についてのイメージを広げ、目標に向けて学習意欲を高めていくことは重要なことであると考える。D氏は外国人がそのアイデンティティを保持しながら日本社会で承認／包摂が得られる可能性について以下のように語っている。

　　日本の社会に自分のルーツ、アイデンティティを持ちながら関わっていく人を増やすべきだし、そういう方が発言権を持ち、いずれは選挙権も持っていかないと、すべての人が本当に暮らしやすい世のなかにはならないと思うんですよ。だから、やっぱりそういう日本の社会に関わる、労働力だけじゃない形で社会に貢献できるっていう部分を作るためには、外国ルーツの子どもがぜひ高校だけで終わらないで高等教育に行ってほ

しい、行けるようにしたいですね。

　普通の公立学校の中で多様性に配慮した教育が、障がいであれ、外国籍であれ、できるようになることが私はいいと思いますけどね。

　ハヤシザキ・児島（2014）は、日本語指導や日本の学校への進学や転校の奨励は、日本への同化を求める意識の現れなのではないかと指摘している。それに対し、D氏の語りからは、同化を望んでいるわけではなく、多様性の実現のために外国ルーツの子どもたちが日本のメインストリームの中で力を得て欲しいと考えていることがうかがえる。それは、D氏が代表を務めるNPOにおいてプレスクールの要素を取り入れた多文化保育園を設立していることにも表れている。

　一方、現時点でのA校とB校の生徒の様子を見る限り、筆者の目にはA校の子どもたちの方が学校での承認/包摂が得られているように映った。A校よりもB校に在籍したほうが、子どもたちが日本のメインストリームで活躍できる機会を多く得られるであろうことは想像に難くない。だが、自らの意思による移動・選択の自由の少ない子どもたちにとって、学校で承認/包摂を得ることは心の安定・発達のために必要なことであり、A校はB校よりもそれを充たしていると言えるだろう。これらのことからは、メインストリームでの選択肢をより多く獲得できる可能性のある公教育（B校）と、周縁・周辺ではあるが承認/包摂を得やすい私教育（A校）にジレンマが生じていることがうかがえる。

　メインストリームであれ異なる道であれ、それらに優劣はないと筆者は考える。実際に、メインストリームから距離をおいた者のほうが格差感を抱かないという事例もある（横溝2020）。ハヤシザキ・児島（2014）は、日本のメインストリームでは典型である直線的・一方向的・連続的な移行が、ブラジル人社会では必ずしも前提とはされていないと指摘する。拝野（2011）も、日本に定住するなら日本の学校、帰国するならブラジル人学校という二項対立の「境界」設定ではなく、ブラジル人の子どもには日本あるいは日本のブラジル人集住地域で、ブラジル人として、ブラジル人とともに生きていくという選択もあると述べている。本稿の事例で言えば、昼夜休まず懸命に働いて建てた一戸建てはブラジル人にとっては目に見える成果、誇りにつながっていると考えられる。その姿を見てきた子どもたちが家族を支えたいと思う気持ちも十分に理解できる。見方によれば、日本で一戸建てを持つことは日本社会またはブラジル人コミュニティにおいて承認/包摂が感じられる一つの基準になっているとも推察できる。もちろん、日々の生活に困窮している状況は幸せとは言えないだろう。だが、それは日本の社会構造の問題であり、派遣や請負企業を通して工場で働くことを否定することにはつながらないのではないだろうか。野崎・大塚（2018）は、在日ブラジル人児童生徒のレジリエンスの特徴として、将来への希望を持たない、定まらない将来への備え、合理的対処（経済的事情等を背景とする問題解決に向けた対処）、他者への肯定的態度（家族ぐるみの助け合いといった互恵的な相互支援）、多言語の操作的使用を挙げている。その上で、「将来の希望や見通しが持てずとも、今できることを堅実に行うことの勧奨や資源を提供し、自己効力感や自己肯定感等の認識を促すことが必要である」（野崎・大塚2018、67頁）と指摘している。私たちが多様性を唱えるのであれば、メインストリームにおける幸せの基準を押しけるのではなく、イーミック（emic）な視点、つまり文化内部の成員の視点をもって人生の価値を捉え、

それを尊重していく姿勢も必要であると考える。

　さらに、懸念として挙げられるのは外国人を定住・非定住で区別する意識である。D氏は「一時的に労働力として滞在する技能実習生・特定技能外国人と定住外国人は異なり、地域の一員として共に歩んでいける後者は地域や企業で育てていってもいいのではないか」と語る。実際に「自分たちは技能実習生に比べると査証の心配もなく仕事内容も待遇も恵まれている」という定住外国人の声を耳にしたこともある（横溝2021）。高谷（2021）は、「外国人住民」＝「生活者」という規定は、技能実習生のような定住を禁じられた移民を不可視化・周縁化し、多文化共生の対象になりにくい存在へと追いやりがちであると説く。以上のことからは、他者の生き方を自分自身の評価軸で格付けする私たちの心理が垣間見える。多文化共生社会のあり方に唯一の正解はない。多文化共生を単なるスローガンで終わらせないためには、多様な属性／立場の人々が他者を尊重する姿勢を持ちながら、各々の価値観を素直に伝え合い、共に目指すべき社会の姿を描き、実行していくことが重要であろう。

3. 多文化共生を支えるのは？—市民の意識を育む

　最後に、X市内で地域日本語教室を約30年間運営し、公立小中学校・ブラジル人学校（A校）・夜間中学（C校）で外国人の日本語指導を経験したことのあるE氏の語りをもとに市民の役割について検討していく。

　E氏はコロナ感染拡大の影響から参加者が減少しても、希望者がいる限り日本語教室を開講し続けてきた。日本で生活する外国人にとって仕事は死活問題であるため、学習者には日本語教室での勉強よりも仕事を優先するように伝えているという。E氏は日本語教室の他にも、子どもたちの学習支援、住居探し、職場でのトラブル対応、最近ではウクライナ避難民への日本語指導等、外国人支援に関するあらゆる要望にこれまで応えてきた。E氏によれば、30年前と比べると市民による外国人に対するあからさまな偏見・差別は減ってきているという。以前は、外国人が歩いているだけで皆「怖い」と言っていたが、最近はそのような話は聞かなくなった。しかし、X市の日本人で隣近所の外国人と積極的に交流を図ろうとする人々は一握りにすぎない。一人が友達になればそこから友達の輪は広がっていく。一歩踏み出して日本語で挨拶をするだけでも世界は変わるとE氏は言う。

　E氏の話を聴き、「日本語が分からないほうが、あるいは日本人と深く関わらないほうが自分たちに対する否定的な言動に触れなくて済むので幸せかもしれない」と語っていた定住外国人の姿が頭に浮かんだ（横溝2021）。行政による外国人支援が重要であることは言うまでもない。しかし、そこから否応なく零れ落ちてしまう人々に無条件で手を差し伸べ、彼／彼女らのニーズに寄り添った対応ができる市民の存在は欠かせない。今、私たちは"身近な個人"としてどのように生きていくのか問われていると言えるだろう。

注　釈

※1　小学校、中学校、高等学校、大学、盲学校、聾学校、養護学校及び幼稚園を指す。

※2　X市教育委員会から直接回答を得た。

※3　「地域社会と異文化コミュニケーション」を受講した、今村円香、小川倖歩、勝野敦之、川名朋美、木村和希、金城景、齋川成美、塩谷真希、柴田翔太、髙崎健輔、武田亜依、千葉理緒、永井裕大、野口美紅と筆者により実施した。

※4　本稿では*p < .05、**p < .01、***p < .001 とする。

※5　金融危機の影響により日本国内において不就学・自宅待機になっている子どもたちが、円滑に公立学校に転入するための支援（日本語・母語・教科指導、地域社会との交流の促進）を行う目的で文部科学省が2009年に設置した（2014年に終了）。保護者や子どもの希望により外国人学校への復学も選択可能である。

※6　B校提供の資料による。

※7　夜間中学においてその年度に卒業見込みとなっていない生徒は高校を受検できないが、一度中学校（義務教育）を終了している者は（夜間中学を退学した上で）受検可能になるという。

※8　運営費は、在籍する生徒の居住する市町村に生徒数に応じて負担してもらっている（応分負担）。

参考文献

・江口怜（2020）「夜間中学の成立と再編:「あってはならない」と「なくてはならない」の狭間で」木村元編『境界線の学校史: 戦後日本の学校化社会の周縁と周辺』東京大学出版会、49-80頁。

・拝野寿美子（2011）「在日ブラジル人第二世代のホームランド: 自ら選びとる「生きる場所」」三田千代子編著『グローバル化の中で生きるとは: 日系ブラジル人のトランスナショナルな暮らし』上智大学出版、265-290頁。

・ハヤシザキカズヒコ・児島明（2014）「トランスマイグラントとしてのブラジル人をささえる学校」志水宏吉・中島智子・鍛治到編著『日本の外国人学校: トランスナショナリティをめぐる教育政策の課題』明石書店, 288-294頁。

・池田真利子・金延景・落合李愉・堀江瑶子・山下清海・森誠（2014）「常総市における日系ブラジル人の就業・生活形態の地域的特徴: リーマンショックおよび震災後の変容に着目して」『地域研究年報』36, 55-90頁。

・梶田孝道（1992）「同化・統合・編入: フランスの移民への対応をめぐる論争」梶田孝道・伊豫谷登士翁編著『外国人労働者論: 現状から理論へ』弘文堂、205-254頁。

・木村元（2020）「「境界線の学校史」の問題構制」木村元編『境界線の学校史: 戦後日本の学校化社会の周縁と周辺』東京大学出版会、1-13頁。

・桑原紀彦（2022）「外国ルーツの高校生、日本語を単位に認定　文科省方針」『朝日新

聞』朝刊、2022年1月25日、27面。
- 文部科学省（2020）「外国人の子どもの就学促進及び就学状況の把握等に関する指針」https://www.mext.go.jp/a_menu/shotou/clarinet/004/1415154_00003.htm （2022年11月15日閲覧）。
- 野崎章子・大塚公一郎（2018）「在日ブラジル人児童のレジリエンス: 個人因子としての心理的特性と言語運用に関する記述的研究」『千葉看護学会会誌』24（1）、61-69頁。
- 総務庁統計局（2022）「国勢調査」https://www.stat.go.jp/data/kokusei/2020/index.html（2022年11月5日閲覧）。
- 出入国在留管理庁（2022）「在留外国人統計（2021年12月末）」https://www.moj.go.jp/isa/policies/statistics/toukei_ichiran_touroku.html （2022年11月4日閲覧）。
- 高谷幸（2021）「移民・多様性・民主主義: 誰による、誰にとっての多文化共生か」岩渕功一編『多様性との対話: ダイバーシティ推進が見えなくするもの』青弓社、68-92頁。
- 藪田直子・芝野淳一・山本晃輔・敷田佳子（2014）「外国人学校研究の動向: 変容と継続が描き出す外国人学校の「いま」」志水宏吉・中島智子・鍛治到『日本の外国人学校: トランスナショナリティをめぐる教育政策の課題』明石書店、36-50頁。
- 横溝環（2020）「母子家庭の親子が捉える主観的格差: 経済的格差と自由との関わりおよび貧困の責任帰属」『PAC分析研究』4、38-48頁。
- 横溝環（2021）「主観的格差感の構成要素に関する探索的研究: 関係流動性格差および承認/包摂格差」『多文化関係学』18、3-20頁。
- Yuki, M., & Schug, J. （2012） Relational mobility: A sociological approach to personal relationships. In O. Gillath, G. E. Adams, & A. D. Kunkel （Eds.）, *Relationship science: Integrating evolutionary, neuroscience, and sociocultural approaches* （pp.137-151）. Washington D.C.: American Psychological Association.

第2章

夜間中学・定時制高校の制度と機能
－ドイツとの比較を通して－

立花　有希

はじめに　―本研究の目的

　　本稿は、中学校夜間学級（いわゆる夜間中学）および定時制高等学校の制度的・実際的な役割について、ドイツとの比較を通して検討するものである。歴史的、社会的な背景を異にするドイツの学校は、制度上の構成や社会的な位置づけにおいても個々の学校での実践においても日本のそれとは大きく違っている。つまり本考察は、日本の夜間中学や定時制高校に相当する学校を特定するところから始めなければならない。単純に授業が行われる時間帯にだけ注目すれば、「夜間学校」（Abendschule）[※1]と総称される一連の学校種が挙げられる。だが、こうした学校は基本的に継続教育訓練[※2]のためのものと解されており、現代日本の夜間中学・定時制高校と完全に合致するものではない。では、学習者、教育内容、学習目的といった点から考える実質的な機能に関して、今日の夜間中学・定時制高校に相当するドイツの教育機関は何になるだろうか。このような検討作業は、必然的に日本の夜間中学・定時制高校を再定義する試みにつながる。よって、ドイツとの比較という方法を用いるために日本の夜間中学・定時制高校の位置づけと実態とを改めて確認し、それに対応するドイツの制度や議論を整理するという作業を通して、日本の公教育のあるべき形についての議論に資するところに本研究の意義が見出される。局所最適解にとどまらないための視座を提供したい。

I 夜間中学の制度と機能

(1) 夜間中学の制度的位置づけ

　　夜間中学については、文部科学省のウェブサイトでは「夜間中学とは、市町村や都道府県が設置する中学校において、夜の時間帯等に授業が行われる公立中学校のこと」をいうとされているが、法律上の定義は未だなされていない。「義務教育の段階における普通教育に相当する教育の機会の確保等に関する法律」（平成28年法律第105号、以下、教育機会確保法）の「第四章　夜間その他特別な時間において授業を行う学校における就学の機会の提供等」が夜間中学に関する条項として受け止められている。そこでは、次のように表現されている。

（就学の機会の提供等）

　第十四条　地方公共団体は、学齢期を経過した者（その者の満六歳に達した日の翌日以後における最初の学年の初めから満十五歳に達した日の属する学年の終わりまでの期間を経過した者をいう。次条第二項第三号において同じ。）であって学校における就学の機会が提供されなかったもののうちにその機会の提供を希望する者が多く存在することを踏まえ、夜間その他特別な時間において授業を行う学校における就学の機会の提供その他の必要な措置を講ずるものとする。

　ここに至るまでの夜間中学の歴史的な歩みを振り返ってみよう。昭和42（1967）年に刊行された尾形利雄・長田三男著『夜間中学・定時制高校の研究』は、さまざまな資料をもとに「夜間中学校の開設経緯」を丹念にたどっている。以下、同書に基づき整理すれば、まず、「新制中学校発足後二年を経た昭和二四年には、中学校の長期欠席生徒は実に三三八、二七一人、不就学者は四七、六一九人に達し」、「この中学校の長欠者・不就学者になんらかの方法を講じて就学の機会を与え、義務教育を終了せしめたいという意図から、一つの便法・苦肉策として始められたのが、中学校における夜間の補習授業であった。これがいわゆる『夜間中学校』発足の端緒となった」（54頁）。その夜間中学校は、昭和「二四年二月一〇日、神戸市立駒ヶ林中学校に『長期欠席・不就学児童生徒救済学級』として設けられたのが最初」（同上）とされる。そして、「『家庭の貧困』によって長欠・不就学を余儀なくされている生徒を救済し、その失われた学習の機会を与えてやるために、法的には多分に疑義があるけれども、教師に残された唯一の可能な手段として夜間学級を開設した」（54-55頁）ことが示され、「必要にかられ、いわば教師の熱意によって自然発生的におこった夜間の補習授業を母体として誕生した」（55頁）ことが確認されている。さらに、「東京都の場合は、足立区立第四中学校に夜間学級が特設されたのをもって嚆矢とする。その開設は、当時、足立区立第四中学校の校長であった伊藤泰治が」、「悲惨な長欠・不就学児童生徒の実態報告を聞いたことが発端となった」（同上）と説明されている。

　文部当局は、この中学校夜間学級の開設を「『義務教育の建前からいえば当然違反』で、六・三制破壊の道に通ずるものとの見解を明らかにした」（58頁）。これに対して、「もとより伊藤も夜間中学校を決して合法的なものと考えていたわけではない」が、夜間中学校の開設を決意したのは、「六・三制の精神は国民の教育レベルを上げ、もって文化国家の建設に寄与すべきところにある。ゆえに家庭の貧困による長欠・不就学生徒を救済して就学の道につかせることは、この法の精神にも合致すると確信したからである」（60頁）とされる。夜間中学は、戦後の社会状況下では「最善の策ではないにしても、次善の策」（60頁）であり、「伊藤構想の説得力と、これが実現に対するかれの熱意とに」（61頁）東京都教育委員会が動かされる形で「東京都の夜間中学校は、（中略）（昭和）二六年七月一六日足立区立第四中学校第二部として発足したのであった」（62頁）。その「伊藤も『あくまでこの第二部は暫定的なもの』との考えを抱いていた」（同上）にもかかわらず、そして、当時この切実な要求へと駆り立てていた年少労働という社会問題は解消しているにもかかわらず、「暫定的・試験的に認められた」「法的根拠がない」（63

頁）夜間中学は、学校教育法施行令第25条の「二部授業」を設置根拠としながら、「その設置・運営について具体的な規定はなされておらず、時代や地域ごとにその内実も大きく変化してきた」（江口2020、63頁）のである。

　このように歴史を振り返ってみると、夜間中学は、発足当初のねらいに照らした総括がなされることも、状況の変化に応じた法的整備が進められることもないままに、教育機会確保法で設置・拡充が求められ、実際に新たな開設が進められている状況にあることに気づかされる。夜間中学の本質的機能を義務教育制度の枠組みの中に位置づけ、それに対応した法的根拠を与える必要がある。

(2) 夜間中学の実際的機能とドイツとの比較

　ここからは、夜間中学で学ぶ生徒の構成を確認し、ドイツではそれに相当する人々に対してどのような教育的措置がとられているかについて検討していきたい。

　夜間中学の対象となる生徒をその実態に即して分類すれば、

①「義務教育未修了の学齢超過者」

②「不登校など様々な事情により十分な教育を受けられないまま中学校を
　　卒業した者」

③「本国や我が国において十分に義務教育を受けられなかった外国籍の者」

　とできるであろう（いずれも『令和元年度夜間中学等に関する実態調査』の表現による。同調査では、「属性別の生徒数」の項目で①197人（11.4%）、②148人（8.6%）、③1,384人（80%）、「不登校となっている学齢生徒」0人との数値が記されている）。これら各々に相当する人々への教育機会を提供しているドイツの制度は何かについて考えてみるところから比較・検討を始めることにしよう。

① 義務教育未修了の学齢超過者

　ドイツの就学義務は、6歳からの10年間としている州が多いが、その後、普通教育を継続することも職業教育訓練に入ることもない場合には、18歳まで（一部の州では20歳まで）の職業教育義務が課せられる[※3]。

　日本でいうところの「義務教育段階の普通教育に相当する教育機会の確保」にあたるのは、ドイツでは「前期中等教育の学校修了証を事後的（追加的）に取得する機会の確保」とすることができるだろうか。そうした機会は、「市民の平均的な学歴を実質的・形式的に高めるための手段」（Harney/Koch/Hochstätter 2007, S. 34; Käpplinger 2009, S. 207より引用）として、学校教育、職業教育、社会教育の各分野で提供されている。

　まず、学校教育に関しては、「はじめに」で言及した夜間学校のうち、中等段階Ⅰ（前期中等教育段階）に分類されている夜間基幹学校（Abendhauptschule）と夜間実科学校（Abendrealschule）が挙げられる。KMK（2022）によれば、2020年度の生徒数はそれぞれ800人、15,101人（比較のため全日制の生徒数を添えると、基幹学校、実科学校の順に335,957

人、773,282人)であった。夜間基幹学校への出願要件が「入学時点で、a)職業に従事している、ないし6カ月以上従事していた、b)全日制就学義務期間を満了したが当該修了証ないし同等の修了証を有していない、c)18歳に達している」者とされている(KMK 2015)ことからわかるように、これらは二次的教育システム(Zweiter Bildungsweg)である。

次に、職業教育の分野では、職業学校や、職業教育への準備段階に位置づけられる「移行領域」(Übergangsbereich)※4の中に学校修了証の事後的取得が可能な課程がある。職業教育と並行して、あるいは職業教育の準備段階として、職業教育セクターの中で一般学校教育が補足される形になっている。

最後に、社会教育分野では、成人大学、市民大学などと訳されるVolkshochschule(フォルクスホッホシューレ:VHS)がある。VHSとは、原語にも大学(Hochschule)の語が含まれてはいるが、高等教育ではなく、成人教育、継続教育に分類されるものである。

首都ベルリンのVHSを例にとってみると、もっとも基礎的な基幹学校修了証相当から大学入学資格となるアビトゥアまで4種ある中等教育修了資格ごとのコースがそれぞれ複数の行政区で開講され、基礎的な方から2種については移民向けに用意されたコースも用意されている。その他に、基礎教育(Grundbildung)の講座を提供しているVHSが1校ある。当該講座紹介のサイトでは、「ドイツには、ドイツ語を話すが、読み書きに問題を抱える人が620万人※5いる。多くは学校で困難を覚えていた。十分に読んだり、書いたりすることができないために恥ずかしさを感じている人が多い」との説明がなされている。そこでは、読み書き、数学、日常的・一般的な知識、コンピューターやメディアの取り扱い、職業生活への準備などに関して、週4日※6の成人向けコースが提供されている※7。

ドイツ全体のVHSで見れば、2020年に3,163人が基幹学校修了試験を、2,845人が実科学校修了試験を受験している(Statistisches Bundesamt 2022, S.34)。

② **不登校など様々な事情により十分な教育を受けられないまま中学校を卒業した者**

ドイツでは、不登校にあたる行為はSchulabsentismus(不登校)、Schulverweigerung(登校拒否)、Schulangst(登校不安)、Schulschwänzen(怠学)等とよばれる。いずれにしても、学校修了証は実質的な課程修了者にのみ与えられるものであるから、いわゆる形式卒業という状況は生じ得ない。よって、事後的に実質的に課程を修了するためには、①と同様のルートを通っていくことになる。

ここに一つ、日独の大きな違いが見られることを確認しておきたい。すなわち、ドイツの場合には、学校修了証という形式と課程を修めたという実体とが一致しており、援助すべき対象を客観的に視認できる。日本の場合には、構造的に形式卒業という事態が生み出されているがために、形式卒業者の夜間中学への受け入れを形式的な理由から認めることができない状況が長く続いていただけでなく、教育を受ける権利が実体として保障されていない場合を不可視化しているといえる。

③ 本国や我が国において十分に義務教育を受けられなかった外国籍の者

　　ドイツでは就学義務の規定に国籍は関係しない。よって、国内で「十分に義務教育を受けられなかった」という状況は、ドイツでは少なくとも制度的には生じにくい。ドイツへの移民に対して、（職業教育義務を含めて）就学義務年齢であれば（職業）学校等で、それ以降であれば、統合コースや前述したVHSの講座等で、ドイツ語習得と職業教育・高等教育への接続に向けた準備とが図られる。統合コース（Integrationskurs）は、連邦移住難民庁（BAMF）の所管により、600時間のドイツ語授業と100時間のオリエンテーションからなるコースを基本として、全国で開講されているものである※8。授業料は1時間あたり1.9ユーロと安価で、滞在資格により授業料を免除される場合もある。前掲の実態調査で③に分類される割合が80%となっているのは、ドイツとの比較から考えれば、日本語学習の場が遍く公的に用意されていないこと、職業生活への接続を支える教育体系が細いことによるものと考えられる。

Ⅱ 定時制高等学校の制度と機能

(1) 定時制高校の制度的位置づけ

　　定時制高校は、学校教育法で次のように規定されている。

　　「第五十三条　高等学校には、全日制の課程のほか、定時制の課程を置くことができる。②高等学校には、定時制の課程のみを置くことができる。」

　　また、「高等学校の定時制教育及び通信教育振興法」（昭和28年8月18日法律第238号）では、第1条で「この法律は、勤労青年教育の重要性にかんがみ、教育基本法（平成18年法律第120号）の精神にのつとり、働きながら学ぶ青年に対し、教育の機会均等を保障し、勤労と修学に対する正しい信念を確立させ、もつて国民の教育水準と生産能力の向上に寄与するため、高等学校（中等教育学校の後期課程を含む。以下同じ。）の定時制教育及び通信教育の振興を図ることを目的とする。」とされており、対象は明らかに勤労青年である。

　　単位制高等学校は昭和63（1988）年度に導入された当初は定時制・通信制課程のみであったが、平成5年（1993）年度からは全日制課程においても設置が可能となっている。文部科学省「令和3年度学校基本調査」によれば、単位制による課程をおく全日制高等学校は全国に707校（うち公立は641校）、生徒数は376,664人（同184,347人）となっている。他方、定時制高等学校は、修業年限3年の学校が121校、生徒数12,912人で修業年限4年の学校が592校、61,570人である。

　　昼間定時制課程の豊橋市立豊橋高等学校は「弱い立場にある生徒を支援する学校です。制服を大切にする学校です。」と学校紹介で謳っている。さらに、「様々な弱い立場にある生徒が多数入学しています。」として、「不登校だった生徒／真面目にやってきたが、学習面で十分芽が出なかった生徒／外国籍の生徒／経済的に弱い立場の生徒／学び直しをしたい過年度卒の生徒など」が例示されている。なぜそうした生徒に定時制高校が親和的であるのか。そうした共通理解は、どのように形成されてきたのか。その実態を制度上の位置づけに明示的に

取り込んでいく必要があるのではないだろうか。

⑵ 定時制高校の実際的機能とドイツとの比較

　板橋・板橋（2007）は、「単位制高校の拡大や三年制への移行など、定時制高校の形態は多様化し、本来の勤労青少年教育のための学校から、全日制に合格できない者、ハンディキャップを持った者、全日制中退者、不登校者、外国人の学習の場等として新たな役割を持ち始めた」（204頁）と述べるなど、教育行政や種々のデータ、さまざまな関係者の発言をもとに、まさしくその著の表題の通り「勤労青少年教育の終焉」を論じている。同様の内容は、濱沖（2020）が引用したように中教審のまとめにおいても言及されており、いわば公的に確認されている事実となっている。それによると、「生徒の多様化が進む中では、定時制・通信制の高等学校が、従来からの勤労青年のための後期中等教育機関としての役割にとどまらず、多様な学びのニーズへの受皿として、その役割を増している」（中教審2014、6頁）とのことである。この文書を通読してみれば、「特に、定時制・通信制高等学校については、その年齢構成や家庭環境等も様々であり、また、定時制における中途退学数は在籍生徒の11.5%と高校平均の7.7倍となっているほか、不登校者数は16.8%と高校平均の9.9倍、発達障害等困難のある生徒の割合は定時制で14.7%、通信制で15.7%と全日制の1.8%に比べ非常に高い割合となっていることなど、全日制の高等学校等と比べその抱える課題も多様かつ複雑なものとなっている」（同3-4頁）として定時制高校が置かれた困難な状況が認識されていることもわかる。そして、「多様な生徒が入学している実態にきめ細やかに対応するため、義務教育段階からの学び直しを支える体制の強化に加え、日々の生活指導や教育相談、将来を見通した進路指導をサポートする体制など学習面だけでなく、学校の内外を問わず、様々な形で生徒や学校等への支援を充実していく必要がある」（同、19頁）と結論されているが、その具体的施策の検討は別稿に譲ることにしたい。

　当初、定時制高校へは、全日制高校へ進学する学力がありながらも就職するほかなかった生徒も多く通っていた。福間（2020）が過去の調査資料を用いて明らかにしたのは、雇用主の無理解にあっても定時制に通っていた生徒たちが「高卒学歴の取得以上に、『教養を身につける』こと」を「重要視」していたことである（113-114頁）。このような進学動機は、現代のどのような層と共通するものであるのか、検討してみる意義があると思われる。

　では、定時制高校をめぐるこうした歩みと現状とをふまえて、ドイツに目を転じてみよう。定時制高校が「勤労青年教育の重要性にかんがみ、（略）働きながら学ぶ青年に対し、教育の機会均等を保障し、（略）教育水準と生産能力の向上に寄与する」（前出、「高等学校の定時制教育及び通信教育振興法」）ための教育機関であるとすれば、これに近いものとして、夜間ギムナジウム（Abendgymnasium）がある。夜間ギムナジウムは中等段階Ⅱ（後期中等教育段階）に分類され、生徒数は10,623人（比較のため全日制は764,308人）である（KMK 2022）。夜間ギムナジウムを修了すれば、大学入学資格を得ることができるが、日本の定時制高校とは異なり、前期中等段階から直接に接続することは想定されていない。具体的には、入学時に「a）職業訓

練を修了しているか、2年以上職業に従事していたことを証明できる、b）中等学校修了証を取
得している、c）年度内に満19歳以上となる」志願者であることが要件となっている（KMK1979;
2018, S. 3）。午前中に授業時間を設定している夜間ギムナジウムもあるが、勤務時間帯が夜間
にかかる学生のための対応である。「夜間ギムナジウムの学生は、最後の3学期間を除き、雇用
されていなければならない」[※9]（KMK1979; 2018, S. 4）とあることから、夜間ギムナジウムは職
業に従事している者のみが対象である。これに対し、実科学校修了資格をもつ者を対象とする
2年から3年の全日制課程からなるコレーク（Kolleg）もあり、そこでも修了すれば大学入学資格
を得ることができる。

　「全日制に合格できない者、ハンディキャップを持った者、全日制中退者、不登校者、外国人」
（前出、板橋・板橋2007）という定時制高校在籍者の現代的傾向に関しては、上に見た夜間
ギムナジウムやコレークよりもI（2）で言及した、学校教育から職業教育、就労への接続を図る
移行領域での諸施策の方が比較の対象としては相応しいかもしれない。この移行領域の特徴
について、メンツェとホルトマンは先行研究を整理して、次のような点を確認している（Menze &
Holtmann 2019）。移行領域で学校修了証を獲得できたのはおよそ24〜30％とされているこ
と、企業と直接のつながりができることで書類審査であれば選考対象とならない修了証種別の
青少年が訓練生候補として考慮されること、中等教育修了資格未満である青少年の親は職
業教育訓練を修了していない割合が高く、自ら企業と接点を持って初めて手にする情報によっ
て資源の不足を補えること、移行措置において企業での実習割合が高いほど職業教育訓練
の機会が向上することである。そして、「学校修了証がない、あるいは低いものしかない青少年
の教育訓練機会を向上させるには、移行領域において企業での経験を積むことが学校修了
証を後から取得することに代わるもう一つの方法であり、うまくいく見込みが高いようである」（S.
515）とまとめている。

　もとより日本の高校段階に相当するドイツの学校は、大学へと接続するギムナジウムの他に、
デュアルシステムとして企業での実習と組み合わされた職業学校（Berufsschule）や全日制の
職業専門学校（berufliche Vollzeitschule）からなっており、現在でも義務教育修了者の約
半数が職業教育領域に進んでいる。ドイツでは、徒弟制度の伝統を汲むゲゼレ（Geselle,職人）
やマイスター（Meister,親方）の社会的評価が高い。たとえばマイスター資格保持者は、ドイツ
資格枠組み（DQR）で学士号取得者と同等のレベル6に入っている。資格社会ドイツは、そうし
た基盤から生まれ、同時にそうした制度を必要としている。このような背景から、職業教育に入
る必要条件としての一般学校教育の修了資格取得、職業教育を経ての大学入学資格取得と
いった選択を可能にする体制が根づいている。そこには、生涯を通じての職業的能力の向上
は社会制度として保証されるものという思想がうかがえる。

　この点を裏づける動きを一つ紹介して、この項のまとめとしたい。2008年10月22日にドレスデン
で開催された教育サミットでは、連邦と各州の首相によって「教育による上昇」（Aufstieg durch
Bildung）が決議された。そこでは以下の10点が確認されたが、そこにも上述の思想が色濃く現
れている（太字強調は筆者による）。

1.　教育による上昇　　　　2.　はじめからのよりよい教育
3.　教育の鍵としての言語　　4.　MINT科目[*10]の強化
5.　生徒の職業教育訓練機会の拡大　6.　職業教育と資格付与の強化
7.　ドイツのイノベーションを支える大学教育　　8.　生涯学習
9.　熟練者の教育訓練と資格向上に対する企業の責任
10.　連邦国家体制での教育、職業教育訓練、資格付与

　表題でもあり、第一の項目としても掲げられている「教育による上昇」とは、出自の如何にかかわらず、教育によって社会的上昇を果たすという意味である。具体的には、「知識社会における個人の可能性や機会均等にとっては教育が鍵である。『教育による上昇』は人々の出自が将来を決めてしまわないための戦略である。教育へのアクセスの公正さ、教育システムの透明性が責任ある教育政策の中心原理である」(S. 4)と表現されている。特定の課題に焦点化しすぎることなく、誰もが共有しうる理念を掲げ、その共通理解をもとに政策判断につなげていくところに連邦制の特質が表れているといえよう。

Ⅲ 生涯学習／社会教育～いつでも、だれでも、どこでも学ぶことのできる社会

　ここまで見てきた夜間中学・定時制高校は学校教育体系に属するものであるが、それを生涯学習の観点から、あるいは社会教育との補完関係から考えてみることも必要であろう。

　中央教育審議会「生涯教育について（答申）」（昭和56年6月11日）では、「今日、変化の激しい社会にあって、人々は、自己の充実・啓発や生活の向上のため、適切かつ豊かな学習の機会を求めている。これらの学習は、各人が自発的意思に基づいて行うことを基本とするものであり、必要に応じ、自己に適した手段・方法は、これを自ら選んで、生涯を通じて行うものである。その意味では、これを生涯学習と呼ぶのがふさわしい。」と述べられ、「国民の一人一人が充実した人生を送ることを目指して生涯にわたって行う学習を助けるために、教育制度全体がその上に打ち立てられるべき基本的な理念」である生涯教育をユネスコやOECDが提唱していることにふれている。

　池田(2005)は、「生徒数の減少により、全国で定時制の統廃合が進められている」(p. 81)ことを問題視し、「単に入学者が少なくなったからといって教育の機会（場）をつぶしていくというのは、生涯学習の推進としては不適切な策である」（同上）と述べる。そして、その理由を「学びの場は、なるべく近くにあったほうがよい。時間的・経済的問題からだけではなく、地域の課題あるいは地域の産業に結びついた教育の展開を可能としてくれる」（同上）ことに見ている。

　社会教育は、社会教育法（昭和24年6月10日法律第207号）の第二条で「この法律で「社会教育」とは、学校教育法（昭和二十二年法律第二十六号）に基き、学校の教育課程として行われる教育活動を除き、主として青少年及び成人に対して行われる組織的な教育活動（体育及びレクリエーションの活動を含む。）をいう。」と定義されている。行政・民間が提供するものだけでなく、自発的な活動も含まれる。

　こうした生涯学習や社会教育の視点から、夜間中学・定時制高校の果たしてきた役割、果たすべき機能を捉え直すことができるはずであるが、そうした議論は活発ではないようである。I（2）で取り上げたフォルクスホッホシューレは、そこでも述べた通り成人教育、継続教育に位置づけられるもので、日本式に言えば社会教育機関である。その機関で学校修了証の取得が可能であるという制度の設計と運用にもっと目を向けてよいのではないか。もとより日本は学校教育偏重のきらいが強い。スポーツにせよ、文化活動にせよ、地域のクラブや施設ではなく学校を軸にして組織される傾向にもそれは表れているが、そうした学校を基本とする思考形式が、社会教育として構想することが可能（かつ適切）な機能を夜間中学や定時制高校に期待し、学校化してしまっているようにも映る。変化の激しい時代にあって、生涯学習の必要性は増している。それを踏まえればなお一層、学校教育と社会教育とが総体として生涯にわたる学びを支える構造が求められるであろう。

Ⅳ 考察

　以上、日本の夜間中学と定時制高校の機能を担うドイツの教育機関やそれに関連する議論を探し出し、比較する作業を通して、日本およびドイツのいわゆるメインストリームではない中等教育の特質が浮かび上がった。それを整理することで本論考の結びとしたい。

　第一に、ドイツでは普通教育から職業教育への接続の保証が公教育の責務を考える上での大前提にある。資格社会ドイツで学校修了証がないことは、その後の社会生活にとって致命的な不利となる。よって、学校修了証を取得させることが絶対的な使命となっている。ゆえに、修了証取得率の向上は、当然に教育政策上の重要目標とされてきた。それは、修了証未取得の原因が、成績不振によるものであれ、移民に起因するものであれ、（本稿では言及しなかったが）特別な支援が必要なためであれ、同じであり、特定の集団の取得率が低い場合には、その改善に資するような対策が講じられてきた。さらに、性別や家庭環境の違いが修了証取得率に与える影響にも注意を払い続けている。そうして、より公正で、より高い学校修了証の取得を目指すと同時に、それでも取得のかなわなかった生徒に対する職業教育、職業資格取得への経路がさまざまに用意されてきたと見ることができる。それは個人がもつ基本権、教育への権利の保障という観点からだけではなく、失業の増加や熟練労働者の不足など社会的安定を脅かすリスク要因への現実的な対応という社会的な観点からなされているものでもある。この後者の発想が日本では弱いのではないか。逆に言えば、この点が強化されたなら、すなわち将来の日本社会を経済的、政治的、社会的に支える成員である一人一人の能力を最大限に引き出すことが教育政策の責任であるとの確たる前提に立ったなら、夜間中学や定時制高校でこれまで取り組まれてきたような教育の重要性がより強く、より広く認識されるのではないか。それらは決して当事者だけの問題ではなく、社会全体の問題なのである。

　第二に、上で述べたような職業教育／高等教育や就労への接続を確保するための重大な前提となる学校修了証の事後的取得の機会が、学校教育だけでなく、職業教育、社会教育の分野でも用意されているところにドイツの特質を見て取ることができる。学校型の学習では十分に成果が

出せなかった者に、それとは異なる形で、しかしそれに匹敵する学習の場を用意することに意義を見るなら、Ⅱ(2)で引用した移行領域の実態がその好例である。

　そして第三に、日本とドイツを並べ置くと、どのような対象にどのような能力を涵養するのか、各教育機関の責務を明確化することが重要であることに気づかされる。対象と目的を明示し、学習者には多様な選択肢を用意しつつ、当該教育機関の中では一定の方向性が共有されるのが望ましいのではないか。ドイツでは、就労しながらの継続教育であるのか否かや、どの修了資格を有しているか、獲得したいかによって学校や課程が分かれているが、日本の場合、たとえば昼間定時制課程と単位制全日制課程とにどのような制度的、実際的な違いがあるのか判然としない。さらに言えば、夜間中学はなぜ"夜間"に開講され続けなければならないのか。そして、夜間中学の在籍者数の実に8割を外国人生徒が占めていることは、夜間中学の目的外利用とでも呼ぶべき事態と認識する必要があるのではないか。恒吉(2021)は、この問題を次のように論じている。「起きている何かに対して『対処』することを軸にした対応法がとられるために、既存の受け皿になりうるもので凌いでゆく傾向が日本では強い。上記の夜間中学の例もしかりである」(14頁)。当座の「受け皿」であった戦後の夜間中学が、七十余年を経てなお、別の形で受け皿としての役割を期待されていることが皮肉である。夜間中学の拡大が学びの場の拡大であることは確かである。その積極的意味を減じるものではないが、それが現行の教育法体系における不備や矛盾についての抜本的な改定を尽くすことなく、「受け皿」を大きくしているという一面を持っていることも事実である。

　夜間中学は、「昼間就学を原則とする義務教育の建前からいっても、学齢子女の使用を禁ずる労働基準法の建前からいっても種々複雑な問題を内包」(尾形・長田1967、1頁)するものであるが、「教師に残された唯一の可能な手段として」(同、55頁)自然発生的に発足したり、「暫定的な試案として運営し、恒久的な制度とすることは望ましくない」(同、61頁)ことを認めた上で設立されたりした。この深い葛藤があったからこそ、夜間中学設置の判断、決定が説得力を持った。その先達にならって、夜間中学や定時制高校の現代的意義について議論を重ね、理論構築することが求められよう。それは同時に、「受け皿」としての役割を引き受けてきた夜間中学や定時制が持つ経験や特質から全日制高校など他の教育機関が学ぶべき点を見出すことにもつながるであろう。たとえば、学習者の置かれた個別の境遇に寄り添い、個々の興味・関心に応じた学習内容を提供するといった実践の形は、インクルーシブ教育の推進が求められている時世に照らせばいっそう重要な示唆を与えてくれる。

　以上、夜間中学・定時制高校の位置づけと実態について、それらの歴史と国際比較を通して論じてきた。現代日本における夜間中学や定時制高校の固有の価値はどこにあるのか。社会教育を含め、公教育体制全体を視野に収めながら、その問いについての本質的な議論を展開することが求められる。

注　釈

※1　夜間学校は、夜間ギムナジウム、夜間実科学校、夜間専門学校、夜間基幹学校などの総称であり、各々については本文で後述する。

※2　初期職業教育訓練修了者や職務経験のある者等を対象とする職業教育訓練機関で、その課程を修了すれば、より上位の学校修了証や職業資格を得ることができるものである。

※3　ドイツでは、教育に関する立法・行政は各州の所管となっている。

※4　移行領域の主たる役割は、学校教育修了証を事後的に得ること、職業についての理解を深め、進路を決定すること、職業教育訓練に関する基礎を学ぶことにある。所管・実施機関や内容・期間・目的は多様であり、数も多い。規模の大きなものとしては、職業学校で提供される職業準備教育（職業準備年、職業基礎教育年など）や連邦雇用庁による職業準備教育施策、職業専門学校による企業実習や部分的な養成課程がある。BIBB（2020）によれば、学校で行われている移行領域の教育課程は125あるとされ（2019年12月現在）、期間は3か月から3年までであるが、69％は1年、25％は2年の課程であり、その他は6％に過ぎない。約4分の3の課程は普通教育の学校修了証がなくても入ることができ、54％の課程で普通教育の修了証を獲得できる（S. 254）。2019年には約25万5千人が新たに移行領域に入ったとされる

※5　この数字に関して、2019年5月7日付のDeutsche Welleの記事「ドイツの非識字者数が減少」（"Zahl der Analphabeten in Deutschland geht zurück"）から補足すれば、18歳から64歳までのドイツ在住人口の12.1％に相当する約620万人が単文を読み書きすることはできてもまとまった文章の読解、表現はできないとされる。その半数以上（52.6％）にあたる330万人は幼少時にドイツ語を母語として習得したいわゆる機能的非識字者であり、約290万人はドイツ語以外を最初に習得した人々であるとされている。https://www.dw.com/de/zahl-der-analphabeten-in-deutschland-geht-zur%C3%BCck/a-48637432

※6　月曜9:00-14:15、火曜9:00-13:00、水曜9:00-13:15、木曜9:00-13:15となっている。

※7　https://www.berlin.de/vhs/volkshochschulen/reinickendorf/kurse/grundbildung/

※8　https://www.bamf.de/DE/Themen/Integration/ZugewanderteTeilnehmende/Integrationskurse/integrationskurse-node.html

※9　2学期制のため、3学期間は1年半に相当する。失業中の場合は労働局の証明書で考慮されることがあり、家族経営の事業に従事している場合は雇用に含まれるとされている。

※10　„Mathematik, Informatik, Naturwissenschaft, Technik"（数学、情報科学、自然科学、工学）の頭文字をとったもので、英語でいうところのSTEMに相当する。

参考文献

- 池田賢市（2005）「第6章　定時制の現代的特徴から出発する高校教育改革」日本教育制度学会編『教育改革への提言集　第4集』東信堂、74-85頁。
- 板橋文夫・板橋孝幸（2007）『勤労青少年教育の終焉　学校教育と社会教育の狭間で』随想舎。
- 江口怜（2020）「教育機会確保法制定後の夜間中学を巡る動向と課題」『和歌山信愛大学教育学部紀要』第1巻、63-74頁。
- 尾形利雄・長田三男（1967）『夜間中学・定時制高校の研究』校倉書房。
- 中央教育審議会初等中等教育分科会高等学校教育部会（2014）「初等中等教育分科会高等学校教育部会　審議まとめ～高校教育の質の確保・向上に向けて～」。
- 恒吉僚子（2021）「第1章　課題先進国、国際化後進国　日本の教育が歩むべき道」恒吉僚子・額賀美紗子編『新グローバル化に挑む日本の教育』東京大学出版会、1-21頁。
- 濱沖敢太郎（2020）「第3章　勤労青少年教育における学校方式の問題——教育機会拡充をめぐる社会的力学」木村元編『境界線の学校史　戦後日本の学校化社会の周縁と周辺』東京大学出版会、81-110頁。
- 福間良明（2020）『「勤労青年」の教養文化史』岩波新書。
- 文部科学省『令和元年度夜間中学等に関する実態調査』。
- Autor:innengruppe Bildungsberichterstattung (2022): *Bildung in Deutschland 2022*. Bielefeld: wbv.
- Bundesinstitut für Berufsbildung (BIBB) (Hrsg.) (2020): *Datenreport zum Berufsbildungsbericht 2020. Informationen und Analysen zur Entwicklung der beruflichen Bildung*. Bonn: BIBB.
- Bundesregierung & Regierungschefs der Länder (2008): *Aufstieg durch Bildung. Die Qualifizierungsinitiative für Deutschland*. Dresden, 22. Oktober 2008.
- Käpplinger, B. (2009): Der zweite Bildungsweg zwischen dem ersten Bildungsweg und der beruflichen Bildung. In: *Hessische Blätter für Volksbildung*. 59. Jg. Nr. 3, S. 206-214.
- KMK (2022): *Statistische Veröffentlichungen der Kultusministerkonferenz. Dokumentation 232: Schüler/-innen, Klassen, Lehrkräfte und Absolvierende der Schulen 2011-2020*.
- KMK (2015): *Voraussetzungen für Aufnahme und Besuch von Abendhauptschulen. Beschluss der Kultusministerkonferenz vom 12.02.2015*.
- KMK (1979; 2018): *Vereinbarung zur Gestaltung der Abendgymnasien. Beschluss der Kultusministerkonferenz vom 21.06.1979 i. d. F. 07.06.2018*.
- Menze, L. & Holtmann, A. (2019): Was können Schulabgängerinnen und Schulabgänger ohne Mittlern Schulabschluss aus Übergangsmaßnahmen mitnehmen? Entwicklungen und Übergangschancen in Ausbildung. In:

Zeitschrift für Erziehungswissenschaft, 22, 509-533.

・Statistisches Bundesamt（2022）: *Weiterbildung 2021.*

第3章

定時制単位制高校における外国人生徒の教育を支える論理
—外国人特別入試枠をもつ市立札幌大通高校の事例から—

石川　朝子

Ⅰ.はじめに

　本研究の目的は、外国人非集住地域と言われている北海道において、外国人生徒[※1]の教育を支える論理を導き出すことにある。そのために、北海道に唯一設置されている外国人特別入試枠を持つ定時制単位制高校を対象とし、入試枠が設置された経緯や教育実践、及び教育支援ネットワークのありようを分析する。

　志水・清水の研究(2001)によると、日本の学校文化は、移民背景があってもなくても、日本人児童生徒と「平等」に扱うことを重んじ「特別扱い」を忌避する学校文化であるとした。また、この学校文化が外国人児童生徒の学校適応や学力・進路形成にとって高い壁となって立ちはだかっていることを明らかにした。その「平等」主義に裏打ちされた学校文化により個別的な属性が背景化されてしまい、見えないものとして扱われることとなる。このことにより、日本語ができないのは「その子の努力が足りないから」という個人能力主義的な論理に帰結されてきたといえよう。これは日本の「水平的画一化」(本田2020)が強く関係していると思われる。この考え方のもとでは、マジョリティと少しでも異なるものをゼロとみなして否定的に扱う力学が働く。これまで外国人児童生徒教育研究においては、この力学を「一斉共同体主義」(恒吉1996)や「奪文化化教育」(太田2000)と名づけ、日本の一枚岩的な学校文化を批判してきた。

　筆者は2005年から、大阪府にある外国人特別入試枠をもつ高校(以下、枠校)を中心に研究調査をおこなってきた。その成果は『高校を生きるニューカマー』(2008)にまとめられている。そこで明らかとなったのは、紛れもなく外国人生徒を「特別扱い」する論理であった。また、2019年からは、外国人の集住地域であり、かつ早くから外国人児童生徒の教育に取り組む東のフロントランナーとして知られている神奈川県の枠校調査を行った(石川ら2020)。大阪府や神奈川県は、外国人生徒教育に関する論理や実践・アプローチは異なってはいるものの、人権教育をベースとしたアクティブ・アクションとして特別入試制度を運用してきた先進的な取り組みを行う2府県である。比較調査の結果、両者の取り組みを貫いている重要な考えに、一人ひとりの子どもの人権を大切にし、しんどい層に寄り添い、彼らの学力と社会性を十全に育む(志水2022)という「公正」の論理を見出すことができた。

　「公正さ」を表す英語にequityがある。アメリカの多文化教育の著名な研究者の一人であるバンクス(Banks2007)は、社会におけるマジョリティ側の有利性に言及し、マイノリティの学習機会を

奪い、低い社会的地位に押しとどめている既存の体制を批判しつつ「公正さ」の重要性について説いている。1980年代からequality（平等）に変わってequity（公正）が多用されていくように、時代によって「公正さ」の定義も歴史的・社会的条件に大きく依存している（額賀2011）。いづれにしても、「公正」である状態がどのような状態であるのかについて考えるために、限られた社会資源がどのような論理や手続きで誰に配分されているのかを丁寧に見ることが重要になってくるといえる（宮野1997）。

　外国人児童生徒が増加した2000年以降、公立学校における外国人児童生徒に対する教育実践は蓄積され、教育環境は少しずつではあるものの改善されてきた。しかしながら、地域間格差については未だ課題として残りつづけている。さらに、外国人集住地域以外での取り組みや実践については研究が十分になされているとは言い難い。また、外国人生徒の多くが進学先として定時制高校を選択している現状（文部科学省2018）にあるが、特別入試枠をもつ定時制高校についての研究は始まったばかりである（角田2012）。そこで本稿では、非集住地域にある定時制高校に特別入試枠がどのように構想され作られてきたのか、枠校における教育実践を分析し、課題等を明らかにすることで、外国人生徒の教育を支える論理を導き出したい。

　以下、第Ⅱ節では、これまで外国人児童生徒の教育について議論されてきたことを整理し、政策レベルで全国的な動きを概観する。第Ⅲ節では、全国の外国人特別入試及び特別措置の現状と課題についてまとめる。第Ⅳ節では、今回の調査対象及び方法について説明し、続く第Ⅴ節で市立札幌大通高校（以下、大通高校）の渡日帰国生徒[※2]教育について、1）海外帰国生徒入試枠設置の経緯、2）渡日帰国生徒教育に関わる資源の配置の2点について分析を行う。それを受けて、最終節では、大通高校における外国人生徒教育を支える論理について考察する。

II.外国人児童生徒の教育的課題と全国動向

　1980年以降、中長期的に日本に滞在する外国人が増加し始め、1990年に改正された入国管理法以降、外国人労働者とその家族が子どもを連れ立って来日し、居住し始めた。外国人集住地域にある公立小中学校には多くの外国人児童生徒が在籍し、その対応や取り組みは学校現場や自治体及びボランティアベースで行われてきた。2000年代に入り、実践者や研究者が外国人児童生徒の教育について取り上げ、社会的にその問題や課題が明らかにされていった（太田・宮島2005）。2008年にはリーマンショックの影響で、多くの日系人が失職することとなり、その子どもたちの自宅待機及び不就学の問題がクローズアップされることとなる。

　この状況の中で、2008年には外国人児童生徒等の教育の充実に関する有識者会議が開かれ、日系南米人集住地域における対策支援が検討され、国と地方公共団体等の役割や責任が強調された。日本における外国人児童生徒教育をめぐる対応は、押し並べて、課題に気づいた際に検討を行うという対処療法的なやり方が取られてきたといえよう。国による大規模な調査が行われず方向性が示されない中、目の前にいる外国人児童生徒の教育については各都道府県レベルで議論され、それぞれに取り組みが行われてきた。外国人児童生徒の在籍が多い地域では、教育

委員会や学校現場で議論がなされ、何らかの措置が取られることとなるが、このことで集住地域とそれ以外の自治体間格差が生まれている現状が指摘されている（栗原2015）。

2005年頃の全国における外国人児童生徒の高校進学率は50%程度であるとされていた（佐久間2006）。これは日本人の子どもたちの進学率が97%とほぼ全ての子どもが高校進学を果たすのに対して、半分の外国人児童生徒が高校で学ぶ機会が得られていないという結果であり、関係者に衝撃が走った。現在、次節にみるような外国人特別入試枠や特別措置が全国的に取られるようになり、外国人生徒の高校進学率は以前に比べると若干高くなってきているものの（是川2018）、依然として課題も多い。形式的に入り口の整備が整えられてきたとしても、様々な理由から入学後に高校をドロップアウトしていく生徒も多い。その一つの背景として、高校入学後に適切な支援がなされないまま、学習に関しても「適格者主義」のもとで、個人の努力の結果と見做され放置される現状があると考えられる。

表1の通り、2018年度の文部科学省調査では、日本語指導が必要な高校生等の中退率は9.6%にのぼっている。全高校生等の中退率（1.3%）の約7倍の多さである。さらに、高校卒業後の進学についても、日本語指導が必要な高校生の約4割が大学や専修学校等に進学しており、全高校生徒等7割と比べても明らかに低い傾向にある。課題はそれにとどまらず、高校卒業後に非正規就職をする日本語指導が必要な高校生の割合が40%（全高校生4.3%）にのぼり、進学も就職もしていない卒業生が18%（全高校生6.7%）もいることが明らかになった。

このような中で2016年にまとめられた有識者会議の報告書（学校における外国人児童生徒等に対する教育支援に関する有識者会議2016）には、このような課題に対していくつもの具体的な提案がなされた。その中でも「Ⅴ.外国人の子供等の就学・進学・就職の促進」では、高校入試の枠校の設定の促進、個々の生徒の日本語能力や学力、文化的背景等に配慮したきめ細かな指導の必要性、高等学校における日本語指導・教科指導の内容の改善・充実を図ること、さらに外国人生徒等の進学・就職を通じた社会的・経済的な自立を促進の必要性など、彼らのライフコースを見据えた入り口から出口までの支援の重要性について明記されている。

最近では、2020年の有識者会議報告書（外国人児童生徒等の充実に関する有識者会議2020）において、①義務教育以外に、就学前段階や高等学校段階、高等学校卒業後も見据えた体系的な指導・支援が必要であること、②外国人児童生徒への指導体制は地方公共団体が行う

表1 平成29年度中の日本語指導が必要な高校生等の中退・進路状況

	中退率	進学率	非正規就職率	進学も就職もしていない者の率
日本語指導が必要な高校生等 （特別支援学校の高等部は除く）	9.6%	42.2%	40.0%	18.2%
全高校生等 （特別支援学校の高等部は除く）	1.3%	71.1%	4.3%	6.7%

（出典）文部科学省「日本語指導が必要な児童生徒の受入状況等に関する調査（平成30年度）をもとに筆者作成

ため、取組に差が生じている。各地の就学状況の把握や、就学の促進が必要となること、③外国人児童生徒の母語、母文化を尊重した取組を推進すること、が提示された。特に、母語、母文化に言及した取組の推進については、これまで言及がなされておらず初出であり画期的な提案となっている。

さらに2022年には、外国人材の受入れ・共生に関する関係閣僚会議によって「外国人との共生社会の実現に向けたロードマップ」(2022)を示された。これは、政府の目指すべき共生社会のビジョンとその実現に向けて取り組むべき中長期的な課題及び具体的施策等を示したものである。そのうち、重点事項に係る主な取り組みの中の「3 ライフステージ・ライフサイクルに応じた支援」において、公立高等学校入学者選抜において外国人生徒を対象とした特別定員枠の設定及び受験に際しての配慮の取り組みを推進することや、高等学校において、日本語の個別指導を教育課程に位置付けて実施する制度を導入すること、が記されている。さらに、「4 共生社会の基盤整備に向けた取り組み」として、学校における異文化理解・多文化共生の考え方に基づく教育の更なる普及・充実を推進することも明示されている。

III.全国の外国人特別入試・特別措置の状況と課題

2000年前後から、各都道府県の自治体主導で「外国人特別入試枠」の設置が進められていくが、これは社会的に弱い立場に置かれている人々を政策的に優遇するアクティブ・アクションと捉えることができる(田巻2017、宮島2021)。この「特別枠」が外国人生徒の高校進学を大きく支えてきたことは、これまでの先行研究が明らかにしている(志水他2008、鍛治2019)。

2022年時点で全国の26地域に「特別枠」が設置されており、特別措置(一般募集の枠において、時間延長や辞書の持ち込み、受験科目の減少など)については政令指定都市を含め多くの都

表2 地域別の「措置」と「枠」の比較

		全日制高校						定時制高校					
		外国人生徒		中国・サハリン帰国生徒		海外帰国生徒		外国人生徒		中国・サハリン帰国生徒		海外帰国生徒	
		措置	枠	措置	枠	措置	枠	措置	枠	措置	枠	措置	枠
都道府県47	有	33	22	26	19	34	23	33	10	25	9	32	8
	△	6	1	12	3	5	1	6	1	12	3	5	1
	無	8	24	9	26	9	23	8	36	10	35	10	38
政令指定都市等12	有	6	4	5	3	7	6	7	1			4	1
	△	2	0	3	1	1	0	0	0	0	0	0	0
	無	3	7	3	7	3	5	4	8	4	8	5	8

(出典)外国人生徒・中国帰国生徒等の高校入試を応援する有志の会 世話人会「都道府県立高校における外国人生徒・帰国生徒等に対する2022年度高校入試の概要」(2022)

道府県で受けることが可能となっている(表2)。

このように徐々に高校進学の入口部分については整ってきたように感じられるが、一方で課題も多い。大きく次の4点が考えられる。

① 外国人生徒の特別入試枠を設置するかどうかは、対象となる人数の多少と関係なく、各自治

体単位でさまざまな理由から決定される。そのため、外国人生徒が居住する地域によって受けられる制度が異なっている。

② 特別枠入試が設定される高校の学校種の問題がある。宮島（2021、137頁）は、特別枠入試制度を上方に拡大することの必要性について述べている。つまり、現在設置されている枠校は、抵抗の少ない範囲で導入され機能してきており、上位校に特別入試枠が適応されていないことが問題視されている。つまり、現状では生徒のレベルに応じて入学できるようになっていないという問題がある。

③ 特別入試を用いて高校に入学ができたとしても、学校によっては適格者主義のもと、入学後に適切なカリキュラムや指導が行われない場合がある。

④ 日本語指導や母語指導の科目が設定されていた場合でも、高校がどちらをより重視しているか、またカリキュラム上で単位として認められているか、外国人生徒の居場所が校内に用意されているか、ネイティブ教員（自らも移民的背景をもつ教員）が配置されているか、さらに在留資格等外国人生徒の特性に合わせたキャリア教育（進路指導）がなされているか等、各学校によって様々である。

　このように、外国人生徒教育を行うための資源の配置やそれを支える各学校ひいては各自治体の論理に大きな差が見られている。次節では、対象とする札幌市や大通高校の基礎データを整理し、続く第Ⅴ節ではインタビューデータや収集資料から大通高校の外国人生徒教育の実践等についてみていくこととする。

Ⅳ．調査の対象と方法

　対象となる大通高校は、JR札幌駅から徒歩で通える交通利便地に立地している。2008年に市立4校の定時制課程が発展的に再編されて設立された。現在、15年目を迎えている。札幌市立高校は、全部で7校あり、大通高校はその内唯一の定時制高校である。大通高校には、働きながら通う生徒や外国籍生徒、不登校経験者や障害のある生徒、など年齢や生い立ちなどさまざまな背景のある生徒が1140名在籍（2022年5月現在）している。午前・午後・夜間の3部制や単位制を取り入れた定時制単位制普通科高校である。基本3年次か4年次で卒業することが多いが、6年次まで在籍することができる。生徒は自分の生活スタイルや勤務状況に応じて、学習する時間帯を学ぶことができ、学年による教育課程の区分がないため、生徒がそれぞれ自らの学習計画をたて、学ぶ。生徒の興味や関心、能力適正、進路希望に合わせたきめ細やかな指導体制が確立されている。また「キャリア探求」「総合的な探求の時間（Dori-time／キャリアプランニング）」「ジョブトレーニング」などの科目や「進路探求セミナー」「インターンシップ」「OJT」などキャリア教育にも力を入れている。一人ひとりの背景に寄り添った支援はカリキュラムだけではなく、こころとからだについてのサポートが充実している。例えば、スクールカウンセラーやユースワーカー、スクールソーシャルワーカーなどが複数配置され、生徒がいつでも相談できる体制がとられている。年齢や生い立ちな

どが様々な生徒が学ぶ大通高校では、「学校そのものが居場所の一つとなることができるよう」体制が整えられている(守屋2018)。大通高校には前述の通りさまざまな背景のある生徒が在籍しているが、学校を居場所として安心して学ぶことができる場であることが現在に至るまで重視されている。また本校の特徴として地域社会に開かれた学習が掲げられている。大通高校の生徒たちは地域との綿密な連携の上で、様々な背景のある生徒の「居場所」となり「チャレンジ」できる場所となっている。

この大通高校での教育を貫く理念は、外国人生徒の教育においても重要なものとして位置付けられている。なぜなら大通高校では、外国人生徒が多様な生徒の一部として位置付けられ、かれらにとってどのような学びや経験が「居場所」や「社会的自立」につながるか、教員たちは日々情報収集やカリキュラムの検討を重ねているからである。

大通高校へは許可を得て、2022年8月に訪問が叶った。本稿では、その学校訪問で得られたインタビューデータや日本語教科の授業見学、遊語部の活動への参加、そして9月上旬にオンライン会議ツールを用いて収集した市民団体や関係各所へのインタビューデータを用いて整理を行う。さらに、大通高校から提供された学校要覧やパンフレット、創立10周年記念史や外国人担当教員が執筆した研究紀要論文なども副次的資料として用いる。また、同じく、市民団体や関係各所へのインタビュー時に提供された各種の統計資料等も併せて用いることとする。

Ⅴ.大通高校の渡日帰国生徒教育

大通高校は2008年の開校時から、道内で唯一入学者選抜に「海外帰国生徒等枠」を設けている。来日5年未満である場合、受験資格が認められる。試験は、2月に行われる自己推薦入学者選抜にて、5名程度募集される。この選抜においては、調査書と自己推薦書が必要である。また、9月に行われる後期試験においても、「海外帰国生徒等を募集人員とは別に若干名入学させることができる」としており、多い時には年度で計10名程度が入学することもある。海外帰国生徒枠に出願した者は、英語・中国語・ハングル・ロシア語等による自己推薦書及び作文の提出と面接が課される。どちらの選抜においても、学力検査は実施されない。なお、これまで定員内不合格を出したことはない。

開校当時から12年間で受け入れた生徒のルーツがある国は18カ国にのぼり、常時20名ほどが在籍している(山口・天野2021、37頁)。生徒は「渡日帰国生徒」[※3]と呼称されている。開校当時は中国やロシア出身の生徒が多く、ここ数年は中国や東南アジア系の生徒、例えばネパール、フィリピン、ベトナム出身の生徒が入学するようになり多国籍化している。中国やネパール出身の生徒の親は飲食店を営む場合が多いが、一部タイヤ関連の仕事に従事している親もいる。そのほかには立地上、生徒の親が北海道大学の研究者や留学生である場合が多い。海外帰国生徒枠で入学してきた生徒の他にも、小学生の時に来日した生徒の場合一般入試で入学してくるケースもあり、一定数の外国人生徒が在籍しているのが現状である。

その他の生徒同様、3年次や4年次に卒業する渡日帰国生徒が多いが、そのほとんどは大学や

専門学校へ進学する。または別の国へと進学していく。卒業後すぐに就職する渡日帰国生徒は少ない。この背景には、子どもの教育達成を希望する親の期待が関連しているのではないかと担当教員は見ている。渡日帰国生徒は親からの高い期待に時々板挟みになることもあるという。

来日経緯は、親の仕事や親の教育方針など多様であるため、日本語学習に対する意識や動機づけもそれにより異なっている。海外帰国生徒枠で受験する生徒の中には、日本語0レベルで入学してくる生徒も少なくない。また、退学者はほとんどいない。

以下、大通高校に海外帰国生徒枠が設置された経緯について整理を行う。それを踏まえた上で、現在大通高校で行われている渡日帰国生徒教育とそれに関わる資源の配置（カリキュラムや担当教員の配置・体制、地域や市民活動との関係性）に焦点を当てて見ていくこととする。

1　海外帰国生徒入試枠設置の経緯

市立札幌大通高等学校の教育改革をめぐる動向について、小出（2019）は過去の議事録及び関係者へのインタビューからその過程を詳細にまとめている。その中で、1998年8月から2003年2月までの期間を「新定時制高校の改革前史」、2003年2月〜2008年4月までを「新定時制高校の開設準備期」、そして2008年4月の大通高校開校後の「現在」と3部に分けて整理している。小出（2018）によれば、1997年〜2003年は「現場からの教育改革（ボトムアップ）」により教育改革がなされてきており、札幌市の地方分権・自治の原理が比較的浸透した時期であったとしている。そしてこの期に札幌市教育委員会は率先して「特色ある学校改革」を各市立高校に求めていった。それには、札幌市内には市立高校8校の他に、道立高校35校（内定時制高校8校）、私立高校20校が立地しており、特色ある学校づくりができなければ埋没してしまい、市立高校としての存在意義を失いかねないような状況の中で、多様な生徒を受け入れ、特色ある高校づくりへの改革が進められているという背景があった（伊藤2009）。そこで、2000年7月に札幌市立高等学校教育改革推進協議会を発足させ、教育長が学識経験者、市民、札幌市立学校教職員、教職員団体関係者の中から委嘱、又は任命した17人以内の委員を構成し、教育委員会学校教育部が事務局を担当することで協議を重ねていった。最終的に、札幌市教育委員会（2006）は『（仮称）北海道札幌新定時制高等学校基本構想』を策定し、既存の市立高校4校の定時制課程を再編することで、「多様な生徒を受け入れる」ため午前部、午後部、夜間部の3部制や単位制を取り入れた新しいタイプの定時制高校を設置することに決定した。

このように、少子化と高校進学率の上昇による高校改革の気運を背景として、特色のある高校が検討されてきたことが分かる。では、この大通高校にどのようにして「海外帰国生徒入試枠」が設置されるに至ったのであろうか。伊藤（2009）は、次の3つの要因に整理している。①札幌市立高校改革において意識された「多様な生徒の受け入れ」の中には外国人生徒も視野に入れられていたこと、②他地域での外国人受入枠の実施例が提言化の契機となったこと、③「国際都市」での立地条件が「特色ある高校づくり」における国際化志向に働いたことである。第7回協議会では、東京都立国際高校、神奈川県神奈川総合高校の外国人生徒受入枠についての報告なされている。その際、協議会委員から札幌市の現状についての質問がなされ、特別選抜の導入検討

についての提案があった（10頁）。このようにして、大通高校は特色のある高校づくりが検討される中で「新しいタイプの定時制高校」を設置し、国際都市である札幌において「多様な生徒の学習に柔軟に対応する」という文脈の中で、外国人生徒を対象とした特別な入学者選抜方法の導入が検討されていったのである。

　この高校改革の時期にはすでに多くの外国人児童生徒が札幌市の小中学校で学んでいた。1992年から始まった札幌市帰国・外国人児童生徒教育支援事業では、日本語指導に対応した教員定数の特例加算の国庫負担が整備され、それを受けて、札幌市内の小学校でも数校が外国人児童への日本語指導員の加配をおこなっている（浅井ら2012）。小中学校に在籍する外国人児童生徒が増加するのに伴い、日本語指導や教科指導などを行うNPO法人やボランティア団体などの地域教育資源はこれまで大きな役割を担ってきたといえる。その中でも、2001年から活動を続けている「札幌子ども日本語クラブ」は、帰国・外国人児童生徒を対象に週1、2回、主にマンツーマンで日本語・教科学習支援をおこなっている。日本語学習だけではなく、まさに学校では拾いきれない子どもたちの課題や家庭の問題にまで関わり、かれらのキャリアをともに紡いできたといえよう。まさに、上述の高校改革が行われている最中、会では学習支援をしている子どもが高校受験に臨むという時期に直面していた。そのこともあって、札幌子ども日本語クラブとして、再三、道・市教育委員会だけでなく、道議会議員や市議会議員へと外国人生徒のための高校入試配慮を要請し、事情を訴えていた（伊藤2009、15頁）。また、中国・サハリン帰国者が多く居住する北海道では、前述の「札幌子ども日本語クラブ」だけでなく、自主夜間中学を運営してきた「札幌遠友塾」など1990年から続く老舗と呼ばれる市民活動が多く存在している。30年以上「札幌遠友塾」が継続して自主夜間中学を運営し、一方で多方に教育制度の必要性を働きかけてきた結果、2022年4月に北海道初の公立夜間中学校が設立されることとなった。このように市民やその活動体がマイノリティへの教育支援の必要性を訴え、勝ち取ってきた歴史がある。これらの土壌が札幌市に存在することも忘れてはならない事実である。

2　渡日帰国生徒教育に関わる資源の配置

　では次に、現在の大通高校で行われている渡日帰国生徒のためのカリキュラムと教員配置、及び外部資源について見ていくこととする。

①カリキュラム（日本語科目・母語支援）

　大通高校のカリキュラム・ポリシーは次の3つである。①生徒の様々な学習状況に対応するため、多様な学びの場を設定する、②生徒の能力に応じたきめ細やかな指導により、基礎・基本の定着を図る、③生徒の習得した知識や体験等を応用し、創造性や課題解決能力の育成を図る。特別枠入試が導入された経緯でも見たように、渡日帰国生徒はこの「多様な学習状況を有する生徒」の一部として位置付けられているため、かれらの能力に応じたカリキュラムが数多く作成されている。

　まず日本語科目は、1〜4年次までの選択科目として配置され1〜10単位設けられている。入学後に日本語のレベルチェックが行われ、レベル別（3〜4レベル）に毎日2時間、週5日受講できる。開校

時から勤務していた信田（2021）は、日本語ク
ラスを開講した理由として、「日本語ができず
に退学する生徒もいたため、安心して学校生
活を送れるように」仕組みづくりを行なったとい
う。また枠を使って入学する生徒の中には日本
語がほとんど分からない状態の生徒もいるた
め、定時制が4年間であることをアドバンテージ
と捉え、1〜2年次に日本語をインテンシブに学
び、3年生で進学のための教科学習を行うとい
う指導もなされている。枠入試で入学した1年
生を受けもつ担任教員はインタビューで「中学
校でも日本語指導はほとんど行われておらず、

写真1　日本語クラスの様子

高校で不安を抱える生徒も多いが、（大通）高校に来てからは満足して学ぶことができる。」と日本
語科目の役割について話している。

　他には、学校設定科目として、中国語入門、中国語発展、ハングル入門、ハングル発展、ロシア語
入門、ロシア語発展の授業が開講されている。この授業は、全ての生徒が受講可能である。中国
出身の生徒が「中国語入門」などの授業のアシスタント役を務めることもあり、共に学ぶ生徒同志
相互的に良い影響を与えている。

　また、科目として単位認定はなされていないが、週に1回授業時間外に母語授業が行われてい
る。大通高校の母語授業は、母語を用いた学びや母語学習を通して、自己を肯定できる気持ちを
取り戻し、自らの母語で安心して話をできる時間を保障したいという思いから始まった。渡日帰国
生徒の母語を話す人材を探し、来日した後も年齢に見合った複雑で概念的な言語を獲得できるよ
う設置している。年によって異なるが、現在は7言語[*4]（中国語、タイ語、ベトナム語、スペイン語、ネ
パール語、ペルシャ語、モンゴル語）で母語支援が行われている（2022年8月現在）。開校当時、大
阪府の特別枠高校を訪問した際、母語教育の大切さを学んだことから、高校での母語支援を開始
した。たとえ少数言語であったとしても、③で見る外部資源を利用して支援者を探している。母語
授業は、支援者と母語で話すことができることから、アイデンティティについて悩み始める高校時期
には必要であると認識されている。

　カリキュラム以外では、国語や地歴公民科目で渡日帰国生徒対象講座を開講したり、地歴科で
は生徒が自身の出身国について行事等で発表する機会が設けられている。

②教員配置：担当教員（国際クラスの設置・遊語部の各担当教員）・教員体制（日本語教員・母
語教員）

　渡日帰国生徒は入学した後1年間は、「国際クラス」と呼ばれるホームルームにおいて、日々の支
援を受けながら、日本語の授業を中心に過ごす。国際クラスでは、10人未満の少人数できめ細や
かな対応が行われている。また、安心して過ごすことができ、互いに認め合える場となっている（信

田2021)。この国際クラスを担当する教員が2名（担任・副担任）配置されている。担任はHRの運営だけではなく、日常生活の相談や保護者との連絡、各学年の担任への申し送り、日本語教員・母語支援者や日本語ボランティアとの連絡調整、さらに生徒の進路相談・指導までを行う。現在の担任は開校2年目より勤務するベテラン英語科教師で、4年前に渡日生徒の担任となった。

写真2　遊語部作成のSDGsゲーム

　また、居場所づくり、心の拠り所となる場づくりとして、渡日帰国生徒や国際交流に興味のある日本人生徒が集まる「遊語部」という部活動がある。遊語部の主な活動内容は、出身国（ルーツのある国）の文化紹介活動、海外からの訪問団受入時の交流会の企画運営・通訳、など活動してきた。2018年度からは「支援されるだけではなく、だれかのために動きたい」という生徒の発案で、新たにフェアトレード商品の開発、最近では本校の蜜蝋を活用したエコラップの商品化、企業とのフェアトレードチョコ開発販売、SDGsゲーム開発を行い、エシカル甲子園

写真3　遊語部で育てている綿花

2019にて特別賞を受賞した。遊語部の顧問は4名いるが、そのうちの1名は自身が中国帰国者の背景をもつ教員である。この教員は先に見た中国語科目も担当している。

　①で詳述した日本語授業には、レベル別にあわせてクラス数に応じた日本語教員が配置されている。現在は4名[5]の日本語教員が時間講師として授業に当たっている（2022年8月現在）。この時間講師を探してくるのも、国際クラス担任教員の役割である。また、母語授業には、現在、7人の母語支援者が配置されている。一人でも少数言語を話す生徒が入学した際には、③で説明する通り、北海道大学に所属する教員の協力を得て募集し、母語支援者が配置される。

③学校外部資源：市教委と子ども日本語クラブとの連携体制、母語教育に関わる講師の紹介（北海道大学とのつながり）、国際プラザとの連携

　大通高校では前述の通り、渡日帰国生徒の日本語レベルに応じて日本語教育が行われているが、日本語授業だけでは十分に学習言語を習得できない場合や、中級以上の日本語や進学に必要な場合には、日本語ボランティア人材が市の枠組みで派遣され指導にあたっている。指導をするのは2001年に発足[6]し活動を続けている「札幌子ども日本語クラブ」である。中国帰国者の子どもへの日本語学習支援を目的に発足した。この団体は、活動を続けながら、札幌市、市教育委員会に対して公的支援の必要性を粘り強く訴えてきた経緯がある（谷2021、120頁）。2006年の「札幌市小学校及び中学校における帰国・外国人児童生徒支援事業」の立ち上げ以来、当団体会員

がボランティア登録をして指導協力者として事業を支えている。2008年に大通高校が開校して以降、日本語学習支援を必要とする生徒への支援を続けている。現在では、2名程度の生徒の指導にあたっている。また、札幌子ども日本語クラブは主に、小中学校での日本語支援活動を行なっているため、中学校卒業生で大通高校に枠入試で入ってきた場合は、その繋がりからこれまでの学習状況について情報共有するなどしている。

母語支援に関わる教員の確保は学校側にとっても大きな課題となっている。現在7言語（2022年8月現在）に対応しており、少数言語であっても母語支援者を探し出すことにしているが、学校にはそのリソースがない。これまでにも母語支援者を探す際には、北海道大学の日本語教育学を専門とする教員にお願いをして、留学生に該当者がいないか人材を探してもらっている。紹介を主に担っている教員によると、北海道大学には数千人規模で各国から留学生が学んでおり、少数言語であっても見つかることが多いという。該当者には大通高校での教育目的などについて伝え、興味がある場合は大通高校に繋いでいる。ただし、母語支援者を探す際に組織的なバックアップがなく、大通高校の日本語教育担当の個人的なつながりによる非公式な仕組みであるため、今後改善されるべき課題といえよう。

渡日帰国生やその親が子どもの教育や高校進学について相談する場も札幌市の外部資源として位置付けることができよう。札幌市には多文化共生推進の中心として公益財団法人札幌国際プラザがある。特に札幌国際プラザ多文化交流部では、生活情報の提供や相談、日本語学習支援、通訳派遣や外国籍市民のための多言語情報発信等がなされている。外国籍の保護者からの教育相談にも応じており、実際国際プラザへ相談に行き大通高校を紹介された事例もあるという（大通高校教員インタビュー2022/8/30）。

以上①〜③では、大通高校の特別入試枠で入学してきた生徒を支えるカリキュラム・教員配置及び外部資源を整理してきた。図1の通り大通高校では、入学直後の1年間を国際クラスで過ごしながら、日本語教育を中心に学ぶ環境が整っていることが理解できる。また同時に、授業外に設けられている母語授業があるのも特徴的である。母語授業では、アイデンティティが大切にされ、母語で話をしたり相談したりすることができる。また、枠で入学してきた生徒の居場所やキャリアにつながる活動の場として、日本人生徒と活動する遊語部が設けられており、その他の生徒とのコミュニケーションの場としても位置付けられている。

また、大通高校では外部資源と積極的な関係構築をおこなっている。長らく札幌市で外国人児童生徒の日本語支援をおこなってきた「札幌子ども日本語クラブ」は、入学1年目で日本語初期段階の生徒や2年目以降で特に個人指導が必要とされる生徒への日本語支援に携わっている。また、先ほど述べた母語授業のための母語支援者は、北海道大学に所属する教員の協力を得て紹介が行われている。さらに、札幌市の多文化共生推進の窓口として機能する札幌国際プラザでは、外国人保護者からの教育相談に応じており、高校進学を希望する場合には大通高校が紹介される。

図1　大通高校の外国人生徒教育を支える資源とその配置

図1　大通高校の外国人生徒教育を支える資源とその配置

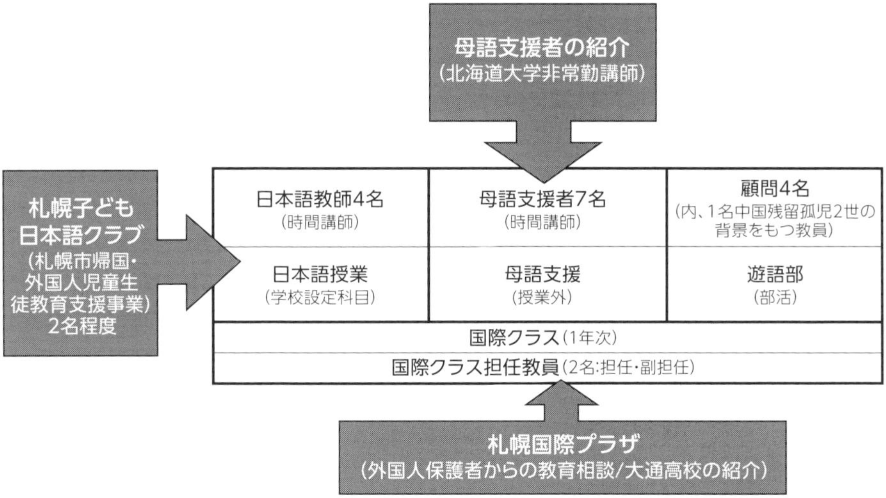

VI.おわりに:外国人生徒の教育を支える論理─「公正」を重視する教員・学校文化

　大通高校に枠入試を利用して入学する渡日生徒数は多くないが、日本語授業がカリキュラムに位置付き、一人ひとりに合わせた母語支援が取り組まれている。また、これまでみてきたように渡日生徒だけではなく日本人生徒とともに活動をする遊語部が居場所として機能しており、生徒が主体となってイベントに取り組むことを通して、社会に貢献することができるという自己効力感を高めている。また、遊語部の活動は、新聞など各種メディアに掲載されたり、活動が認められ受賞したりと、社会に向けて発信されている。これらの活動実績は、卒業後大学進学の際の推薦入試などでアピールされることとなり、キャリア形成を見据えた取り組みと位置づけられている。このように、大通高校では特別枠で入学する生徒一人ひとりのレベルや目的に応じてカリキュラムが組まれ、アイデンティティ保障を行い、居場所となる活動場所が用意されていることが理解できる。また、学内だけではなく、学外の資源を取り入れてシステムを維持しようとしていることがわかった。では、このように外国人生徒に寄り添う大通高校の教育を支える論理は何であろうか。

　前節V-1において、2000年前後から始まった札幌市立学校の高校改革の中で、「特色のある」高校を設定する際に「多様な生徒の受け入れ」の中に外国人生徒が含まれていたこと、新しいタイプの定時制高校で「多様な生徒の学習に柔軟に対応する」ために渡日生徒入試枠が検討された経緯が明らかになった。また、札幌市で長らく活動を続けてきた市民活動の枠校設立に与えた影響も少なくないことが明らかとなった。

　またインタビューからは、大通高校の特徴的な教員文化が明らかとなった。たとえば、国際クラス担当教員のインタビューでは次のような事例が示された。ある生徒は一般入試で入学してきたもの

の、小中学校での学びが抜けていると思われたため、ある教員が国際クラス担当の教員にこのことを相談した。国際クラス担当教員が生徒に話を聞いてみると、外国にルーツをもつ生徒であったことが判明した。枠外で入学した生徒にも必要であれば、ボランティアが個別に指導を行っている。この他、海外帰国生徒枠で入学した生徒対象の「日本語」の授業履修も条件付きで認められている。校長はこの事例を受けて、渡日帰国生徒だけでなく学校全体で「困り感にひとりひとり寄り添って、生徒を大事にする」という学校全体の共通認識を教員が持っていることから、特別枠で入学した生徒以外の困り感にも気づくことができ、支援につなげることができたと話す。生徒との普段の会話からと気づき国際クラス担当教員につなげることのできる教員が大通高校に存在していることになる。このことから、外国人生徒は渡日帰国生徒担当教員だけが指導するのではなく、生徒一人ひとりの困り感に教員全員で対応していることがわかった。8代目に当たる池田吉利現校長は「これまでは常に、生徒の困りごとに寄り添って教育を行うという大通高校の理念を教員に伝えてきたことで学校文化が作り上げられてきた」と話す。

　しかしながら、このような教員文化が高校設立当時からすぐにみられたわけではない。言い換えると、開校前から外国人枠入試創設準備に関わってきた教員による同僚への地道な働きかけの影響が大きいと言えよう。現在のカリキュラムや支援体制が開校時からすぐに整ったはずはなく、そこには課題が山積みであったと前任教員は話す。開校当時、渡日帰国生の現実的な課題（非集住地区であるため出身国やルーツが多様である、日本語能力のレベルに差がある、日本人だけのクラスに馴染めず学校を離れる生徒がいた、進路の課題、等）に向き合い、支援に関わる校内体制づくりを行ってきた中心となる教員の尽力が大きかったことも併せて述べておきたい。

　日本人生徒の高校入学はほぼ全入となっている現状において、外国人児童生徒の高校入学はいまだに低い割合に留まっている。全国の公立高校入試で外国人特別枠入試は都心部を中心に拡充されているが、非集住地域ではまだまだ入試の導入が進んでいない状況である。今回対象とした北海道をとっても、道内で最も多い札幌市に1校だけ枠校が設置されており、要件を満たす児童生徒全てをカバーできているとは言い難い。また、旭川市などにも外国人児童生徒が多数学んでいることが分かっており、地域間格差を早急に解消するためにも、今後枠校の募集人数や設置校数の拡大増加に関する検討が必要となるだろう。

　今回調査を行った北海道札幌市においても、従来から非常に活発な市民活動が行われてきた。大通高校においては、札幌市教育委員会「札幌市帰国・外国人児童生徒教育支援事業」の枠組みを利用して地域の日本語ボランティア団体が関わっている。北海道・東北地方の事例をもとに外国人児童生徒の支援ネットワークについて考察した市瀬（2021）によると、「散在地域では外部支援団体が主体となる支援が顕著」であるという。そのことから、「教育委員会が主体になるよう移行することが重要」と結論づけている。市民団体による活動は全国的にみても、常に深刻な人手や資金不足に直面している。札幌市の場合でも、大通高校の日本語支援に携わる指導協力者の待遇は低く留め置かれており[7]、これまで蓄積されてきた支援を今後も継承していく際には、制度的な枠組みや更なる予算充当が必要になってくるだろう。

　このような地域における外国人児童生徒教育に関連する団体や個人をつなぐ枠組みは北海道

にはこれまで見られなかった。新しい動向として、JICA旭川が中心となって、道内で活動する日本語支援者等をつなぐメーリングリスト「ほこにほ」が2022年に開設された。このMLは、外国人児童生徒やその親の支援者同士が意見交換をしたり、気軽に相談することのできるネットワークづくりを目的としている。北海道における外国人児童生徒の教育をめぐる課題は少なくないが、支援者がつながり課題を解決していくことのできるプラットフォームができたことで、今後のより良い実践や取り組みへと繋がっていくことが期待される。

　本稿では、北海道に唯一の外国人特別入試枠を持つ市立札幌大通高校における渡日帰国生徒教育の取り組みや外部資源から、外国人生徒教育を支える論理を探ろうと試みた。そこで明らかになったのは、特色のある高校づくりに際して多様な生徒の学びの場として構想された定時制単位制高校ならではの「公正」に根ざした教員・学校文化の様相であった。今回の調査では、校長をはじめ多くの学校関係者や市民団体で活動する方、大学関係者など多くの方にお話をお伺いすることができた。今後可能であれば、大通高校での経験が帰国渡日生のキャリア形成にどうつながっていくのか、卒業生インタビューを行いたい。その結果から、大通高校の外国人生徒教育に果たす役割について改めて考察ができればと考える。

注　釈 ─────

※1　本稿では、外国人生徒をさまざまな移民背景をもつ生徒の総称として使用する。この中には、来日経験があるもの、国際結婚家庭の子ども、日本生まれのものなど外国に何かしらのつながりのあるものが含まれている。

※2　2021年5月現在（速報）では、全国に日本語指導が必要な外国籍の児童生徒は小学校から高等学校（義務教育学校、中等教育学校、特別支援学校を含む）を併せて、47,627人確認されている。この人数は、公立学校に在籍している外国籍の児童生徒数の約40%に当たる。また、日本語指導が必要な日本国籍の児童生徒数は10,726人となっている。

※3　大通高校では外国人生徒を「渡日帰国生徒」と呼称している。大通高校設立時に大阪府立門真なみはや高校へ訪問をし、外国人教育や特別枠入試について聞き取りを行っている。枠入試制度立ち上げに関わった教員によると、その視察をきっかけに呼称を「渡日帰国生徒」と定めた。

※4　2022年10月現在、ミャンマー語が増え8言語となっている。

※5　2022年10月現在、6名の日本語教員が配置されている。

※6　発足には、1996年から中国残留孤児の家族の自立指導員として、病院への付き添いや交通事故対応など様々な手続きをサポートする中で、残留孤児の女性から孫に日本語を教えてほしいという要望を受けたことが背景としてある。厚別区のもみじ台団地の小学校に中国帰国者の子どもたちが多く在籍しており、学校の先生も指導に困っていた中で日本語学習支援が始まった。

※7　現在、札幌子ども日本語クラブが大通高校及び市内の小中学校でおこなっている

指導協力者には、1回1コマ1000円程度の交通費相当の謝金が支払われている。交通費や教材準備などの持ち出しが多く、次の世代に活動を引き継ぐためにも、予算の増額が求められている（谷2021）。

参考文献

- 浅井貴也ら（2012）「北海道に居住する外国人の学習に対する支援のありかた」北翔大学『北翔大学生涯教育学習システム学部研究紀要』12、41-58頁。
- 石川朝子，榎井縁，比嘉康則，山本晃輔（2020）「外国人生徒の進学システムに関する比較研究:神奈川県と大阪府の特別枠校の分析から」大阪大学人間科学研究科附属未来共創センター『未来共創』7号、193-220頁。
- 市瀬智紀（2022）「外国人児童生徒の散在地域における支援ネットワークの達成状況に関する一考察」『宮城教育大学紀要』56、253-261頁。
- 伊藤早苗（2009）「日本における外国人生徒の教育権:札幌市立大通高校の事例研究」北海道大学大学院教育学研究院『北海道大学大学院教育学研究院紀要』109、1-18頁。
- 榎井縁（2021）「外国人の子どもの支援についての全国的動向」大阪大学大学院人間科学研究科未来共生プログラム榎井研究室編『ニューカマー外国人の教育における編入様式の研究：成果報告書』大阪大阪大学大学院人間科学研究科未来共生プログラム榎井研究室、205-221頁。
- 太田晴雄（2000）『ニューカマーの子どもと日本の学校』国際書院。
- 太田晴雄・宮島喬（2005）『外国人の子どもと日本の教育—不就学問題と多文化共生の課題』東京大学出版会。
- 鍛治致（2019）「移民第二世代の文化変容と学業達成」是川夕編著『人口問題と移民』明石書店、199-222頁。
- 栗原真孝（2015）「日本における外国人児童生徒を対象とする地方教育政策の実施状況」『比較教育学研究』50 号、3-23頁。
- 小出達夫（2018）「教育と公共性（7）:札幌市立高等学校の教育改革（改革前史・1997年〜2003年）」北海道大学大学院教育学研究院 教育行政学研究室・学校経営論研究室『公教育システム研究』17、95-139頁。
- 小出達夫（2019）「教育と公共性（8）:市立札幌大通高等学校の教育改革」北海道大学大学院教育学研究院 教育行政学研究室・学校経営論研究室『公教育システム研究』18、47-82頁。
- 是川夕編著（2019）『人口問題と移民』明石書店。
- 佐久間孝正（2006）『外国人の子どもの不就学』勁草書房。
- 志水宏吉・清水睦美,（2001）『ニューカマーと教育』明石書店。
- 志水宏吉編著（2008）『高校を生きるニューカマー』明石書店。

- 志水宏吉（2022）「第8章　公正を重視する大阪の公教育理念」高谷幸編著『多文化共生の実験室　大阪から考える』青弓社、214-233頁。
- 谷光（2021）「外国につながる子どもたちと共に–札幌子ども日本語クラブの活動から見える支援の現状と課題—」北海道大学大学院教育学研究院　教育行政学研究室・学校経営論研究室『公教育システム研究』20、127-138頁。
- 谷光.（2021）「外国につながる子どもたちの支援」「さっぽろ子ども・若者白書」をつくる会編『さっぽろ子ども・若者白書2020』、149-150頁。
- 田巻松雄（2017）『未来を拓くあなたへ:「共に生きる社会」を考えるための10章』下野新聞新書。
- 恒吉僚子（1996）「7章　多文化共存時代の日本の学校文化」堀尾　輝久ら他編著『講座学校第6巻　学校文化という磁場』柏書房、216-240頁。
- 角田仁（2012）「多様化する夜間定時制高校—外国につながる生徒をめぐる公正さの概念の変遷—」『異文化間教育』36、26-39頁。
- 宮島喬（2021）『多文化共生の社会への条件』東京大学出版会。
- 宮野勝（1997）「価値観—フェアって何?」『比較社会・入門—グローバル時代の〈教養〉』有斐閣選書、103-122頁。
- 守屋開,2018,「創立10周年に寄せて」市立札幌大通高等学校『札幌大通高校10周年記念誌』38頁。
- 二通諭・谷光（2020）「外国ルーツによる日本語未取得の子どもたちへの教育的支援をめぐる今日的課題–教員養成カリキュラムなどの国内動向や札幌の現状から–」『みんきょう』no.136、1-11頁。
- 額賀美紗子（2011）「「公正さ」をめぐる教育現場の混迷――NCLB法下で「容赦なき形式的平等」が進むアメリカの学校――」異文化間教育学会『異文化間教育』34、22-36頁。
- 信田麻紀子（2021）「大通高校における渡日帰国生徒支援」「さっぽろ子ども・若者白書」をつくる会編『さっぽろ子ども・若者白書2020』148頁。
- 本田由紀（2020）『教育は何を評価してきたのか』岩波書店。
- 山口千恵子・天野由美香「市立札幌大通高校における多文化共生教育～外国ルーツの生徒支援」札幌市立高等学校・特別支援学校長会編『研究紀要』第39号、37-42頁。
- Banks,J.A. 2007, *An Introduction to Multicultural Education, 4th ed* Boston : Alyn & Bacon.

オンライン資料

- 文部科学省総合教育政策局国際教育課（2022）「日本語指導が必要な児童生徒の受入状況等に関する調査結果の概要（速報）」https://www.mext.go.jp/content/20220324-mxt_kyokoku-000021406_02.pdf（2022年3月）。

- 札幌市総務局国際部(2009)「札幌市外国籍市民意識調査報告書(ダイジェスト版)」 https://www.city.sapporo.jp/kokusai/news/documents/summary.pdf.
- 札幌市(2020)「札幌市外国人市民アンケート調査結果報告書」https://www.city.sapporo.jp/library_documents/houkokusyo.pdf.
- 文部科学省(2018)「日本語指導が必要な児童生徒の受入状況等に関する調査(平成30年度)https://www.mext.go.jp/content/20200110_mxt-kyousei01-1421569_00001_02.pdf.
- 学校における外国人児童生徒等に対する教育支援に関する有識者会議(2016)「学校における外国人児童生徒等に対する教育支援の充実方策について(報告)」https://www.mext.go.jp/b_menu/houdou/28/06/__icsFiles/afieldfile/2016/06/28/1373387_02.pdf.
- 外国人児童生徒等の教育の充実に関する有識者会議(2020)「外国人児童生徒等の教育の充実について(報告)」https://www.mext.go.jp/content/20200528-mxt_kyousei01-000006118-01.pdf.
- 外国人材の受入れ・共生に関する関係閣僚会議(2022)「外国人との共生社会の実現に向けたロードマップ」
  https://www.kantei.go.jp/jp/singi/gaikokujinzai/kaigi/pdf/roadmap_honbun.pdf.
- 外国人生徒・中国帰国生徒等の高校入試を応援する有志の会 世話人会(2022)「都道府県立高校における外国人生徒・帰国生徒等に対する2022年度高校入試の概要」https://www.kikokusha-center.or.jp/shien_joho/shingaku/kokonyushi/other/2021/2021houkokushoA4.pdf.
- 法務省出入国在留管理庁 (2022a)「在留外国人統計 市区町村別 国籍・地域別在留外国人」https://www.e-stat.go.jp/stat-search/files?page=1&layout=datalist&toukei=00250012&tstat=000001018034&cycle=1&year=20210&month=24101212&tclass1=000001060399
- 法務省出入国在留管理庁(2022b)「在留外国人統計 市区町村別在留資格別在留外国人」https://www.e-stat.go.jp/statsearch/files?page=1&layout=datalist&toukei=00250012&tstat=000001018034&cycle=1&year=20210&month=24101212&tclass1=000001060399&stat_infid=000032213256&tclass2val=0.

参考資料

- 市立札幌大通高等学校『未来2023』学校案内パンフレット。
- 市立札幌大通高等学校 令和4年度『学校要覧』。

第4章

台湾の夜間中学の役割と社会的意義
—補習教育と生涯教育の狭間に—

鄭　安君

I　台湾の教育制度と夜間小・中学校

　人口約2,300万人の台湾は、日本と同様に6-3-3-4制と呼ばれる教育制度を採用し、小学校6年、中学校3年、高校3年、大学4年の教育システムとなる。1947年に制定された「中華民國憲法」は人民の国民教育を受ける権利と義務について明記し、1968年に「九年國民義務教育」が実施された。そして、2014年に「十二年國民基本教育課程綱要總綱」が公布されて2019年に正式に実施された。「國民教育法」と「強迫入學條例」によって、義務教育年齢の子どもは9年間の国民義務教育（以下、9年義務教育）を受けなければならないが、高校は「高級中等教育法」によって、均等な教育機会が与えられ、学生と保護者の教育選択で権利として受けることができる。

　また、2014年に「實驗教育三法」[※1]と呼ばれる3つの法律が制定され、児童生徒および保護者が教育部の規定に沿わない教育形式を選択することができ、特定な教育理念に基づき開校（講）した学校や施設、集団（3〜30人）や個人の形で実験教育、すなわちオルタナティブな教育を受けることができる。2021年度、実験教育を行う公立・私立学校、施設及び団体数は合計265ヶ所あり、2.2万人近くの児童生徒が学んでいる[※2]。

　高校は、普通高校、専門（職業）高校、総合高校、そして「單科型」と呼ばれる体育や芸術、科学、外国語などの特定学科領域を専攻する高校がある。高校・大学という進学ルートのほか、中学校卒業後に5年制専科学校に進学するルート、専門高校卒業後に2年制専科学校、4年制技術学院や科技大学に進学するルートもある。また、専科学校などで学んだあと、仕事の経験を積めば、大学を経ずに大学院に進学することも可能である。

　台湾の合計特殊出生率は1984年にはすでに将来人口が減少すると言われる2.1人以下となり、1990年代には1.8人前後で推移したが、2000年以降にさらに急減した。2022年の合計特殊出生率が0.89人まで下がり、出生数が13.9万人に留まると予測されている[※3]。2021年現在、小学校の在籍児童が119万1,317人、中学校の在籍生徒が58万6,914人で、高校生徒数が58万5,629人、専科学校学生数が約8万3,669人、大学・大学院学生数が110万2,161人である[※4]。教育資源が一定水準以上に構築され、少子化や社会全体の教育熱心さを背景に高校や大学などへの進学率が高い。2021年度における中学校卒業生の進学率が99.8%、普通高校・総合高校卒業生の進学率が96.7%、職業高校卒業生の進学率が82.4%である[※5]。

　一方、「中華民國憲法」は学齢期を超えた国民が学費無料で一律に補習教育を受けることをも

明記している。1944年に制定された「補習學校法」は補習教育機関の設置および実施の法的根拠を示している。同法は1976年に「補習教育法」に改め、国民補習教育が小学校および中学校の附属国民補習学校で実施されることを定めて、1999年にさらに「補習及進修教育法」に改正されて今に至る。また、1979年に制定された「國民教育法」では、学齢期を超えて国民教育（義務教育）を受けていない国民は国民補習教育を受けなければならないと定めている。

国民補習教育を実施する小・中学校は「國小補校（以下、夜間小学校）」、「國中補校（以下、夜間中学）」と呼ばれる。夜間小学校への入学資格制限がないが、夜間中学への入学は小学校の学歴または同等の学力が証明されている15歳を超えた者に限る[6]。2021年度現在、夜間小学校は218校あり、小学校総数（2,626校）の8.3%を占め、570クラスが開講され、7,674人が在籍している。夜間中学は162校あり、中学校総数（734校）の22.1%を占め、409クラスが開講され、4,639人が在籍している[7]。夜間小中学校は基本的に県や市などの公立小学校または中学校の附属補習学校として設置されているが、夜間中学の一部は中学部も設置している公立・私立高校によって開設されている[8]。日本の「公立夜間中学」にあたる台湾の夜間中学は私立もあるため、本稿では公立・私立を分けずに「夜間中学」で表現する。

日本と比較して、台湾の夜間中学は3つの特徴がある。1つ目は、夜間中学の設置の法的根拠が比較的に早くから整備されていることである。台湾は1976年の「補習教育法」からであるに対し、日本の夜間中学の設置における法的基盤は2016年の「義務教育の段階における普通教育に相当する教育の機会の確保等に関する法律（義務教育機会保護法）」の制定によって初めて明確にされた（田巻2021、46頁、榎井2022、174-176頁、186-188頁）。2つ目は、台湾には日本にない夜間小学校がある。日本の公立夜間中学は小学校未修了者を受け入れて、必要に応じて小学校段階の各教科等の内容の一部を取り扱うことができるが、台湾の夜間中学は小卒の学歴または同等の学力を備える条件が求めている[9]。3つ目は、日本の40校（2022年4月現在）と比較して、台湾の162校の夜間中学の多さが目立っている。

台湾はこれほど多くの夜間中学が設置された背景とは何か。学校数の多さは夜間中学が「繁栄」していることを意味するのか。結論を先にいうと、台湾の夜間中学は多いものの、生徒および教員の不足で存続の岐路に立っているのが現状である。本稿は、先行研究および行政データ、そして新北市・台中市・高雄市の夜間中学の教育や運営に10数年～20数年間携わった3人の関係者のヒアリングを加えて、台湾の夜間中学の歴史変遷をまとめて、夜間中学の運営課題からその役割と社会的意義について考える[10]。

II　戦後の高い国民補習教育の需要

台湾の国民補習教育の需要は、第二次世界大戦後の政治・社会の激変に強く関連する。元々「原住民」と呼ばれる先住民族が数千年に暮らした台湾は、17世紀にオランダとスペインの植民地統治時代、海洋貿易商の鄭成功一族の統治時代を経て、中国清王朝に統治されるようになった。大陸からの移住民の増加で、台湾は先住民族文化から中国漢民族文化を中心とする社会へ

と変化したが、日清戦争の下関条約で1895年に日本の植民地となった。日本の植民地統治は50年も続き、同化教育のもとで多くの「公学校」が開設され、終戦直前には台湾人児童の就学率は男女平均71.3％になっていた（申2015）。

　ところが、第二次世界大戦の日本の敗戦で台湾は1945年に中国に復帰することになった。この時、台湾を日本に割譲した中国清王朝がすでに滅亡し、中華民国という近代国家が成立したため、台湾は中華民国管轄下の一地域となった。その後、中華民国の蒋介石・国民党政府は中国共産党との内戦に敗れて、1949年に政府全体を台湾に移した。終戦前の台湾人口は約600万人だったが、1945年～1953年に蒋介石・国民党政府の軍人約60万人、そして政府機関の職員や戦乱から逃げてきた一般市民も約60万人、合計約120万人が中国から台湾に移住した（林2018、4-6頁）。

　戦後の支配者交代で、台湾の「国語」が日本語から中国語へと変わった。日本の教育を受けた人々は新しい「国語」を使えなかった。戦乱や激動した時代のなか、中国から台湾に渡った軍兵や一般市民のなか、義務教育を十分に受けられなかった者も多かった。そして、台湾政府は1949年に「戒厳令」を実施した一方、1951年よりアメリカの援助を受けて、本格的な経済復興計画を打ち出した（前田2000、1-4頁）。戦後の台湾における国民補習教育の実施は義務教育を受けられなかった人に教育機会を提供するだけではなく、蒋介石・国民党政府の安定化に繋ぐ中国語の普及や新たな「国民意識」の形成、そして戦後復興に向けての人材づくりにとっても重要であったと言えよう。

　ただし、ここまで述べてきた義務教育は小学校までの教育であった。台湾の義務教育は中学校までに延長されたのは1968年の「九年國民義務教育」が実施されてからである。それまでの中学校とは、入学試験が必要である「初級中學」であり、夜間中学があるものの、同じく入学試験が必要とする「初級中學」の二部であった。その生徒は主に昼間の「初級中學」に合格できなかった子どもたちであった（黄2016、18頁）。1960年代に入ると台湾は低賃金で優れた労働力を持つことで、労働集約型輸出加工業が発達し、輸入代替工業から加工輸出工業に転換して、高度経済成長の時代に入った（伊藤1993、199頁）。義務教育の延長は、経済的に豊かになっていくことにつれ、市民の中等教育への需要が高まっていき、政府も人材づくりをもって国際競争力を高めて、更なる経済発展を図りたいことに関連していると考えられる。

　9年義務教育が実施されると、「初級中學」が「國民中學（以下、中学校）」へと変わった。義務教育年齢を超えた青少年に義務教育を受けられる機会を保障するため、1973年より入学試験なしの夜間中学を試験的に運営する中学校が現れた。1976年には「補習學校法」が「補習教育法」に改め、1979年に「國民教育法」が制定され、そして1980年に教育部の「國民中學附設國民中學補習學校實施要點」の制定によって、今日の台湾の夜間中学の体制が確立された（黄2016、16-21頁、29-30頁）。

Ⅲ　夜間中学の増減と生涯学習・成人教育

　1979年、教育部統計處「中華民國教育統計」が初めて「國中補校」という言葉で統計を開示しはじめた（統計データは1978年度のもの）。図1は教育部統計處が開示したデータでまとめた40数年来の夜間中学の学校数と在籍者数の推移である。1978年以降、夜間中学が基本的に増加し続けたが、注目したいのは1990年代の著しい増加である。1978年度から1990年度までには12年で61校増加したに対し、1990年度から学校数がピークであった1998年度までには8年で142校も新設された。

　1990年代に夜間中学が大きく増加した背景は、政府が夜間中学の生涯学習・成人教育の役割に注目したことに起因しているとみられる。1991年、教育部は中国語を読めない約143万人、小卒の成人約412万人、中卒の成人約694人が成人教育を受ける必要であると推定して、様々な政策をもって、学校や施設、団体などによる成人教育の実施を奨励した。台湾省教育庁は教育部の「新民専案—加強成人基本教育五年計画」に沿い、各町・村に1校ずつの夜間小学校および夜間中学を設置するように推進した。1993年度～1997年度に合計210校の夜間小学校、138校の夜間中学の増設を目指した（黄2016、34-35頁、4-55頁、60頁）。

　増設方針のなか、1990年度～1998年度に夜間中学の学校数がこれまでにないスピードで増えていた。夜間中学は1990年度には164校であったが、1991年度には175校（11校増）、1992年度には191校（16校増）、1993年度には206校（15校増）、1994年度には224校（18校増）、1995年度には258校（34校増）、1996年度には280校（22校増）、1997年度には295校（15校増）、そしてピーク時の1998年度には306校（11校増）にも上った。

　夜間中学は基本的に各地方自治体政府の要請で開設されている[13]。僅か8年間でこれほどの夜間中学が増設できた理由には、その設置の形にあると考えられる。当時の「補習教育法」は、夜間中学を中学校の附属国民補習学校として設置することを定めたうえ、公立・私立学校に関係なく、校長について本校の校長が兼任できること、教員について校長が招聘・派遣する資格合格者が担うことを明記している。また、教育部の「國民中學附設國民中學補習學校實施要點」は、招聘・派遣される資格合格者が原則的に専任教員であることを定めて、本校と他校の教師が兼任する時の授業数制限や時給についても述べている。こうした政策のなか、夜間中学の教員が殆ど本校の専任教師が兼任するようになっている（黄2016、45-46頁）。

　中学校は、元にある設備を応用し、新たな教員を雇用せずに夜間中学を設置することができる。そして、総生徒数の増加に応じて、学校全体の教員数を増やすことができるので、夜間中学の設置により学校全体の人的資源をより充実させることが可能になる。また、地方自治体政府から配分された夜間中学の経費があり、その一部を修繕費や維持費として学校全体で使用することができる[14]。台湾は政治の民主化にともない、1990年代から活発な市民運動を背景に教育改革が進められて、より良い教育環境に繋げられる教育制度や内容、そして学校資源などが求められるようになった[15]。中学校は社会環境の変化に対応して、より多くの資源を獲得できるように地方自治体政

府の夜間中学の増設要請に積極的に応えた側面があるとも考えられる。

ところが、図1で分かるように、1998年以降、夜間中学が減少しはじめた。2001年〜2006年の間に年間十数校が減少しこともあった。2021年現在、夜間中学が著しく増え始めた1990年と同じぐらいの数に戻っている。夜間中学が減少する最も大きな理由は学校の増設と逆行して生徒数がどんどん減少したためである。そして、教育部は1998年を「終身學習年（生涯学習年）」と定め、成人教育がうまく推進していないことを理由に、夜間中学に社会ニーズに合わせてモデルチェンジを促したことにも強く関連している（黃2016、76頁）。夜間中学の増減は、政府の政策に強く影響されていることが明らかである。そして、夜間中学のモデルチェンジ促進策から、政府は夜間中学が提供する義務教育の機会保障よりも、むしろ夜間中学に生涯学習・成人学習の場として役割を求める傾向が強くなったことを見受けられる。

図1　台湾の夜間中学数と在籍者数の推移

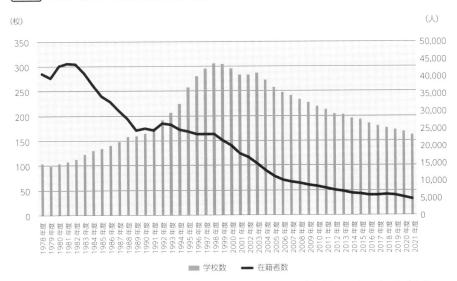

※ 教育部時計處「中華民國教育統計」※11 および教育部統計處「教育統計進階查詢」※12 データより筆者作成

教育部の「國民中學附設國民中學補習學校實施要點」が1998年に廃止され、以降、各地方自治体政府がそれぞれ制定した実施要項が夜間中学の設置や運営の基準となった（黃2016、67-68頁）。中央政府は各地方自治体政府にそれぞれの実情に合わせて、夜間中学校の整理を任せたと言えよう。今日、地方自治体によって、夜間中学の実施要項が多少異なる部分があるが、特にクラスの編成に違いがあるとみられる。ヒアリングを行った新北市では、20人以上でなければクラスを開講することができないが、特別な事情が認められれば、新北市教育局に「専案」申請して開講することができる。そして、1学年に35人を超えれば、2つ目のクラスを開講することができる。台中市では、1クラス6人〜30人で、1年生が31人を超えてから2つ目のクラスを開講することができる

が、1年生で開講したクラス数は卒業年度までには変わらない。そして、高雄市では、1クラスの開講は最低15人以上と定めている[16]。

Ⅳ　生徒の減少と確保

　政府は1990年代に成人教育の需要を見込んで夜間中学を積極的に増設したにもかかわらず、夜間中学で学ぶ生徒がむしろ減少していた。夜間中学の生徒人数が最も多いのは1981年の4万3,623人であったが、1988年には3万人以下、2000年には2万人以下、2006年には1万人以下となり、さらに2021年には5,000人を下回った。1981年からの40年の間に人数が増加したのは、1990年（513人増）、1992年（1,919人増）、1997年（63人増）、1998年（24人増）、2017年（1人増）、2018年（21人増）の6年のみであった。

　夜間中学の生徒は大きく4つのカテゴリーに分けることができる。1つ目は戦争や社会混乱期などで義務教育を受けられなかったが、その後の夜間小学校で学び終えた人々である。2つ目は、小学校を卒業したあとに進学できなかった人々である。3つ目は、「中級生」と呼ばれる何らかの理由で中学校を卒業していなかった15歳を超えた若者である。4つ目は、2000年以降に新たに夜間中学の生徒の対象者として加わった「新住民」と呼ばれる結婚移民である。

　ここでは、新住民について少し説明したい。新住民は、2000年代に夜間中学の学習者として注目されるようになった。「國民教育法」が国民補習教育を受けなければならないのは「国民」と定めているため、帰化していない新住民はその対象外であった。しかし、政府は2002年に帰化していない新住民も「台灣地區居留證」という在留証明書を得れば、夜間中学で学べるようにした。そして、2005年の「國籍法」の改正で新住民が帰化する際に基本言語能力および国民権利義務の基本常識を備える必要があると定められた。基本言語能力の判定基準は公立・私立各学校で1年以上の在籍証明や帰化テストなどがある[17]。こうした政策により、夜間中学は新住民の言語および社会学習の場という役割も持たされるになった。新住民が加わったことで、夜間中学の生徒減少のスピードが一時的に緩やかになった。夜間中学生徒総数における新住民の割合は2004年度では5%であったが、2010年度では20%にも上った（黄2016、83頁、104頁、謝2016、15頁、蔡2017、29頁）。

　ところが、近年、夜間中学で学ぶ新住民が少なくなっている。新住民の大多数は夜間小学校で学び、夜間中学までに行く人が少ない。夜間小学校の学びで帰化条件に合う言語習得が十分になるうえ、仕事・家庭の課題や中学校学習内容の難しさなどの理由で、夜間中学で学びたい人が少なく、学びの場の多様化が新住民生徒の減少にも関連していると指摘される[18]。ヒアリングで聞いた夜間中学関係者のB氏とC氏が兼任勤務している（していた）中学校では、新住民の生徒が僅か数名で、入学しても続かない人が多いという。

　そして、夜間中学の生徒は、新住民だけではなく、戦争や社会混乱期などで義務教育を受けられなかった人、「中級生」と呼ばれる若者も殆どいなくなっている。戦後80年近くになった今、戦乱や社会混乱期などで義務教育を受けられなかった人は存命していてもかなりの高齢になってい

る。また、学ぶ意欲のある人の多くは夜間小学校で学び終えたあと、夜間中学が急増した1990年代以降に学びを終えていると考えられる。「中綴生」の若者の減少については、行政や民間団体による経済的困難や家庭問題を抱える青少年への社会福祉制度や実践が増加したこと、個人学習や少人数の集団学習を含む「實験教育」の法制化に伴う学びの場が多様化したことにも関連していると考えられる。

　結果的に、4つのカテゴリーのうち、今日の主な生徒は小学校を卒業したあとに進学できなかった人々が中心となるが、9年義務教育が実施されて50年以上経った今ではその人数がだいぶ少なくなり、高齢化も進んでいる。2022年の「中華民國教育統計」によると、2021年度の夜間中学生徒4,639人のうち、年齢が最も多いのは40.8%の45〜65歳で、次いで65歳以上が28.8%である。2つの年齢層を合わせて7割近くを占める。また、女性が3,833人で全体生徒の8割強を占める。ヒアリングした夜間中学関係者3人はともに勤務する（した）学校の生徒が主に50代〜80代の台湾人であると語る。うち2人はこれらの生徒が主に女性であるとも話している[19]。

　ここでもう一つ注目したいのは、高齢化した台湾人生徒は中学校の学歴を持っていないとは限らないことである。3人の夜間中学関係者はともに夜間中学を卒業した人がしばらく経ってから再び夜間中学に入学するケースが少なくないと語る。中学校以上の学歴を持つ人が夜間中学に入学したい場合、学校としては、その状況について把握も確認もしないのである。夜間中学の入学条件は「小学校の学歴または学力証明を持つ者」であるため、生徒が少なくなった今、入学希望者が小学校の卒業証書を提出すれば、学校はその入学を受け入れている（蔡2017、65頁）。

　夜間中学の生徒が減少続けてきたなか、生徒を確保するために、校長や主任は学校宣伝チラシを人が集まる市場で配ったり、地域を回り直接にポストに投函したり、学校サイトやSNSを立ち上げたり、夜間小学校で宣伝活動をしたり、学内外の地域の活動センターや団体を訪ねて情報発信したりしている。さらに、コミュニティを取りまとめる「里長」[20]にお願いして、その地域における人的ネットワークに頼り、生徒を募集したりすることもある[21]。

V　教員の苦悩と夜間中学の「モデルチェンジ」

　教員たちは生徒を学校に引き留めるために学習内容やコミュニケーションにも苦心している。諸関係者3人は、高齢化した生徒が基本的に学歴のために夜間中学に入学したのではないと指摘する。A氏は「みんなは、楽しい気持ちで来て、楽しい雰囲気で少し何かを学び、楽しく帰りたいので、教科教員に可能なかぎり「生活化」した内容でお願いしている」と語る。B氏は、「体育を社交ダンス、音楽をカラオケ、日本語を日本の歌という感じで授業の内容を「生活化」していた。とにかく生徒の関心を引くように何でもやってみた…生徒が近所同士で来ることが多いので、来る時にはみんな一緒に来る、来ない時にはみんな一緒に来ない…クラス代表にお願いして、みんなに来させるように連絡してもらうことが多かった」と話す。

　C氏は、「試験の点数が良くないと生徒がガッカリして学校に来なくなるので、試験はオープンブックなど、かなり緩かにやっている。生徒が時間を作って学校に来ることに感謝している気持ちで

やっている」という。また、C氏は専門でない科目内容も教えている。夜間中学は昼間の学校と基本的に同じ科目を設けながらも、教員の不足で科目を合併したり、一部の科目を休講したりしていることがある。

　台湾の夜間中学は、生徒の不足だけではなく、教員の不足にも直面しているのである。校長、主任、担任はすべて本校の専任教員が兼任し、教科教員も基本的に本校や他校の専任教員が兼任する形で運営されてきた。ところが、子育てや家庭などの事情に加えて、現代のワーク・ライブ・バランスを重視する社会風潮のなか、プラスアルファの給料をもらえるとはいえ、昼間のクラスで教えたあとに引き続き夜間中学で教えたい教員が少ない。

　教科教員として20数年間夜間中学で教えてきたC氏は、高齢者との交流が好きで赴任校が変わっても、元赴任校の夜間中学で教え続けてきた。「新しい教員がなかなか入って来ないので、結局、いつも同じグループの人（教員）たちが交代しながらやっている」とC氏は語る。20数年夜間中学で教科教員として教えて、定年退職する前の2年間には主任として務めたA氏は、昼間の学校と夜間中学の生徒の属性が大きく異なるなか、教員の向き不向きもあると語る。A氏はクラスの担任の多くが昼間のクラス担任でもあるため、担任の負担を増やさないように、主任が主な業務を担うことが多いと話す。A氏は生徒との触れ合いや交流が好きで長らく夜間中学に携わってきた自負があり愛情もあるが、今後の夜間中学への期待について聞いたところ、しばらく考えてから「引き継ぐ先生（主任）に頑張ってくださいとしか言えない」と答える。

　また、B氏とC氏は「夜間中学のモデルチェンジ」について語る。モデルチェンジは、教育部が1998年に生涯教育を推進するために出されていた方針で、夜間中学の数的減少の原因にもなっている。注意を払いたいのは、今日の「モデルチェンジ」が「高齢者向けの学び・活動の場の創造」という意味合いが強いことである。蔡（2017、98-102頁）は夜間中学が高齢者向けの活動や学びの拠点に「モデルチェンジ」する必要性があると指摘している。

　台湾は日本よりも早いスピードで高齢化が進んでいると言われている。高齢化率は1993年に高齢化社会の7%、2018年に高齢社会の14%を超えて、2022年6月現在、17.2%となっている[22]。

　B氏は「高齢化した生徒が多いなか、今日の夜間中学は「社區大學」のようになっている」と語る。C氏は「生徒の高齢化につれ、夜間中学が「社區大學」や高齢者活動センターとの学習者確保競争が深刻化している。「社區大學」などへのモデルチェンジも考えなければならない」と話す。

　「社區大學」とはコミュニティ大学との意味で、1998年より学歴や入学試験、就学年数も定めない成人教育の場として、各地に次々と開設されいた。2018年には「社區大學發展條例」が制定され、各地方自治体政府は独自または公益社団法人や財団法人、学校などに委託して、学歴・国籍を問わない学習者を対象に地域創生や地域人材育成などを目的としたコミュニティ大学を設立している。2021年度現在、台湾には88校のコミュニティ大学があり39万5,000人の人が学んでいる[23]。コミュニティ大学の多くは、高校や小中学校で開設されているため（蔡2017、100頁）、夜間中学の諸関係者も意識することが多いと考えられる。

　一方、A氏はモデルチェンジの必要性について語っていないが、「生徒が夜間中学に来ることで体を動かし、クラスメートと交流するので、認知症にはならない。いつも生徒たちに孫たちのことを子

どもに任せて、夜間中学に来ることを勧める」という。A氏の学校では新住民がまだ多くいるが、夜間中学の生徒を語る際に、B氏とC氏のように高齢者をイメージしていることが多い。

　夜間中学のモデルチェンジは可能なのか。現実的には厳しく思える。コミュニティ大学や成人教育向けの学びや活動の場はすでに一定以上構築されている。そして、台湾は2017年より、介護政策の一環として、高齢者の社会参与を促進するための地元街角サービスステーションが構築され、様々な学びや体験の活動を設けている。2022年8月現在、こうしたサービスステーションは3,732ヶ所もある[24]。高齢者を含む成人の学びの場は政府の政策とともに多様化している。

　そして、何よりも重要なのは、夜間中学のモデルチェンジは「夜間中学でなくなる」という意味をする。学びのニーズに応じて教育方針や内容を変えるのは大切である。しかし、B氏とC氏のモデルチェンジの語りからは、教育現場では夜間中学が持つ「学歴とそれに伴う教育機会確保の提供」という重要な役割があまり認識されなくなっていると見受けられる。兼任の形で働いてきた夜間中学の主任や教員は、減少する生徒の確保に奔走し、可能なかぎり科目内容を工夫して変化させ、生徒のニーズに応えようとしてきたが、夜間中学の本来の役割について改めて考える余裕がなくなっているのであろう。

　今日の社会状況と流れのなか、台湾の夜間中学がさらに減少していくと予測できる。ただし、夜間中学は一定数に留まることが考えられる。なぜならば、現場での認識が薄くなったとはいえ、夜間中学の「学歴とそれに伴う教育機会確保の提供」という役割がなくならないためである。夜間中学関係者A氏が長年勤めた夜間中学の生徒数は数年前からは開講最低人数よりも少なくなっているが、同校は同地域にあるただ一つの夜間中学となったため、地方自治体政府に特別申請をする形で開講し続けている。「コミュニティ大学や高齢者活動センターは沢山ある。しかし、夜間中学はこれらの学びの場と違って、唯一学歴を提供できる場である」とA氏はいう。生徒の属性が変わっても、夜間中学のこの「唯一性」は変わらない。この「唯一性」を軸に、いかにして必要な人に学びの機会を提供していくのか。台湾は、今こそ夜間中学の役割や社会的意義をもう一度考え直す時期にあると思われる。

※　この場を借りて、夜間中学関係者を紹介してくださった方、そしてヒアリングに応じてくださった
　　夜間中学関係者の方々に心から御礼を申し上げます。

注　釈

※1　「公立高級中等以下學校委託私人辦理實驗教育條例」、「高級中等以下教育階段非學校型態實驗教育實施條例」、「學校型態實驗教育實施條例」。

※2　親子天下2022年3月29日付「2022實驗學校260+清單｜縣市發展兩極化？全台1/5國際雙語實驗在台南」https://www.parenting.com.tw/article/5092384（2022年9月12日閲覧）

※3　國家發展委員會人口推估查詢系統「詳細資查詢・出生相關指標（總生育率）」https://pop-proj.ndc.gov.tw/dataSearch2.aspx?uid=3109&pid=59

（2022年9月29日閲覧）

※4　教育部「総合規劃司・中華民國教育現況簡介・教育現況」https://depart.moe.
　　　edu.tw/ED2100/News21.aspx?n=09E8A4EDA021E1E5&sms=4CE4DCE
　　　E47BD6425　（2022年9月12日閲覧）

※5　教育部全球資訊網「中華民国教育統計(111年版)／表A2‐7 中等以下學校
　　　各級畢業生升學率」https://www.edu.tw/News_Content.aspx?n=8294
　　　46EED325AD02&sms=26FB481681F7B203&s=B19AF3B0B4D7BFAC
　　　（2022年9月25日閲覧）

※6　「國民教育法」第2条、「補習及進修教育法」第13条。

※7　教育部統計處「教育統計進階査詢」https://eds.moe.gov.tw/edust/
　　　webmain.aspx?sys=210&funid=edufld&clear=1　（2022年9月18日閲覧）

※8　2021年度では、162校のうち3校は私立である。教育部統計處「中華民國教育統
　　　計(111年版)／表B7‐1 國民中小學補習學校概況—按設立別分」https://
　　　www.edu.tw/News_Content.aspx?n=829446EED325AD02&sms=26FB4
　　　81681F7B203&s=B19AF3B0B4D7BFAC　（2022年9月24日閲覧）

※9　文部科学省「夜間中学の必要性と文部科学省における取組について（令和
　　　4年7月）」pp.23-24。https://www.mext.go.jp/content/20220726-mxt_
　　　syoto02-000024066_1.pdf　（2022年9月26日閲覧）

※10　新北市関係者A氏(2022年9月19日、SNS)、台中市関係者B氏(2021年3月24日、
　　　SNS)、高雄市関係者C氏(2022年8月19日、対面)。うちA氏とB氏は夜間中学の
　　　運営責任を担う主任を務めた経験がある。

※11　教育部時計處「中華民國教育統計(94年以前)」民国68年〜90年(1979年〜
　　　2001年)版。https://depart.moe.edu.tw/ED4500/News_Content.aspx?n=
　　　48EBDB3B9D51F2B8&sms=F78B10654B1FDBB5&s=7BDCA619BC04B
　　　B85　（2022年9月22日閲覧）

※12　教育部統計處「教育統計進階査詢」https://eds.moe.gov.tw/edust/
　　　webmain.aspx?sys=210&funid=edufld&clear=1　（2022年9月21日閲覧）

※13　夜間中学関係者B氏ヒアリング。

※14　蔡(2017、66-69頁)。台中市夜間中学関係者B氏ヒアリング。

※15　聯合報專題「台灣教改為什麼總失敗？」https://udn.com/
　　　newmedia/2020/12-years-education/　（2022年9月26日閲覧）。

※16　「新北市立國民中學附設國民補習學校實施要點」、「臺中市國民中學附設國
　　　民中學補習學校實施要點」、「高雄市國民中小學附設補習學校實施要點」。

※17　2005年に制定された「歸化取得我國國籍者基本語言能力及國民權利義務基
　　　本常識認定標準」では、新住民の帰化の際の言語能力および国民権利義務基
　　　本常識の判定について、①公立・私立各学校で1年以上在籍すること、②政府機

関が開設する講座に参加して累計一定以上の証明を得ること、③帰化テストに合格すること、という3つのどれか1つが必要であると明記している。

※18 中時新聞網2018年8月24日付「新住民讀補校人數 10年大減4成」https://tw.news.yahoo.com/%E6%96%B0%E4%BD%8F%E6%B0%91%E8%AE%80%E8%A3%9C%E6%A0%A1%E4%BA%BA%E6%95%B8-10-%E5%9B%B4%E5%A4%A7%E6%B8%9B4%E6%88%90-215013424--finance.html（2022年9月24日閲覧）。

※19 蔡（2017、63-64頁）。夜間中関係者3人のヒアリング。

※20 「里長」は4年1回の選挙で地域市民に選ばれ、無給であるものの、区役所などからの事務補助費が与えられて、地域社会の声を行政に反映し、行政からの依頼に協力して、様々な地域社会の活動を企画する。基本的に「里長」が選ばれる者は、地域社会に詳しく、広い人脈を持つ人が多い。

※21 黄（2016、78-79頁）。夜間中学関係者3人ヒアリング。

※22 國家發展委員會「人口推估查詢系統・高齡人口占比趨勢」https://pop-proj.ndc.gov.tw/chart.aspx?c=10&uid=66&pid=60 （2022年9月3日閲覧）。

※23 文化部台湾社區通2020年3月13日付「不只是才藝班,社區大學的社會行動」https://communitytaiwan.moc.gov.tw/Item/Detail/%E4%B8%8D%E5%8F%AA%E6%98%AF%E6%89%8D%E8%97%9D%E7%8F%AD%EF%BC%8C%E7%A4%BE%E5%8D%80%E5%A4%A7%E5%AD%B8%E7%9A%84%E7%A4%BE%E6%9C%83%E8%A1%8C%E5%8B%95 （2022年9月24日閲覧）
教育部統計處「社區大學概況」。https://depart.moe.edu.tw/ed4500/cp.aspx?n=1AC243AF6EF5E5DD&s=EDC4A4E717ED32CF （2022年9月24閲覧）。

※24 衛生福利部長照專區「統計專區・長期十年計畫2.0相關統計表・(十四)各縣市長照資源布建情形」https://1966.gov.tw/LTC/cp-3948-41555-201.html（2022年9月11日閲覧）。

参考文献

（中国語）

・蔡孟谷（2017）「雙北地區國中補校經營現狀與未來發展之研究」國立臺灣師範大學教育學系學校行政教師班碩士在職專班碩士論文。

・黃惠茹（2016）「臺灣地區成人基本教育政策發展析探—以國中補校為中心（1949～2010）」國立中興大學歷史學系碩士論文。

・林美如（2006）「中部地區國中補校經營、學生需求及改進定位之調查研究」國立彰化師範大學教育研究所碩士論文。

- 林桶法（2018）「戦後初期到1950年代　臺灣人口移出與移入」『臺灣學通訊』第103期、國立臺灣圖書館、4-7頁。

  https://www.acc.ntl.edu.tw/ct.asp?xItem=63782&ctNode=2217&mp=5（2022年7月7日閲覧）。
- 謝青曉（2016）「成人學生學習需求及其相關因素之研究—以大台中地區國中補校學生為例」南開科技大學福祉科技與服務管理系碩士論文。

（日本語）
- 伊藤潔（1993）『台湾』中公新書。
- 榎井縁（2022）「夜間中学の「あってはならない」から「なくてはならない」へ〜法制度化への経緯と今後の課題」『未来共創』第9号、173-197頁。
- 田巻松雄（2021）「コロナ禍のこんな時こそ、夜間中学の必要性はいよいよ増している」『宇都宮大学国際学部附属多文化公共圏センター年報』第13号、44-59頁。
- 申 育誠（2015）「日本統治時代の台湾初等教育における同化教育の研究」東北大学大学院教育学研究科博士論文。
- 前田直樹（2000）「台湾・輸出主導型経済政策の胎動とアメリカ援助政策の転換 ＜論説＞」『広島東洋史学報』第5号、1-18頁。

──────── コラムⅠ ────────
ペルーの教育制度
における代替的基礎教育の位置付け

2003年7月29日に施行された『ペルー共和国の総合教育法』(Ley Orgánica de Educación No. 28044)法律第28044号(MINEDU2022a)の第32条(構成)は、3つの基礎教育について定めている。「ペルー基礎教育は義務である。これが国より提供される場合、無償である。これは子ども、若者、成人の学習の基本的な必要を満たすものであり、学習者の個人的・社会文化的特性を尊重して行われる。a. 普通基礎教育(Educación Básica Regular)、b. 代替的基礎教育(Educación Básica Alternativa)、c. 特別基礎教育(Educación Básica Especial)」で本法律は構成されている(翻訳 工藤(他)2011、471頁)。

この中では普通基礎教育の学習者が最も多い。代替的基礎教育は(第37条 代替的基礎教育)「普通基礎教育と同様の目的、同等の質をもつ様式である。これは職業への準備、経営能力の発達に重点を置く。これは生徒の特別な必要性や要求に応じて柔軟に構成される。編入や他の学年への移行は、生徒の成長した能力に応じる」ものである。識字教育も含まれている代替的基礎教育は、「a. 普通教育の機会が得られなかった人、あるいは修了できなかった若者や成人、b. 普通基礎教育に適切な時期に編入できない、あるいは教育制度を途中で離れ、その年齢が通常の学習を続ける妨げになる青少年、c. 学業と就業を両立させる必要のある生徒」のためのものである(翻訳 工藤(他)2011、471頁)。

歴史的背景

20世紀初めごろ、大統領として初めて教育に深い関心を寄せたと言われるホセ・パルド・イ・バレダ(José Pardo y Barreda)大統領(1904-1908)は、初の大規模な教育改革を行った。それには、教育制度の整理、自治体から中央政府への管理の移譲、小学校の普遍化、教育費無償化、教育義務化など様々な変更のほかに、夜間に開かれる実業学校の設立・無償化も含まれていた。それは、様々な技術を身につけ、労働者階級が就職できるようにするための政策だった(Trahtemberg2000)。

1940年に行われた国勢調査の結果によると、15歳以上の非識字率は57%に達していた(Trahtemberg2000)。それに対する識字化政策として、代替的基礎教育として初めての夜間学校(Escuelas Nocturnas Oficiales)が、マヌエル・プラド・イ・ウガルテチェ(Manuel Prado y Ugarteche)政権(1939-1945)の時に、首都のリマ市に6校、それぞれの県の県庁所在地の都市に少なくとも1校は設立された(Prado y Ugarteche1940)。それから軍事政権(1968-1980)を経て民主主義の復活後(1980年から)、総合教育法(1972年法律(軍

事政権法令)第19326号、1982年法律第23384号)が制定された(MINEDU2022b)。夜間学校は、20世紀初期に設立されてから様々な教育法に含まれたが、一般的に「Escuelas Nocturnas」と呼ばれ、普通基礎教育と異なり夜間学校の目標・教育の質・カリキュラム・教員育成などは、明確には示されていなかった。アレハンドル・トレド・マンリケ(Alejandro Toledo Manrique)政権(2001-2006)の時に、2003年『ペルー共和国の総合教育法』法律第28044号が制定され、代替的基礎教育の扱いに関して変更が見られた。1年後にその法律は改正され、2005年8月25日の閣僚決定 542-2005-ED(MINEDU2022c)にて代替的基礎教育の組織変更計画(Plan de Conversión de la Educación Básica Alternativa 2005-2010, Resolución Ministerial No. 542-2005-ED)が承認され、それまで一般的に「Escuelas Nocturnas」と呼ばれた夜間学校は、「Centros de Educación Básica Alternativa 頭文字のCEBAで以下より省略」と初めて名付けられた。その後正式にCEBAは成立し、代替的基礎教育制度は強化された。その数年後、2012年7月6日最高法令011-2012-ED(Reglamento de la Ley No. 28044 Ley General de Educación, Decreto Supremo No. 011-2012-ED)(MINEDU2022d)で『ペルー共和国の総合教育法』法律第28044号の制定が承認され、それから様々な点が改正されながら、現在の代替的基礎教育に至った。

代替的基礎教育の大規模な改革

　「ペルー教育の全般的な大枠とペルーの教育制度、国の権限と義務、個人と社会の教育的機能における権利義務を定める目的を持つ」(第1条　適用対象および分野)『ペルー共和国の総合教育法』法律第28044号の第2条(教育の概念)によると、「教育とは学習と教授の過程であり、生涯にわたって展開され、人々の全人的な発達、潜在機能の完全な発達、文化の創造、家庭および国内・ラテンアメリカ・世界の共同体の発展に貢献するものである。教育は教育施設および社会の多様な領域において展開される」(翻訳　工藤(他)2011、459頁)。具体的に、普通基礎教育と同様の目的と質を持つ代替的基礎教育(Educación Básica Alternativa 頭文字のEBAで以下より省略)は、識字教育も含んでおり、普通教育を受けることが出来なかった、あるいは修了できなかった若者や成人を対象にしている。また、彼らのニーズに応え、学業と職業を両立できるように、柔軟性ある教育を提供しており、それは技術的な教育と小規模企業への支援とつながる。

　2012年に制定された最高法令011-2012-EDによると、(第67条　代替的基礎教育の概念)代替的基礎教育(EBA)は、普通基礎教育で行った小中学校と同レベルを目標にしており、生涯学習方法として見なされ、勉強と仕事を両立している若者と大人に向け提供されている学習(教育)方法である。同最高法令によると、EBAには、①適用性、②参加型、③柔軟性という特徴がある(第68条　代替的基礎教育の特徴)。例えば年齢、ジェンダー、母語、興味を考慮して教育を提供し、学習にコミュニティも参加し、学習の日程と時間は学生のニーズと合わせて

いる。同法律で制定した「若者と大人のための代替的基礎教育プログラム」(Programa de Educación Básica Alternativa de Jóvenes y Adultos-PEBAJA)でEBAの授業は、対面、ハイブリッド(対面と通信)、通信の3つの方法で行うことが示された。また、ペルーの普通基礎教育は、小学校6年間　中学校5年間で構成されるが、EBAの小学校は、14歳から5年間履修でき、中学校の場合は、15歳から4年間履修できる。

代替的基礎教育と識字教育

　スペイン語が母語ではない先住民の存在もあり、普通基礎教育の普及は不十分で、二十世紀半ばから夜間学校(Escuelas Nocturnas)の一部は、識字教育であった。『ペルー共和国の総合教育法』法律第28044号第38条(識字教育)によると、識字教育プログラムは、基礎教育に適切な時期に就学できなかった人の自立的成長と読み書き算の能力の発揮を目的とする。これは学習者のアイデンティティと自尊心を強化し、教育制度の次のレベルにおける成長を続けるため、そしてより良い条件で生産世界に参入するための準備をする。これは人間的発達、生活の質の向上、社会とジェンダーの公正の促進の観点から実行される。これは学問的環境を創造する機能的非識字の克服を促進する。識字教育はそれぞれの場所の要求に応じて、国内のあらゆる先住民言語において展開される。先住民言語が支配的である場合には、スペイン語を第二言語として教えなければならない。非識字の撲滅は国の目標である。この目的のもと、識字教育プログラムを共同で展開するための専門的機関を招集する(翻訳　工藤(他)2011)。

　2020年全国15歳以上の非識字率は、女性は8.0%で男性は3.0%であるが、農村ではその差はより激しくなり、女性は21.2%で男性は7.4%になる(INEI2022)。現在非識字を撲滅させる政策として、ペルーの文科省は、「識字教育と教育の継続プログラム」(Programa de Alfabetización y Continuidad Educativa-PACE)を行っている。

代替的基礎教育の現在状況

　ペルー文科省のEBAの課長ランデオ・ルシラ氏(2022a)によると、2021年ペルー全国世帯アンケート(ENAHO)の結果、15歳以上のペルー人約826万人は、基礎教育の小中学校レベルを全く受けていないか中退していることが確認された。同年において21万人がEBAを受けている状況は、言い換えると、基礎教育を必要とするペルー人の2.6%しかEBAの恩恵を受けられていないことになる。その21万の生徒は850校の国立代替的基礎教育機関(CEBA)、1000校以上の私立のCEBAに通っている。以前国立のCEBAの方がはるかに多かったが、直近10年間では私立のCEBAが増加し、その数は国立より多くなった。主な理由としては、2008年からペルー国土交通通信省(MTC2022)により仕事関係の運転免許を取得するためには、ペルーの中学校修了証明書が必要になったことがある。タクシー、バス、トラックなどの運転士になりたい人は、中学校まで履修しなければならないので、私立のCEBAは増加した

が、それらの学校は、EBAの目標を達成しているのか、もしくは教育の質を保っているかを十分に把握できない場合もある(Landeo2022b)。

EBAはペルー国民の様々なニーズに対応するために、グループ別学習を行っている。例えば、刑務所被収容者、小漁師、家政婦(メイド)、国有企業の従業員(水道局)、農業輸出企業の従業員などは、仕事をしながら、EBAを受けている(Landeo2022b)。

2003年『ペルー共和国の総合教育法』法律第28044号が制定されてから、EBAを中心としている学会、報告書、研究論文を行うことになった。どのイベントでも参加者は、ペルーの文科省の官人と現場の教員、大学の教員と研究者であり、国際NGOや国際協力において、協力的にEBAを焦点とし、活動している。EBAの人材育成に関して、ペルー国立教育大学のエンリケ・グスマン・イ・バイェ(Universidad Nacional de Educación Enrique Guzmán y Valle-UNE)は、学部生のレベルで唯一の存在であるEBAの学位(Licenciatura en Educación Básica Alternativa)、大学院のレベルでEBA(Diplomado de Especialización en Educación Básica Alternativa)をも提供している。アントニオ・ルイウス・デ・モントヤ私立大学 (Universidad Antonio Ruiz de Montoya-UARM)は、2013年から大学院のレベルでEBA(Diplomado en Educación Básica Alternativa)のコースを提供している(Castro2015)。先行研究について、2010年の前にはほとんどなかったが、2010年代からいくつかの本が出版された。Picón (2018, 2020)とIguíñiz (2015, 2019)は、普遍性と実が足りないEBAを批判し、その教育方法の限界を強調し、その代わりに若者と成人のための教育を促進する。ペルーのEBAは2国間協力国と国際NGOからの支援もあり、共に様々なプログラムを行っていた。例えば、スペイン王国の国際協力機構(Agencia de Cooperación Internacional al Desarrollo-AECID)は、2003から2008まで識字教育、若者と成人のための教育のプログラムを計画・経営した。2010年からDVVインターナショナル(DVV International)は、ドイツ市民大学連盟(Deutscher Volkshochschul-Verband e. V. - DVV)の国際協力機構で、EBAに関しての学会、研究、出版を積極的に支援している。

参考文献

・Castro Malqui, Rosario Norma (2015) *Sistematización del diseño, implementación, desarrollo y repercusión del Diplomado de Educación Básica Alternativa,* Universidad Antonio Ruiz de Montoya.

・Iguíñiz Echevarría, Manuel and Luis Alberto Salazar Ochoa (2015) *Nuevas Oportunidades Educativas, Política y Gestión en la Educación Básica Alternativa,* Universidad Antonio Ruiz de Montoya.

・Iguíñiz Echevarría, Manuel (2019) *Por el Derecho a la Educación de Persona Jòvenes y Adultas, de la EBA 2021 a la EPJA 2036,* Colectivo por la EPJA Transformadora,

Column

Instituto de Pedagogía Popular, TAREA, CEAAL y EDAPROSPO https://tarea. org.pe/wp-content/uploads/2019/10/CEAAL_EBA-2021_EPJA-2036.pdf, 閲覧2022年4月20日

・Instituto Nacional de Estadística e Informática ペルー国立統計情報研究所（INEI）（2022）Tasa de Analfabetismo de Mujeres y Hombres de más de 15 años de edad, según ámbito geográfico https://www.inei.gob.pe/estadisticas/indice-tematico/analfabetismo-y-alfabetismo-8036/, 閲覧2022年4月20日

・Landeo, Lucila（2022a）"Acciones principales vinculadas con la versión preliminar del marco de acción, objetivo general y objetivos específicos," IV Congreso Nacional de Educación de Personas Jóvenes y Adultas（EPJA），ペルーアバンカイ市8月18日−20日https://www.youtube.com/watch?v=7od61Ylf_2A, 閲覧2022年8月20日

・Landeo, Lucila（2022b）ペルー文科省のEBAの課長とのZoomでインタービュー、8月31日

・Ministerio de Educación del Perú ペルー文科省（MINEDU）（2022a）Ley General de Educación No. 28044
http://www.minedu.gob.pe/p/ley_general_de_educacion_28044.pdf, 閲覧2022年4月20日

・Ministerio de Educación del Perú ペルー文科省（MINEDU）（2022b）Cronología Histórica del Ministerio de Educación http://www.minedu.gob.pe/institucional/cronologia.php, 閲覧2022年8月10日

・Ministerio de Educación del Perúペルー文科省（MINEDU）（2022c）Plan de Conversión de la Educación Básica Alternativa 2005-2010, Resolución Ministerial No. 542-2005-ED http://www.minedu.gob.pe/normatividad/resoluciones/RMNro0542-2005-ED.pdf, 閲覧2022年4月20日

・Ministerio de Educación del Perú ペルー文科省（MINEDU）（2022d）Reglamento de la Ley No. 28044, Ley General de Educación, Decreto Supremo No. 011-2012-ED https://www.gob.pe/institucion/minedu/normas-legales/118256-0011-2012-ed, 閲覧2022年4月20日

・Ministerio de Transportes y Comunicaciones ペルー国土交通通信省（MTC）（2022）Precisan requisitos de los administrados deben presentar para adquirir una licencia de conducir, Resolución Directoral No. 11271-2008-MTC-15 https://portal.mtc.gob.pe/transportes/terrestre/licencias/documentos/RESOLUCION%20DIRECTORAL%2011271-2008-MTC-15.pdf, 閲覧2022年11月9日

・Picón Espinoza, César（2018）*Si las personas jóvenes y adultas aprenden, nos beneficiamos todos*, vhs DVV International https://dvv-international.edu.pe/wp-content/

Column

uploads/2020/12/Libro-Cesar-Picon-2020.pdf, 閲覧2022年8月10日
・Picón Espinoza, César（2020）*Desarrollo, Universidades y Educación de Personas Jóvenes y Adultas,* Universidad Nacional de Educación Enrique Guzmán y Valle, vhs DVV International, BMZ, Ministerio Federal de Cooperación Económica y Desarrollo https://www.catedraunescoeja.com.br/documento/9dc35d87823f26db1bd cb86836338296747636.pdf, 閲覧2022年8月10日
・Prado y Ugarteche, Manuel（1940）Mensaje ante el Congreso Nacional, el 28 de julio de 1940, 28 y 34 https://www.congreso.gob.pe/Docs/participacion/museo/ congreso/files/mensajes/1941-1960/files/mensaje-1940.pdf, 閲覧2022年8月10日
・Trahtemberg, León（2000）"Evolución de la Educación Peruana en el Siglo XX," Revista Copé de PetroPerú, 10 de junio de 2000 https://www.trahtemberg.com/ articulos/1169-evolucion-de-la-educacion-peruana-en-el-siglo-, 閲覧2022年8月10日
・工藤瞳・江原裕美（2011）翻訳『ペルー共和国の総合教育法』帝京法学27（2）、457-503 頁。

Ⅱ部

学校以外の学びの場

第5章

自主夜間中学での学び
—組織らしくない組織による学校らしくない学校づくり—

田巻　松雄

　「自主夜中はとりわけ、面白くなかったら、次回からはもうこない。交通費も出ないし、補食も出ないし、そういう保障が一切ない。「きておもしろい」「勉強になった」「きょうはええ勉強した」と思って帰ってもらわんと、次きてくれへん。そういう緊張感というものは常にありますね。だいたい1対1で勉強するんですけど、1対1の信頼関係、人間関係、それをつくるのが一番大事なことやと思うんですね。そのことが、高野さんの言葉でいうと「自主夜間中学の生命線」。それがなくなったら、全然ダメ」（『生きる　闘う　学ぶ』）362頁）

はじめに

　福島駅前自主夜間中学開設（2011年1月）10周年を記念して、2020年8月19日から23日まで、「ともに学ぶ　夜間中学の風景」と題する記事が読売新聞に掲載された。福島駅前自主夜間中学の授業風景の取材をもとに、自主夜間中学に集う人たちを通して「学ぶことの意味」を考える記事である。紙面の見出しには、「正答を求めない授業」、「43歳の学ぶ情熱　見守る74歳」、「『分かった』喜びの共有」、「教えることも学ぶこと」、「誰もが学び直せる場」、「弟の不登校開校後押し」、「認められ伸びていく」、「名物先生　生徒を送迎」、「みんなで作った校歌」、「『あまちゃん』作曲大友さん協力」、「『学びたい』かなえる」、「社会の多様な受け皿に」といった言葉が並び、自主夜間中学ならではの雰囲気を伝えてくれる。

　福島駅前自主夜間中学では、月4回（昼間部2 回、夜間部2 回）開講している。基本的にマンツーマン方式で学習が行われている。「生徒が主役」をスローガンに、生徒一人一人の希望や学力に応じた寄り添った学びが目指される。授業料は徴収せず、会員の会費などで運営資金を賄っている。みんなで作った校名のない校歌があり、学習の合間に全員で歌う。校歌には、「明日の扉を開けていこう　生徒が主役の中学校、出会いの奇跡を噛み締めて　みんなで作る中学校」の歌詞が綴られている。運営団体の「福島に公立夜間中学をつくる会」は、自主夜間中学を開講しながら、福島県内初の公立夜間中学の設置を求め、福島県議会や市議会に請願活動を行ってきた。

Ⅰ　問題の所在と本論の目的

　自主夜間中学は、年齢、国籍を問わず、「誰でも、いつからでも、いつまでも」学べる場であ

る。公立の夜間中学の設置主体が自治体であるのに対し、自主夜間中学は市民が設置および運営の主体となっている。他の民間の学習支援団体との大きな違いは、日本語学習者や不登校の学齢児童生徒等といった特定の学習者を対象とするのではなく、多様な学習者を受け入れていることであろう。現在、全国に約40あると思われる自主夜間中学では、義務教育を十分に受けられず学び直しを求める人、日本語を学びたい外国人、高校進学を目指す学齢超過の外国人、不登校や学習困難な学齢児童生徒等、多様な人々が学んでいる。すなわち、外国人にとっても貴重な学びの場となっている。学習者を支援・応援するスタッフはすべてボランティアである。自主夜間中学が開講している学習時間は夜間とは限らない。にもかかわらず、「夜間中学」という名称を用いるのは、公立夜間中学との関係において自己規定している場合が多いからと考えられる。

　公立夜間中学は、中学校のうち、夜の時間帯に授業が行われる学級のことをいう。戦後の混乱期には生活が大変で、中学校に通う年齢の人の中には、昼間は仕事をしたり、家事手伝いをしたりと、昼間に中学校へ通うことができなかった人がいた。そういった人たちに義務教育の機会を提供できるように、仕事などが終わった後、公立中学校の二部授業という形で、夜に授業が受けられる夜間学級を設置したのが夜間中学の始まりである。その後、公立夜間中学は、主に義務教育を十分に受けることが出来なかった学齢超過者を受け入れ、学びの場を提供してきた。

　公立夜間中学は学齢超過者が学び直しできる唯一の公的教育機関であるが、2022年4月1日現在、全国15都道府県で40校に留まっている。自主夜間中学は、公立夜間中学未設置地域を中心に、教育への権利を市民が保障する活動として展開されている。

　公立夜間中学の増設や法制化を求めてきた運動体である全国夜間中学校研究会が毎年刊行してきた大会記録誌、公立夜間中学・自主夜間中学の情報を初めて網羅したとされる『全国夜間中学ガイド』(2016年)、基礎教育保障学会HP(関係機関ガイド)には、自主夜間中学と関連する団体の情報が掲載されている。自主夜間中学という名称を用いていない団体もあることから、「関係諸グループ」(大会記録誌)や「自主夜間中学等」(全国夜間中学ガイド)の表現が用いられている。

　掲載されている団体は、名称や性格から、3つに大別される。ひとつは、自主夜間中学という名称を用いて学習活動を行っている団体である。次に、「夜間学級」、「えんぴつの会」、「自主夜間教室」、「識字教室」等、様々な名称のもとに、学習活動を行っている団体がある。これらの団体も、多様な学習ニーズに応えようとする特徴を共有しており、また、上記のような媒体を通じて情報が公開されることは、関係者が自らの活動を自主夜間中学と規定していることを意味しよう。したがって、上記2つの種類の団体は自主夜間中学と一括して捉えても良いと思われる。その他「つくる会」や「つくり育てる会」等の団体は、自主夜間中学の母体・運営・支援組織という性格を持ち、学習活動は行わず、公立夜間中学の増設や公立・自主夜間中学の充実に向けた活動を行う団体と言える。

　自主夜間中学の定義や範囲は明確に定まってはいないが、「義務教育を十分に受けること

が出来なかった人や日本の学校で学ぶことが難しい学齢超過の外国人などの多様な学習ニーズに応えるための学びの場を無料あるいは低額で提供する市民のボランタリーな組織活動で、広報や対外的な活動紹介などにおいて自らの活動を自主夜間中学と規定する団体」と定義するのが妥当だと考えられる。

　一般的に言って、自主夜間中学は「自主」であることの自由さや柔軟さを活かして独自な学びの場を提供することが出来るが、ボランティア組織であるが故の固有の脆弱性を有する。この点に着目し、添田は、「自主夜間中学の活動実態を把握し、その可能性と限界性を見極め、ボランタリー・セクターが引き受けえる範囲を線引きしていく作業が不可欠であろう」（添田2007、165頁）と述べた。

　本論は、まず、自主夜間中学の歴史と類型を簡潔に整理したうえで、公立夜間中学や潜在的な学習ニーズとの関係で自主夜間中学の存在意義を語る。次に、筆者らが2021年9月から12月にかけて実施したアンケート調査結果とその後実施した関係者からの聞き取り結果を主に参照しながら、自主夜間中学27団体の実態と特徴を整理し、その一般的意義と外国人の学びの場としての意義を探る。そのうえで、外国人若年層の増加傾向と多くの自主夜間中学が重視し実践しているマンツーマン方式に着目し、問題提起的な議論を行う。

　アンケート調査では、全国の自主夜間中学を対象に、運営体制（8問）、学習者（4問）、学習形態・内容（4問）、スタッフ（7問）の計23項目を聞いた（田巻・服部2022）。このような全国調査は、添田が2007年に実施して以降久しく行われていない。回答があった27団体の都道府県別分布は、北海道4、宮城県1、福島県2、埼玉県1、東京都1、千葉県3、神奈川県3、静岡県1、愛知県2、奈良県2、大阪府1、兵庫県1、和歌山県1、福岡県3、沖縄県1である。

II. 自主夜間中学の歴史と類型

　自主夜間中学は、公立夜間中学未設置地域であった奈良県で、1976年に公立夜間中学設置を求める運動が展開されたことの産物として生まれた。1970年代大阪府内には10校の公立夜間中学があり、奈良県からも生徒が通学していた。1975年大阪府教育委員会は財政事情を理由に、次年度より公立夜間中学への他県生の「越境入学」を認めない方針を打ち出した。奈良から通っていた生徒が学びの場を失う事態を受けて、奈良に公立夜間中学をつくるための運動が始まった。約3カ月の準備期間を経て、「奈良に夜間中学をつくり育てる会」が発足し、設置運動を進める中で、公立夜間中学が設置されるまでの暫定的な学びの場として、1976年9月に私設奈良夜間中学校（通称うどん学校）を正強高校に開設した（岩井1977）。同校は、2年後には公立化を果たし奈良市立春日中学校夜間学級が開校された。

　1970年代、川崎市でも奈良県と同様の動きが見られた。川崎市では市内の工業高校卒業者が中心となって「川崎市に夜間中学を作る会（以下、「作る会」）」を1973年3月に発足している。「作る会」発足のきっかけは、高校在学中にテレビ番組を通して夜間中学の存在を知った若者たちが、公立夜間中学の増設運動を展開してきた高野雅夫を招いて教育問題の討論会を開いたことであった。「作る会」には、呼びかけに応じて公立夜間中学への入学希望者が現れるようになって

いった。「作る会」は公立夜間中学の増設運動を続けたが、行政が動かず、1976年10月に自主夜間中学の開設に踏み切った（大多和2018）。公立化は1982年に果たされ、川崎市西中原中学校夜間学級が開校された。

野川によれば、昭和50年代（1975年〜1985年）は、私設奈良夜間中学校や川崎自主夜間中学のように、設置運動の主体である「つくる会」を発足させ、自主夜間中学を開設・運営しながら自治体に対して公立夜間中学の設置を請願していく方式が主流であった（野川2016、195頁）。

千葉県では、1983年4月に「松戸市に夜間中学校をつくる市民の会」が発足している（前身は1979年発足した「松戸市夜間中学校を作る会」）。そして、1983年8月に「松戸自主夜間中学校」が開設された。「松戸市において1983年4月に『松戸市に夜間中学校をつくる市民の会』が発足し、松戸市、松戸市教育委員会と話し合いを持ちましたが実現せず、やむを得ず市民の教育への権利を市民が保障していこうと開講したのが松戸自主夜間中学です」（松戸市に夜間中学校をつくる市民の会2015年）。

埼玉県では、1985年9月に「埼玉に夜間中学を作る会」が発足し、同年12月に川口自主夜間中学が開設されている。埼玉県内最初の自主夜間中学を川口市内に開設したのは、当時、都内の公立夜間中学に通う生徒が一番多かったのが川口市だったことによる。また、在日朝鮮・韓国人を始め、アジアや南アメリカといった様々な国から来ている外国人の多くが川口市に住んでいることも大きな理由だった。以来、「作る会」の運動は、川口自主夜間中学の運営と公立夜間中学設立運動を両輪としながら展開されていくことになる。ちなみに、松戸市、川口市に初めての公立夜間中学が設置されたのは、ともに2019年4月であった。その他同様なケースとして、「福島に公立夜間中学をつくる会」（2010年8月発足）による福島駅前自主夜間中学開設（2011年1月）等がある。

一方、野川によると、1980年代後半以降、北海道から沖縄まで自主夜間中学の開設が全国に広がっていくなかで、公立夜間中学の設置は目指さず、学びを求める人たちへの教育保障に専念する自主夜間中学も誕生するようになっていった。

札幌遠友塾自主夜間中学は1990年4月に開設し、教育保障に専念する学習活動を展開してきた。ただし、会場の確保に関する単独での行政交渉の難しさを経験したことがきっかけとなり、交渉を主な目的とする「北海道に夜間中学校を作る会」を新たな市民を募って2007年5月に発足させた。「作る会」は、公立夜間中学の設置や自主夜間中学の支援などにおける行政交渉を主な目的として活動してきた。札幌市では、2022年4月に公立夜間中学が開校された。その他、公立夜間中学の設置や増設は目指さずに、学びを求める人たちへの教育保障に専念する自主夜間中学としては、「仙台に夜間中学をつくり育てる会」（2014年7月発足）による仙台自主夜間中学（2014年11月開設）、我孫子自主夜間中学"あびこプラスワン"（2013年9月開設）等がある。

教育保障に専念する自主夜間中学関係者の多くも、公立夜間中学の増設を望んでいるであろう。高校受検や資格試験に必要とされる中学校卒業資格は公立夜間中学でないと得られないことを含め、自主夜間中学には様々な限界がある。にもかかわらず、増設運動に関わらない選択をすることには、①自主夜間中学に来る目の前の学習者一人一人への学びのサポートが疎かになってしまうことへの懸念、②公立夜間中学増設運動に関わる余力がない、③自主夜間中学の活動自体

が学習者ニーズを顕在化させ公立夜間中学増設を促すという認識、④増設運動のような政治的活動と自主夜間中学の学習活動は明確に分けるべき等の考え方等が関係していると思われる。

Ⅲ　自主夜間中学の存在意義

1　公立夜間中学不在の地域で学びの機会を提供する

　2022年5月下旬に公表された2020年国勢調査結果によると、最終学歴が小学校卒業の人は80万4293人(うち外国人1万9731人)おり、うち80歳以上が約75万人と9割強を占めた。若年層でも15〜19歳302人、20〜24歳は1084人、25〜29歳が1424人など、義務教育を受けられていない人は一定数いた。小中学校に在学したことがない、あるいは小学校を卒業していない「未就学者」の9万4455人(うち外国人9024人)を含めると、約90万人が義務教育を終えていない。一方、文部科学省が民間の調査会社に依頼して行った調査(2018)によると、1991年以降、不登校のまま中学校を卒業した生徒(形式卒業生)の累計は106万5千人であった。形式卒業生は、長い間、公立夜間中学への入学を認められてこなかった。2015年7月に「義務教育修了者が中学校夜間学級への再入学を希望した場合の対応に関する考え方」(通知)が出されたことで、2016年度より、公立夜間中学での形式卒業生の受入れも可能となった。

　既述したように、公立夜間中学は学齢超過者が学び直しできる唯一の公的教育機関であるが、2022年4月1日現在、全国15都道府県で40校に留まっている。自主夜間中学は、公立夜間中学の役割を補完する形で、市民がボランティアとして自主的に教育の機会を提供してきた。なかには、松戸、川口、札幌の自主夜間中学のように、公立夜間中学が不在の中で、30年以上にわたり運営してきているものがある。

　朝日新聞(1997年1月30日付)は、釧路市から札幌遠友塾に通った夫婦を紹介している。この夫婦はともに、生まれ育った家庭が貧しく、小学校には1年行っただけである。夫が太平洋炭鉱での仕事を終え、2人の子どもが独立したことを機に、週1回開講する遠友塾に学びの場を求めた。釧路から札幌までの距離はおおよそ300kmである。当時の特急で片道5時間近く、夜行バスでは約9時間かかる。「夜の9時くらいに勉強終わって夜行バスに乗って帰るんですけど、家着いたら朝の6時なんですよ。それを週一回とはいえね。いくら何でもやっぱりあの遠い中お金を掛けてね、ここまで来るっていうあの気持ちですよね。しかも、だから逆に私たちはそういう人たちを見ていると、こっちが襟を正すわけですよ」(工藤2021)。

2　制度の壁があるなかで学びの機会を提供する

　自主夜間中学は、通学可能な場所に公立夜間中学があったとしても通学が難しい人々に学習機会を提供してきた。このことには、夜間中学を設置している自治体の入学要件が壁となる現実が関係する。例えば、ある自治体は、次の1から4の全てを満たす人のうち、教育委員会が認めた人が公立夜間中学に通えるとしている。①義務教育の年齢(満15歳)を超えた人、②(夜間中学が設置されている)市内に住んでいる人(市外で県内在住の人は、市町村教育委員会の副申が必要)、

③中学校を卒業していない人、または、不登校等の理由により、学び直しを希望する人、④（本校の）生活に支障のない人。

　原則市内在住者であり、県外在住者は入学できない。また、「生活に支障のない人」の判断は、客観的な基準ではなく、裁量で行われるであろう。公立夜間中学への入学資格は、自治体によって異なるが、居住地・勤務地などに関する何らかの制約要件が課せられていることが大半である。

　次に、制度的・物理的に通えるところに夜間中学があるとしても、公共交通機関を利用しなければならない場合、交通費がかかる。昼の中学に通う場合で交通費がかかることはまずない。学校関係者からは、夜間中学生には経済的困難を抱えている者が多いという話をよく聞く。交通費という経済的負担が大きな壁になる場合がある。そして、学習を希望する側の事情もある。公立夜間中学は、週5日、無遅刻で通学することを要求する学校である。しかし、例えば、年齢、体調、仕事上の理由で毎日通学することが難しい人、不登校の経験がありいきなり「正規の学校」に通うことが難しい人もいる。このような人も、週1回あるいは2回開講で、参加できるときに参加すれば良い自主夜間中学なら通うことが比較的容易となる。

3　「いつからでも、いつまでも」学べる機会を提供する

　自主夜間中学の大きな特徴は、学習を希望する者に対して、「いつからでも、いつまでも」学ぶことが出来る場を保障することである。この点は、随時入学を認めない、あるいは修業年限を制限する公立夜間中学とは対照的である。一般に、学習には時間がかかる。高齢になればなるほど、その傾向は強まる。入学も卒業もない自主夜間中学は、納得するまで学びたい学習者のニーズに応えるものである。

　城南中学校「夜間学級」（「城南」）は北九州市にあり、北九州市との協働事業で「夜間学級」を運営してきた。関係者は「北九州方式」と呼んでいる。会場と資金については北九州市が全面的に支援し、週5日体制で開講している全国で例がない自主夜間中学である。

　「城南」では2000年代に「公立化」をめぐる交渉が続いた。自主夜間中学関係者はしばらく「公立化」を目指していたが、自主夜間中学の活動が続く限り補助を継続すること、および補助金の増額は可能だという市側の提案を受けて、2011年「公立化」ではなく、自主夜間活動の内容充実に専念する道を選択した。この選択には、「城南」の生徒の多くが高齢化していることを踏まえ、公立化に時間をかけるより事業を充実させ継続させるほうが現実的という判断と、公立化すれば3年で卒業しなければならなくなり、学び続けたい人の想いに応えられなくなるということへの配慮が関係していた。

　東京の「えんぴつの会」は公立夜間中学が設置されている墨田区で活動する自主夜間中学である。公立夜間中学の卒業生の学び場として、1990年に勉強会が発足した。この勉強会を引き継ぎ、2003年に「えんぴつの会」が発足した。基礎学力の低い学習者が週5日4コマの夜間授業を3年間受けて、どれほどの学力を身につけることが出来るのか、なかなか厳しい現実があると思われる。ある公立夜間中学の校長は、3年間学んでも十分な学力を身につけないで卒業生していく「形式卒業生」は少なくないと語った。公立夜間中学卒業後も引き続き学び続けたい人は少なくないと

思われる。自主夜間中学は公立夜間中学卒業生も受け入れている。

4　寄り添い、「ともに学ぶ」

　公立夜間中学における学びの特徴と意義については、学習者、教員、研究者等の様々な視点から語られてきた。簡潔に言えば、3点に整理できる。第一に、中学校の卒業資格が取得できる。第二に、年齢・国籍で多様な人が集まり、かつ基礎学力の程度も人それぞれであるから、学力によってクラス分けをする等、少人数教育をベースに、一人一人の学力や学びのニーズに寄り添った支援などが目指される。第三に、学校生活や学校経験の保障である。公立夜間中学には、学校生活に適応できなかった生徒や学校経験が極めて不十分な生徒が入学している。学校生活で自己の力を発揮することが出来ず、人間関係で傷つき、尊厳やプライドを喪失した生徒が多い。その点、公立夜間中学での多様な生徒の集団は、国際理解や人間理解を深める土壌になっており、多様な人々との交流の中で尊厳を取り戻していく学びの過程が重視されている。

　自主夜間中学は、上記の2と3に関して、公立夜間中学の役割を補完するとともに、それを徹底することで「自主」でしか実現できない学習を目指してきたと言える。松戸自主夜間中学は、自主夜中の原則を以下のように定めた（松戸市に夜間中学校をつくる市民の会2015、57頁）。①来るもの拒まず、②一人ひとりを大事にする、③教えられる人と教える人の間に隔てはない、④基礎学力の充実をはかり生きる力をつける、⑤公立夜間中学校づくりの一環として活動する。

　多くの自主夜間関係者は、上記の①～④を共通して大事にしてきたと思われる。「一人ひとりを大事にする」ことは、学習者に寄り添いながら、それぞれの個性や人間性を大事にすることである。「教えられる人と教える人の間に隔てはない」ことは、スタッフは学習者に寄り添いながら、学習を通して自らも学んでいく姿勢が大事なことを示唆している。

5　「学校らしくない学校」づくり

　学習者に寄り添い「ともに学ぶ」ことを重視することは、既存の学校（公教育）とは異なる学びの場をめざすことを意味する。既存の学校は、年齢主義、競争原理、一斉講義、画一教育によって強く支配されている。義務教育を十分に受けることが出来なかった人たちは、このような学校に馴染めず、また排除されてきた人たちである。自主夜間中学は、この公教育の歪みや悪しき部分を照らし出し、払拭し、市民の側からオルタナティブな学校づくりを目指す試みと言える。

　「学校らしくない学校」を目指す自主夜間中学では、学習のほかに、居場所、交流、集い、語りなどがより重要な要素となる。そもそも、既存の学校から排除されてきた人たちを自主夜間中学に引き寄せるのは、年齢も国籍も多様な人たちが集まっている混然とした多文化的な環境、統一的強制的な勉強ではなく、一人ひとりが希望する自由な学びに寄り添ってくれる環境、時には勉強はせず語りに行くことあるいは交流だけを目的としても受け入れてくれる寛容な環境が強く影響しよう。

・　自主夜中の人たちは、それぞれの「個性」や「人間性」を大事にしてくれる。これが私の一番の「幸運」だったと、二十年の歳月が流れた今、改めて感じている。‥小さな教室の中に「多様な

価値観」が存在していることなのではないか。これこそが、自主夜中にあって公立の小中学にはないものである（松戸市に夜間中学校をつくる市民の会2015、28-29頁）。

- 先生だからこうとか、生徒だから勉強をしなくちゃ…とか、そういうのがいっさい無く、みんなが楽しんで、遊び感覚で来ているということ。中学生だからこの勉強しなさいとか、自分にあったものをやりなさいとか、そういう強制的なところが全くなく、自分がやっておきたいところ、勉強出来なかったからここからやり直してやりたい、教わりたい、こういうのって、普通の学校じゃあ笑われもんなんだけど、ここでは当たり前のことであって、学校と名前がついているけど、学校ではないのだ（同上、113頁）。
- 年齢も国籍もバラバラな人たちが、思い思いに勉強している様子に最初のうちはあっけにとられていましたが、慣れてくると不思議とそれが心地よくなってくるのでした（同上、33頁）。
- 「勉強はしなかった」と思う。さいしょは少しはやったけど、それより私は、だれかと話す方が必要だった。週に2回、自主夜中に行くとき以外はほとんど誰とも話さなかった。自主夜中に行くときだけが、だれかと話す時間だった（同上、134頁）。

　小尾（2006）が公立夜間中学の現場が持つ意味について「集うことと語ること」として指摘したことは、そのまま自主夜間中学についても当てはまる。「過去に差別や貧困の厳しい生活体験をした人が集まることの意味は、そのような体験をした人が、自分1人ではないという安心感である。体験の共有と自分の客観化によって、今までと違う世界を切り開いていける。夜間中学に来る人が、学習を通して経験していく1つの流れは、癒し、共感、連帯である」（48頁）。
　市民が自主的につくり上げていく自主夜間中学は、学びの場とはこうあるべきだという、いわば教育の原点を発信する媒体ともなる。1980年代後半以降、公立夜間中学の開設を求めない自主夜間中学が登場し増えていくに従い、公立夜間中学を補完することとは異なる自主夜間中学の独自な意義が議論されるようになる。全国夜間中学研究大会（1987年度）で、見城慶和は以下の発言をしている。

　公立の夜中ができた時、そこで学ぶ人たちが受けるべき様々な権利は、保障されねばならない。自主夜中は限界があるわけだが、公立の夜中ができたら、いらないという性質の学校ではない。公立の夜中を益々教育要求に応えられる学校にしていくためにも、今の義務教育を、夜中や昼間の学校教育を含めて、本来の義務教育にさせていく監視役や旗印としても、全国的に公立学校を包囲する形で、市民の側から要求する本当の学校とはこうあるべきだと示す学校としてつくられねばならない（下線は筆者）。…もう一つは、市民が主体的に学びの場を作って、お互いに学びあいながら、本来学びとはこういうものだ、学ぶってことはすばらしいものだ、学びの場とはこうあるべきということを示す場として、自主夜間中学をどんどん作っていく。その姿を広げることによって、公立の歪みを照らし出し、公立の問題点を乗り越えていく（下線は筆者）。また、包囲して、今の義務教育制度を本来の方向にリードしていくぐらいの運動体化にしていく。そういう場として、貴重な存在だと思う（全国夜間中学校研究会1988、88-89頁）。

公立夜間中学および義務教育の在り方を批判的に問い直す独自な役割が自主夜間中学に強く期待されている。2016年12月に「義務教育の段階における普通教育に相当する教育の機会の確保等に関する法律」（教育機会確保法）が成立し、公立夜間中学設置の動きが進んでいる今日的な状況の中で、自主夜間中学には、新設された公立夜間中学を見守り、その在り方を批判的に捉え、そして、育てていく役割がより一層期待されると言えよう。

6　学習ニーズを顕在化する

　教育機会確保法制定以降、公立夜間中学設置を検討するためのニーズ調査が各地で行われてきた。ただし、ニーズ調査の方法もニーズ調査の結果の解釈も様々である。このような地域ごとに異なるニーズの調査の実状を踏まえ、碓井（2020）は、ニーズ調査はいかにして測られるべきかについて議論している。

　碓井は、非常に多くの人が公立夜間中学への入学ニーズを表明することとなった点で、神奈川県が実施したニーズ調査に注目して分析したが、得られた結論の1つは本稿の関心に照らして興味深い。それは、支援団体が当事者に対して懇切丁寧に公立夜間中学のことを説明していた地域で、人々の公立夜間中学への入学ニーズが、他の地域より顕在化していることが明らかとなった点である。極めて当然ともいえるが、潜在的な入学者ニーズは、公立夜間中学に対する理解が深まり、学びに対する手応えや期待を感じる中で顕在化するのである。この点を踏まえると、一般に、公立夜間中学設置を検討するためのニーズ調査よりも、いつでも、だれでも受け入れる学びの場、つまり自主夜間中学が存在していることのほうがはるかに潜在的ニーズを顕在化させると言える。

Ⅳ　自主夜間中学27団体の実態と特徴

1　運営

　学習者からの授業料の徴収の有無について、7割の団体が無償で学習の場を提供している。徴収を行っている団体の授業料（一部の団体では教材費という名称）は、1回500円（月1回活動）、1月500円（月4回活動）、1年1000円、3000円、38500円、40,000（1回千円で月4回、計40回分）円だった。38,500円の授業料を徴収して自主夜間中学を経営・運営しているのはNPO法人で、平日はすべて開講している。スタッフに交通費を支給している団体は6つあったが、報酬を払っている団体は皆無である。

　行政から「会場の提供・配慮」を受けている団体は17団体あった。続いて、「情報・意見交換（10団体）」、「補助金（10団体）」、「広報面での支援（8団体）」の順に多い。「教材面での支援」と「研修等での協力」はそれぞれ1団体であった。「特にない」と無回答は合わせて6団体、その他は「行政との協働事業運営」と「コロナ対策」であった。

　行政からの補助金を受けていたのは10団体で、6割を超える17団体には行政からの補助金はない。「会場の提供・配慮」と「補助金」を両方受け取っている団体は6団体であった。

2 学習者

　回答があった27団体の学習者の人数は581名であった。団体の学習者数は平均で23.2名。一番少ない団体で1名、一番多い団体では65名の学習者がいる。幅広い年齢層が学んでいるが、10代112名（19.3％）と70代101名（17.4％）の多さが注目される。国籍については、回答団体数24団体で552名の総数のうち、日本国籍が362人（65.6％）、外国籍が190名（34.4％）であった。調査対象も異なるため単純な比較は出来ないが、添田（2007）の調査結果を参照すると、「学習者の若年化」と「外国人学習者の増加」がみれる。

　総体としてみれば、年齢も国籍も多様な学習者が確認されるが、団体別に学習者の年齢別・国籍別構成をみると、自主夜間中学は、「日本人集中型」、「外国人集中型」、「10代集中型」、「高齢者集中型」、その他に分類される。

　外国人学習者の占める割合が全体で34.4％であるなか、外国人学習者のほうが多い団体が6つある。外国人学習者の割合は、多い順に、96.7％（学習者総数30名中外国籍学習者29名）、96.3％（以下同様、54名中52名）、93.8％（16名中15名）、93.3％（30名中28名）、88.9％（9名中8名）、78.6％（14名中11名）で、外国人学習者集中型であることが確認される。この6団体の外国人学習者143名は外国人学習者総数の75.3％を占める。一方で、学習者全員が日本人の団体は5つある。

　年齢別にみれば、10代学習者がいる団体は27団体中18団体（66.7％）、10代学習者が最も多かった団体は6つあった。その割合は高い順に、87.1％（学習者総数31名中10代学習者27名）、60.0％（以下、同様。5名中3名）、55.6％（54名中30名）、43.5％（16名中7名）、42.9％（14名中6名）であった。一方、学習者18名のうち16名が60代以上（88.9％）で高齢者の学習者が集中している団体もある。

　学習者が自主夜間中学に参加した理由（複数回答）では、多い順に、「読み書きが出来るようになるため」21、「中学校の学力を身につけたいため」18、「将来、高等学校に入学するため」16、「日本語が話せるようになるため」15、「将来、就職資格を取得するため」7、「日本の文化を理解したいため」7、「その他」8であった。その他には、「学校生活を送り直す」、「仲間を求めて」、「ゆったりとした気持ちでおしゃべりしたい」等の記述があり、学校生活の雰囲気を味わうことやコミュニケーションを楽しみにしている学習者がいることが伝わってくる。

3 スタッフ

　ここでスタッフとは、団体の活動に学習支援や事務等の形で関わっているすべての人を指す。スタッフの人数は502名であった（25団体）。スタッフの人数は10〜20人名が最も多く、平均人数は20.0名、最も少ない団体は1名、最も多い団体は79名であった。スタッフの年齢別構成では、60代（33.7％）が最も多く、次に70代（28.1％）で、60代以上のスタッフは66.1％を占める。学習支援スタッフと学習支援兼事務スタッフが9割を超えている。

　新しいスタッフを受け入れる場合の条件（複数回答）では、多い順に、「特に条件は課していないが、活動状況に問題があれば話し合いをする」20、「教員免許や資格の有無は問わないが、面接

をして判断する」6、「一定期間見学をしてもらうことを条件としている」4、その他4であった。「教員免許を持っていることを条件とする」は皆無であった。実際には、把握できたスタッフ491名のうち、教員免許を有しているスタッフは238名（48.5％）で約半数を占めた。

4 学習形態と内容

　アンケート調査では、「スローガン、運営について最も重要に考えていること」を記述式で回答してもらった。「組織的、計画的に教育を行う"学校"ではなく、学習者個々に寄り添う楽しい学び合いを目指す」、「だれでもいつからでも学べます。カリキュラムは生徒の数だけ。年齢・国籍・学力にかかわらず、一人ひとりのニーズにあわせてつくっていきます」、「ともに学び、学習者によりそう、共感を大切に。来るものは拒まず、去るものは追わず」等々。

　一番多く共有されていたのは「共（とも）に学ぶ、学びあう、共に生きる」等の「共（とも）に」というスローガンである。「誰が生徒か先生か」、「生徒が主役」にも同様な考え方が込められていると言えるが、学習者に寄り添いながら学習を応援するとともに、学習を通して自らも学んでいく姿勢が全体的に重視されている。

　このような姿勢を反映して、学習形態に関する回答では、マンツーマン形式の個別学習が多く行われていることが確認された。すなわち、マンツーマン形式の個別学習24団体、グループ学習8団体、全体講義11団体（複数回答）である。半数近くの団体（12団体）は個別（マンツーマン形式の個別学習）のみ、「個別とグループ学習の組み合わせ」と「個別と全体講義の組み合わせ」の学習形式を行っている団体はそれぞれ4団体であった。また、3つの形式を全て行っている団体は4つ、全体講義のみの団体は3つであった。

　個別学習を実施するには、学習者と同じくらいのボランティアスタッフを確保することが必要になる。この点に関し、学習者／スタッフ比（一人あたりのスタッフがどれくらいの学習者を担当していることになるのか）を団体別にみると、1を超えていた（すなわち学習者数がスタッフ数を上回っている）団体は15、超えていなかった団体は12で、超えていた団体が少し上回った。半数以上の団体でのスタッフ不足がみえる。学習者数がスタッフ数を上回っている団体の最高比は5.45で、2を超えている団体が3つあった。

　開講回数（回答25団体）は、週4回（11団体）が最も多く、週2回（6団体）が次に続く。全ての平日に開講している団体もある。その他、月1回（1団体）、月2回（2団体）、月6回（1団体）であった。1回の学習時間は1〜2時間（16団体）と2〜3時間（9団体）が多い。開講は週1回だが、開講時間は10時間という団体もある。

Ⅴ　考察

1　外国人の学び場としての意義と課題―高校進学問題を中心に

　前節での整理を通して、幅広い年齢層の600人近い学習者が学んでおり、そのうち外国人は3割を超えていたことが確認された。また、外国人学習者の方が日本人学習者より多い団体が6つ

あった。ここで改めて6団体を紹介しておこう。学習者数は2021年9月現在の数値である。川口自主夜間中学（川口市、1985年開設）では、外国人学習者28名、日本人学習者2名である。「はじめの一歩教室」（名古屋市、2020年開設）では、外国人学習者52名、日本人学習者2名である。しずおか自主夜間中学（静岡市、2021年開設）では、外国人学習者8名、日本人学習者1名である。南河内自主夜間中学（羽曳野市、1991年開設）では、外国人学習者11名、日本人学習者3名である。西和自主夜間中学（王寺町、1998年開設）では、外国人学習者29名、日本人学習者1名である。吉野自主夜間中学（大淀町、1996年開設）では、外国人学習者15名、日本人学習者1名である。この6団体の外国人学習者143名のうち、10代学習者は52名で36.7%を占めている。

外国人学習者が自主夜間中学に参加する理由（複数回答）は、「日本語が話せるようになるため」5、「将来、高等学校に入学するため」5、「読み書きが出来るようになるため」4、「中学校の学力を身に付けたいため」3、「将来、職業資格を取得するため」2、「日本の文化を理解したいため」1、その他1名（日本語能力試験）であった。当然のことながら、外国人学習者が多い自主夜間中学は、共通して外国人集住地域で活動を行っている。アンケート調査に加えて、聞き取りなどで追加の情報が得られた2団体のケースを見ておこう。

・愛知夜間中学を語る会は、2020年5月に設立され、同年8月に当会が主宰・支援する自主夜間中学「はじめの一歩教室」（以下、「はじめの一歩」）を名古屋市に開設した。週に1回土曜日の開講であるが、学習者の増加とコロナ禍での密を避けるため、2021年1月より開催時間を午前10時から午後8時までの10時間へと延長している。代表者で定時制高校教諭の笹山悦子によると、基礎学力が身についていない生徒や中退していく生徒を見る中で、学びのセーフティーネットの必要性を感じたことが活動開始の大きなきっかけとなった。

「はじめの一歩」の大きな特徴は、学習者54名のうち10代が30名（55.6%）で、かつ学習者の大半52名（96.3%）が外国籍だということである。この学習者の構成は愛知県が外国人住民および外国人児童生徒の集住地域であるという地域的特徴を反映している。「はじめの一歩」の開設は、特に外国人学齢期児童生徒と学齢超過若年層の学習ニーズを短期間で顕在化させることとなった。開始当初5名だった学習者は、主に口コミを通じて、2022年4月までに67名に増えた。そのうち63名は外国人である。また、小学生6名、中学生13名、高校生21名、専門学校生1名、就学前の幼児4名、過年度生で今後高校受験を希望する生徒3名、大人20名となっている（「2022年度総会実施概要」による）。日本語学習、高校の学習、高校受験のための学習を行う10代の外国人が多く集っている。

・奈良県北葛城郡王寺町で活動している西和自主夜間中学は、1998年5月、「西和に夜間中学をつくる会」が母体となって開設された。自主夜間中学の開設は、1992年6月に「外国人労働者奈良保証人バンク」が設立されたことにルーツがある。バンクの設立に関わった山本直子（当時、斑鳩町議員、現在、西和に夜間中学をつくる会事務局長）によれば、当時、斑鳩町には最大手の人材派遣会社があり、300人位の外国人労働者が雇用されていた。多くは、ブラジル・ペルー・ボリビアといった南米系の日系人であった。労働者のほとんどはカトリックの人たちで教会のミサに通っていたが、劣悪な労働環境や突然の解雇などの困りごとが広く知られるようになった。そこで山本は仲間

と共に彼らの生活を援助するため「外国人労働者　奈良保証人バンク」を設立した。このバンク
は、およそ人が生まれてから死ぬまでのありとあらゆる相談事への関与、在留資格等にからむ入管
対応と手続きへのサポート、手続き時に必要とされる身元保証人を無償で引き受けることを主な活
動とした。この活動を通じて、増え続ける外国人労働者とその家族の生活のための日本語支援が
大きな課題と認識されるようになり、このことが自主夜間中学に携わるきっかけとなった。2021年9月
現在の西和自主夜間中学での学習者は30名で、29名が外国人である。年齢別構成は、10代6名、
20代2名、30代19名、40代3名である。

　外国人学習者が自主夜間中学に参加する理由や年齢別構成を踏まえると、外国人学習者の
学習は、主に大人が生活言語を学ぶための日本語学習と学齢超過の若年層が高校受検を目指
す教科の学習およびそれと関連した日本語学習に大別されると思われる。本調査結果からは、学
習者の年齢別・国籍別内訳の正確な情報は得られなかったが、「学習者の若年化」と「外国人学
習者の増加」傾向が確認された。また、2020年国勢調査では、若年層の外国人における義務教
育未修了者の多さが明らかとなっている。日本人・外国人別に最終学歴が小学校卒業の者のなか
の15～29歳までの若年層の占める割合を見ると、日本人若年層784,536名のうち1,271人で割
合は0.1%であるのに対し、外国人若年層は19,731名のうち1,538名で7.8%を占めている。また、未
就学者については、日本人若年層は85,414名のうち4,934人で5.8%であるのに対し、外国人若年
層は9,024名のうち2,179名で24.1%を占める。いずれも外国人若年層の割合が圧倒的に高い。以
上を踏まえると、自主夜間中学の学習者のなかで、高校進学を目指す学齢超過の外国人若年層
が増えており、今後さらなる増加が予想される。

　自主夜間中学が外国人の大人にも子どもにも貴重な学びの場を提供していることは明らかであ
るが、上記の傾向は、自主夜間中学に対してかなり難しい課題を突き付けることになると思われる。
行政から全面的な支援を受けて運営しているあるいはNPO法人として運営している自主夜間中
学を別とすれば、自主夜間中学の開講回数と学習時間は限られる。週に1～2回開講しているとこ
ろが多く、学習時間では2時間程度が多い。公立夜間中学への助走としての役割、学習の進捗状
況に合わせじっくり、ゆっくり学べる等の独自な意義を踏まえれば、開講回数の多少や学習時間の
長短で自主夜間中学の学習効果を簡単に判断することはできない。しかし、じっくり、ゆっくり学べる
利点とは対照的に、高校進学希望者のような期間限定で明確な目標を有する学習者にはどこまで
効果的な学習が可能なのかが問われよう。

　学齢超過の外国人若年層は日本の公的教育機関から事実上排除されてきた人たちである。文
部科学省は、外国又は日本において義務教育を終了しないまま学齢を超えた者については、「各
教育委員会の判断により、本人の学習歴や希望等を踏まえつつ、学校の収容能力や他の学齢生
徒との関係等必要な配慮をしたうえで、公立の中学校での受け入れが可能であること、また、夜間
中学を設置している自治体においては、夜間中学への入学が可能であることを案内すること」とい
う通知を各都道府県関係者に通知している（文部科学省「外国人の子供の就学の促進及び就
学状況の把握について」2019年3月）。しかし、学齢超過者の中学校への入学は各教育委員会
の判断で事実上閉ざされている。また、現実的に唯一受け入れ可能な公立夜間中学は首都圏や

近畿圏などに限定されている。この様な状況を踏まえ、関本は、高校進学を希望する学齢超過の外国人義務教育未修了者にとって、日本の義務教育保障制度が極めて未整備だと指摘している（関本2109）。一方、外国での9年の学校教育歴を終了していれば、日本の高校受検資格はある。しかし、日本の中学校に在籍しておらず中学校教科の勉強をしていない学齢超過外国人の高校進学の壁は極めて高いと言わざるを得ない。義務教育課程を終了していることと公立夜間中学の数の少なさゆえに、かれらが公立夜間中学に入学することは難しい現実がある。

　高校進学を目指す学齢超過の外国人若年層にとって、自主夜間中学はほとんど唯一の学びの場となってきた。かれらへ寄り添う支援は、教科学習や日本語学習にとどまらず、出願書類の準備なども必要とする。通常の学習活動だけでは対応が難しいため、補習的なサポートや他の公的・民間教育機関との連携を必要としよう。

2　学習の形態と内容

　学習形態は、個別学習、グループ学習、全体講義（一斉授業）からなる。どれを重視し選択するかは、それぞれの学習形態の目的や意味づけ、学習者のニーズ、学習者の学力と日本語力、学習者の数とスタッフの数等によって規定されよう。27団体中24団体が個別学習を取り入れていた。一般的には、多様な学習者一人ひとりの学習ニーズに寄り添い支援するためには個別学習という形態が最も適していると思われるが、個別学習の問題性や限界性にも注意を払っていくことも必要である。

　17年間公立夜間中学で仕事をし、その経験を「理論と実践」の視点から振り返り、成人基礎学習への提言を行った小尾によると、成人の学びは指導者が教育するというより学習者が主体となるので、学習の表現が適当であり、学習に関わるものは成人に対して教育をするというよりも、成人の学習に協力することになる。そこでは、「伝えること」よりも「引き出す」ことが大事となる。この点は、公立夜間中学での学びと重なる点が多い。小尾は個別学習について以下の指摘をしている。「夜間中学ではしばしばこの学習（個別学習のこと）の形が良いように論じられる。‥この学習者では情報の流れは、指導者から参加者へと一方的ではなく、参加者からの情報もなくては学習が成立しない。しかしこの形にしても2人の間でのやり取りに終わり、情報源としては十分ではない。学習内容にしても指導者が決める主導権を握っているのは、一斉学習と変わりはない。この2つ（個別学習と一斉学習のこと）については、指導者の存在が大きく、指導者と参加者が対等になりにくい学習の形である」（小尾2006、46頁）。そして、小尾は、単なる情報交換ではなく、新しいものが考え出される可能性を常に持つ学習として、指導者の存在が大きくない「相互学習」の意義を強調している。この指摘から、マンツーマン形式の個別学習は、ともすると、スタッフが主導権を握って「伝える」ことを軸とする指導になってしまうことに注意するべきであろう。学習者が主体であり協力の軸は「引き出すこと」であることを理解し実現しようとするスタッフの資質向上と個別学習の成果と課題を組織的に検証していくことが問われよう。

　見城は、夜間中学の魅力として、年齢、国籍、職業が多様、少人数で家族的、学校に来るだけで国際交流が出来ることを挙げているが、この3点は公立・自主を問わず、夜間中学が様々な人が自

然と触れ合い交流できる場であることを意味している。この多文化共生社会的な特徴を活かす学習は、個別学習よりむしろグループ学習や全体講義において実現されるかもしれない。

釧路自主夜間中学「くるかい」は、個別、グループ、全体の組み合わせで活動を行っている。グループでは、国語上級者クラス的な学習者による学習で、文学作品の論読、鑑賞や天声人語などの論評の解説など、テーマを変えながらフリートーク、漢字、語句解説などを実施、全体講義では、年に1,2回程度、外部講師を招いての専門的な分野の講演を行う。スタッフや学習者が講師となる場合もある。通常の学習活動を離れ、社会的な見識を広める機会としている。

仙台自主夜間中学もまた個別、グループ、全体を組み合わせている。グループでは、国語、算数・数学、英語各2グループを構成し、いずれも手作り教材で、小学校から中学1年程度までの基本的入門的な学習を行う。全体講義では、毎回の学習活動の最初の時間に一斉授業で国語「言葉の時間」のワンポイント学習を手作り教材を用いて行う。

城南中学校「夜間学級」は1時間目個別学習で学習者各自の課題学習を支援し、2時間目で全体講義を行っている。全体講義は、スタッフが交代で中学校の全教科の授業をし、その日に参加した別のスタッフも学習者と一緒に授業を受ける。

個別学習は学習者一人ひとりの希望、学力、日本語力などを考慮し、学習者に適した教材を準備して実施される点で共通性を有する。グループ学習と全体講義の目的や方法は団体間で大きく異なっていよう。この点、各団体の取り組みの情報が共有され、相互に活性化されることが望まれる。

おわりに

学習者と同様に、ボランティアスタッフも「誰でも、いつからでも、いつまでも」参加できる、逆に言えば、いつでも辞めることも出来るのが自主夜間中学である。自主夜間中学の大きな課題は、学習者にとって魅力ある学校とスタッフにとって魅力ある組織をつくり育てていくことにある。

一般に、組織は、一定の共通目標を達成するために、何らかの手段によって成員間の役割や機能が分化・統合されている集団をさす。組織が大きくなるにつれて、組織は機能や目的に従って何らかの構造を持つようになる。自主夜間中学は、役割や機能の分化・統合および構造の観点からみて、「緩い」組織である。やや乱暴に言えば、自主夜間中学は「学習者のために」という想いだけを共有する、価値観も考え方も異なる人々の緩い集まりによって成立している。いわば、自主夜間中学の実践は、「組織らしくない組織による学校らしくない学校」づくりと捉えることが出来る。

この実践は、本質的に難問である。多様な人々が集う「共生社会」は、現実的には必ず諸個人間のシビアな摩擦や葛藤を伴うものとなるだろう。であれば、それらの摩擦や葛藤をどのように未然に食い止めるのか。この危うさゆえに、だからこそ共生しなければ先は無いというのが自主夜間中学の実情といえるかもしれない。

また、多様な力を活かし、「市民の側から要求する本当の学校とはこうあるべきだと示す学校づくり」の課題も容易ではない。このようなチャレンジングな取り組みには、時に大胆な発想やビジョンが必要になろう。一方で、多様な人々の声に出来るだけ耳を傾けようとすれば、発想やビジョンは、誰

もが一定程度納得するものにはなるが、無難で凡庸なものになりかねない。以上のような問題関心に基づく自主夜間中学の組織論的研究は、今後の1つの大きなテーマになると思われる。

参考文献

・浅野慎一（2012）「ミネルヴァの梟たち─夜間中学生の生活と人間発達」『神戸大学大学院人間発達環境学研究科研究紀要』第6巻、125-145頁。
福島に公立夜間中学をつくる会10周年記念誌編集委員会（2021）『生徒が主役』。
北海道自主夜間中学校交流会実行委員会／札幌遠友塾自主夜間中学（2021）『2020年度　札幌遠友塾自主夜間中学30周年記念　記録集』。
・細谷巧（2014）『具体と抽象』dZERO。
・岩井好子編（1977）『うどん学校』盛書房。
・『生きる　闘う　学ぶ』編集委員会編（2019）『生きる　闘う　学ぶ　関西夜間中学運動50年』解放出版社。
・城南中学校「夜間学級」（2018）『創立20周年記念文集　살람』。
・工藤慶一（2021）「札幌遠友塾自主夜間中学30年の歩みと2022年札幌市立夜間中学の開校」田巻松雄研究代表者『公立・自主夜間中学の社会的意義と課題を考える』宇都宮大学、3-13頁。
・小島祥美（2020）「愛知県における公立夜間中学の必要性に関する考察─学齢を超過した外国人青少年に向けた学び直し支援の充実化の視点から」『基礎教育保障学研究』第4号、54-68頁。
・小尾二郎（2006）『夜間中学の理論と実践　成人基礎学習への提言』明石書店。
・松戸市に夜間中学校をつくる市民の会編（2015）『新たな出発の今　松戸自主夜間中学校の30年』。
・野川義秋（2016）「夜間中学の誕生と移り変わり」埼玉に夜間中学をつくる／川口自主夜間中学三十周年誌刊行委員会編（2016）『月明かりの学舎から　川口自主夜間中学と設立運動三十年の歩み』176-199頁。
・奈良県夜間中学連絡協議会（2011）『奈良の夜間中学とは～奈夜中協20年の記録～』。
・大多和雅絵（2017）「『戦後夜間中学校の歴史　学齢超過者の教育を受ける権利をめぐって』六花出版。
・西和に夜間中学をつくる会事務局（2008）『ただいま勉強中　西和自主夜間中学10周年記念誌』
・西和に夜間中学をつくる会事務局（2018）『ただいま勉強中　西和自主夜間中学20周年記念誌』
・関本保孝（2019）「新渡日外国人子どもの教育困難と貧困化」『貧困研究』Vo.23,85-93頁。

- 仙台に夜間中学をつくり育てる会（2020）『仙台自主夜間中学　開講5年間の歩みと記念講演会報告書』
- 添田祥史（2006）「夜間中学の官民協働運営の可能性—北九州市における「官民タッグ」方式の可能性」『九州教育学会研究紀要』第34巻、249-256頁。
- 添田祥史（2007）「自主夜間中学の活動と展望」『ボランティア学研究』第8巻、165-180頁。
- 高橋うらら（2022）『夜間中学で学ぶ喜びを求めつづけた世界一幸せな先生』新日本出版社
- 田巻松雄・服部花菜（2022）「自主夜間中学の活動実態—歴史的変遷の整理とアンケート調査結果より—」『夜間中学と定時制高校—現状を知り、多様な学びの場の可能性を考えよう』（研究代表者　田巻松雄）宇都宮大学、1-19頁。
- 田巻松雄（2022）「自主夜間中学の今日的意義と課題についての予備的考察」『基礎教育保障学研究』第6号、176-192頁。
- 米田哲夫（2019）「奈良の夜間中学運動」『生きる　闘う　学ぶ　関西夜間中学運動50年』191-206頁。
- 礒井健寛（2020）「夜間中学のニーズはいかにして測られるべきか—神奈川県ニーズ調査を事例として—」『基礎教育保障学会研究』第4号、107-121頁。
- 全国夜間中学校研究会（1988）『1987年度　第33回　全国夜間中学校研究大会大会記録誌』。
- 全国夜間中学校研究会（2021）「関係諸グループ一覧」『2020年度　第66回　全国夜間中学校研究大会　大会発表誌』127-129頁。

第6章

移民の子どもに求められる多様な学びの場
―ペルー人移民団体を事例に―

小波津　ホセ

はじめに

　筆者は、1990年代に出稼ぎ労働者の子ども[※1]として日本の公立小学校に編入して、その後中学校と県立高校を経て日本で学位を修得した。出稼ぎ労働者の子どもとしてこの進路形成が重宝される場合もあるが、進路形成過程を回顧して本章に関連する指摘を2つ提示して本題に入りたい。

　まず、日本で教育を受けるにあたり当時の筆者家族には選択肢も選択する権利もなかったとふりかえる。日本の義務教育が当然視され、ペルーの教育課程の選択、母語等の文化的背景を維持・習得する選択肢はなかった。当時の時代背景、居住していた地域特性も消極的に作用した上、学校関係者も日本の公教育以外の選択肢を提示できなかったであろう。これを回顧すると、日本の義務教育以外の選択肢がなかったことの問題性は大きく、この規定路線から外れていたら異なった人生を歩んでいた。2つ目は、ペルーで獲得した人的資本（言語・文化等）の喪失段階でも支援がなく、逆に学校生活への適応が進んでいると評価され人的資本喪失の問題は不可視化にされた。その結果、家庭での親子間の葛藤、親子間の意志疎通の問題や親子の役割逆転等を招いたが学校生活で表面化しなかった。そのため他者にとって筆者は普通の子どもであったが家庭内と心理的な問題を抱えて生活していた。

　筆者は、周囲の支援や自助努力等によって結果的に理想とされる進路形成を歩むことが出来たが問題が全くなかったわけでもなく、支援も得られなかった。選択できる学びの場の示唆も得られず問題を隠しながら成長したともいえる。これは約30年前の話だが、果たして現在はどうであろうか。本章では、まず移民の子どもが抱える問題にふれる。それから、かれらの問題改善のために設立された多様な学びの場を紹介し、その問題の所在について議論する。そして、多様な学びの場の提案として日本では注目されない移民団体とその事例を紹介して本章をまとめる。筆者は、元当事者、支援者そして移民団体に関わる立場で移民団体の重要性について認識している。移民団体には一般的な支援活動とは異なった体制と実践がみられるため今後の1つの指針になるのではないだろうか。

I　多様な学びの場―進歩か排除か

　多様な学びの場といえる空間や活動は昔から存在しながらも注目を集めるようになったのは2016年12月に「義務教育の段階における普通教育に相当する教育の機会の確保等に関する法

律（以下、教育機会確保法）」が公布されてからであろう。教育機会確保法の実現以降、公立夜間中学校等の各種整備が進められているが、同法は日本語教育推進法[*2]と比較して移民への支援が明確に記載されているわけではない。「教育機会の確保」と謳ってはいるが移民への配慮が欠落した法律[*3]となっている。

教育機会確保法によって義務教育以外の認可・無認可の教育を受ける機会の増加は、解決策であるよりも日本社会の問題点を逆に示唆しているのではないだろうか。例えば、田中（2017）は教育機会確保法によるフリースクールの制度化は障害者運動が主張してきた「普通学級」へのインクルージョンに反して「分離・別学体制」を強化すると関係者への聞取りからまとめている。普通学級で実践されてきた能力主義・管理主義を反省・改善することなく、普通学級に入れない（入らない）人を正当に排除しようとしている。また、教育機会確保法が整備され促進していけば選択肢としてある教育が公教育として位置付けられる可能性もある。そうなれば介入・管理が進み選択肢としてある教育の設立理念との葛藤が生じ、他国同様にメインストリーム化への進行が危惧されると永田（2005）や加藤（2018）は分析している。

教育機会確保法は、長年の制度化をめぐる運動として日本社会の少数派である不登校児童生徒に焦点をあてた意味では進歩であろう。しかし、移民の子ども等にとっては進歩とはいいがたい。それは、移民の子どもの教育に対応できないでいる公教育に選択肢を与えることによって、普通学級から移民の子どもを正当に排除できる帰結を生む可能性を秘めている。また、普通学級から排除されているにもかかわらず同法の下で管理されることで正当な教育を受けていると誤解を招きかねないことにも今後は注意を払うべきであろう。

Ⅱ　移民の子どもが抱える問題と多様な学びの場

1　移民の子どもが抱える問題

移民の子どもは「進学が困難/をしない」「勉強しない/できない」「素行が悪い」「○○人の子どもは…」等の言説、固定観念が1990年代から2000年代にかけて取り沙汰されてきた。かれらの教育を受ける権利は日本の国内法にはなく、日本が批准している国際条約の「児童の権利に関する条約」「人種差別撤廃条約」「持続可能な開発目標の教育」が根拠とされてきた。日本の国内法が不整備であるにもかかわらず、移民の子どもに問題があると言及されることも少なくなかった。近年、その視点は変化してきている。

移民の子どもの不就学問題を再考した山野上（2019）は、不就学と子どもの貧困問題を関連させながら不安定就学[*4]の子どもとその家族がおかれている状況への理解を求めている。不安定就学である対象者への支援は学校では限界があり地域をふまえた学校外の支援の重要性を指摘している。また、移民の子どもの教育格差に着目した清水（2021）は、戦後からの「能力」の定義の変遷を分析して、移民の子どもが教育を受ける権利は「日本語能力に応じて」保障されるとしている[*5]。そのためかれらの母語または継承語が軽視され、日本語能力次第では「発達障害」とみなされる事例を紹介している。教育選抜の規範がペアレントクラシー[*6]へと変遷傾向にある中で、移民

の子どもは親の財産という資源では不利な立場にあるとし、教育において個人または家族単位では解決できない困難な状況を示唆している。

　一方、榎井（2013）は社会から認識されない子どもを「気になる子どもたち」と定義している。社会的観念が変化しないと生活しやすい環境にならない在留資格のない子ども、親の安定した在留資格がないため10代後半で来日して日本の生活に葛藤する青少年、日本人と移民の間に生まれ日本国籍であるが抱えている問題が可視化されない子どもを紹介して、多様化する移民の子どもとその問題を描いている。そして、原（2021）は身体的、精神的、物質的・経済的、言語的・行政的ケアの担い手であるヤングケアラーな移民の子どもを取りあげている。親の経済的社会的不利益を指摘しながらも日本社会の責任にも言及している。北野ら（2019）は児童福祉の観点から移民の子どもの若年出産や親からの児童虐待等に焦点をあてている。虐待事例は全国に散見しており、虐待死の背景には不法滞在や不就学、父親不在、貧困等の深刻な日常生活が存在すると述べている。日本の行政サービスの言語対応の問題点に触れながら移民家庭の児童福祉の相談には個別の事情に応じた臨機応変な対応が必要であると強調している。

　これらの問題は、突如表面化したわけではなく昔から存在したが日本社会からは認識されてこなかった。実際、筆者の日本での義務教育期間を回顧すると既に述べた問題がいくつか該当するが、無支援状態だった。このような状況はどこが中心となって支援すべきなのか。教育の現場では「たらいまわし」「責任転嫁」を経験・目撃することも少なくない。山野上（2019）の見解は「学校では限界」があり地域が重要な役割を果たすことが期待されるのが現状であると指摘する。では、地域ではどのような活動が実践されてきたのか。

2　受け皿としての多様な学びの場

　従来の多様な学びの場は、オルタナティブな教育（学び舎等）の認識として日本人の不登校児童生徒を対象にされ多くの調査が実施・発表[7]されてきたが、移民の子どもに対する記述はほとんどみられない。森田（2015）は、「特別なニーズ」として夜間中学校と同様にブラジル学校に触れているが紹介程度にとどまっている。多様な学びの場は公教育の補完として期待されるが、移民の子どもにとって機能しているだろうか。かれらにとってどのような受け皿が必要で、その意義を見出す議論がされないまま現在まで時間が経過している。また、多様な学びの場という曖昧な概念な故に「何でもあり」とされるが、必要とされる支援を見極めなければ移民の子どもが抱える問題の本質は把握できない。

　坪谷（2005）は、移民の子どものための地域活動として「日本語指導型」「教科学習補習サポート型」「進学サポート型」「居場所づくり型」「不就学者サポート型」「母語教育型」の6つに分類している。他にも多様な学びの場として認識できる活動は多く報告されている（矢野2006、福田2007、矢野2007、山野上・林嵜2007、野中2009、塚原2010、額賀2014、安本2014、タンティ2017、小島2021、田中2021、拝野2021、金南2022、原2022等）。これらの事例は、日本人が運営責任者であること、多様な国籍の移民の子どもが対象であること、そして行政または公共施設を中心に活動が実施されていることが主な共通項である。活動の創設背景は、当事者（または親）の日本社

会（国際化協会や教会等）への要望、日本人支援者の問題意識（地域での活動が契機等）、当事者の問題意識（母語継承活動等）、既存の活動の枠組みを移民の子ども仕様に拡大する形態（NPO法人等）がみられる。抱えている問題点も活動の継続性、資金調達や社会情勢の影響等と類似する傾向にある。

実施されている活動の多くは、教育関連への関心が高く、学習・進学支援、母語・文化継承を重要視する特徴がみられる。学校の補完的な活動と考えれば当然でそのような活動に疑問を呈することはほとんどされてこなかった。また、移民の子どもの研究が教育社会学の影響を受け学校や教育の重要性に焦点があてられていること、多くの支援者が移民の子どもにとって高校進学・高等教育進学が成功であり、理想の進路形成だと規定していることも影響しているといえる。一方、移民の集住地域を中心に活動が活発であるが、散在地域でも小規模ながら活動は拡大しており1990年代とは異なる社会基盤になっている。

3　移民の子どもの多様な学びの場の問題点

移民の子どもを支援する活動は実施形態・期間等に関係なく重要であることに異論はないが、かれらが抱える問題は「勉強する」ことだけに留まらず、複雑な要因（家族、経済状況、能力等）が水面下にある。問題が勉強だけなら経済的な支援を基本に日本語学校や学習塾の専門性を利用すれば解決できることの方が多いであろう。では、地域の多様な学びの場の活動の何が問題なのか。2つの問題点について言及する。

まず、移民の子どもの本質的な問題に気付かない、または対応できないという問題である。一般的に移民の子どもを支援する活動は、「日本語指導」「学習支援」「進学支援」等と分類する/される傾向が強く、専門性に特化した活動を実施している。勉強のみに問題を抱える移民の子どもにとっては重要であり、多くの場合には学校で得られない細かい支援を提供することで移民の子どもの指針になっている。しかし、地域に支援を求める、または公教育から排除される移民の子どもは勉強のみに問題があることの方が少ない。そのため、地域の学習支援教室等に参加しても勉強できない/しないという態度[8]から正当な支援を受けられないこともある。「ここは勉強する場所」「勉強しないなら帰って」が学習支援教室から移民の子どもを排除する象徴的なフレーズであろう。「教室」であれば「勉強する」という論理が支援者に芽生えるのは当然であり、その空間の規範でもある。しかし、「一緒に勉強しようよ」「（勉強で）困ったことがあったらいってね」と紹介された場所は、移民の子どもにとって必ずしもその空間を「教室」と規定できず、違った支援を求める場合もあるであろう。また、移民の子どもにとって心を開きやすい空間になっていないことも考えられる。教室という規範が前提であれば相談する、雑談から警報を感じとること自体が困難である場合もあると考えられる。そのような環境で支援者と移民の子どもの思いがすれ違い大きな問題が発生すれば支援者は「知らなかった」「相談してくれれば…」と後悔し、問題の本質に気づく。

2つ目は、移民の子どもを支援する活動が「居場所」や「多文化共生」という概念がつきまとい問題の本質を見えにくくしている可能性という問題である[9]。「居場所[10]」を例にあげる。移民の子どもにとっての居場所は明確な定義があるわけではなく、研究蓄積も多くはない。それでも居場

所が誕生する背景には、額賀（2014）も指摘するように移民の子どもが抱える問題は多数派の日本人の子どもとは異なり、不安定な法的立場、文化の齟齬、度重なる移動、受入社会からの排除等の構造上の問題が常に付きまとうからであろう。居場所は、今まで日本人に焦点があてられ矢野（2006:2007）はその点を批判的[11]に捉えつつ、移民の子どもの居場所の条件[12]を提示している。しかし、移民の子どもの居場所への問題意識が発展しているわけではなく、活動する中で後付けとして「居場所」と定義する、または自然発生的に「居場所」となる傾向がある。

　移民の子どもを支援する活動で居場所と定義される要因は2つ考察できる。まず、同様または類似する問題を抱える子どもが同じ国籍同士またはエスニック集団を超えて母語または日本語を介して居場所という空間を形成する。もう1つは、活動に参加する大人（主に日本人）が親身になって支援する、子どもの問題に耳を傾けることで移民の子どもにとって居場所が形成される。前者は年齢や国籍等は関係なく仲間意識が基準とされ、後者は精神的に安心をもたらす重要人物の存在が居場所とされる。移民の子どもは、類似する問題を経験した者、または自分の状況を理解してくれる人から（精神的な）居場所となる空間を求めている。しかし、そのような空間はそれを目的に創設されていないことの方が多い。例えば、日本語指導の枠組みの中で居場所は2次効果であり、その空間を支配する規範は日本語の勉強である。居場所の効果は、休憩時間・日本語の勉強の後になることが暗黙の了解であるため居場所を求めて勉強が終わる頃にやってくる移民の子どもがいても不思議ではない。また、勉強する移民の子どもの傍らでずっとおしゃべりをしている子どもを放置[13]している場合もあるであろう。居場所は1つの成果、理想として語られるが主活動の副産物として誕生する傾向にあるため居場所がどのような背景で形成され、機能しているかを慎重に分析・対応されるべきである。

　本項で挙げた2つの問題点は、各活動の本質に疑問を呈する内容である。移民の子どもに求められる多様な学びの場は、日本語学習や学習支援等の学びだけではないことを改めて強調したい。地域で支援されるべき移民の子どもは複雑な問題を抱えており、それらを考慮した支援を必要としている。本節で触れた多くの活動は一定の成果を収めているが、移民の子どもに迫る支援方法は他にもあるのか。額賀（2014）は想像上のホーム、オンラインの居場所、エスニック団体等の活動に目を向ける重要性を指摘しており、本章ではエスニック団体（本章では移民団体）について言及する。

Ⅲ　移民団体と日本ペルー共生協会

1　移民団体とは

　移民団体[14]（Inmigrant Organization/Association）は、移民1世によって設立された団体を指し（Caselli 2012、Moya 2005、Schrover and Vermeulen 2005、Vermeulen 2005）、母国と受入国間の紐帯の提供、移民集団の受入社会への適応支援、統合支援、移民集団と母国の紐帯構築という機能（Oner2104）が期待される。そのため、移民団体は自然発生するわけではなく、何らかの目的をもって設立される。Moya（2005）は、受入社会と移民集団間の関係性と移民

集団の受入社会への要望から移民団体を相互信用組合（Rotating Credit Associations）、共済協会（Mutual Aid Societies）、宗教団体（Religious Associations）、同郷団体（Hometown Associations）、政治団体（Political Groups）等に分類している。また、移民団体は社会関係資本（Keen1999、Ryanら2015）、コミュニティ資本（D'Angelo2005）の形成・活用が指摘されており、受入社会で獲得しにくい資本の提供を示唆[15]している。

残念ながら日本では移民団体の研究は進んでおらず在日韓国・朝鮮関連団体の当事者研究が散見する（尹2015、在日韓青年商工人連合会1997、在日本大韓民国民団神奈川県地方本部2006）。これらの団体に関する研究が進まなかった背景には、政治的な圧力の存在、日本社会科学の民族問題への意識の低さ等が要因として挙げられている（福岡・金1997）。在日韓国・朝鮮関連団体の機能は民族教育、日本社会から排除される際の受け皿、社会運動の基盤、アイデンティティ育成等であるとされている。他の移民集団では華僑団体（伊藤2018）、ベトナム人団体（戸田2001）やパキスタン人団体（福田2007）等があるが移民団体の認識は高くはないのが現状である。

多様な学びの場として移民団体は機能するのか。日本社会では活動実践が多くはないため断言できない部分もあるが、小波津（2020）の栃木県のペルー人任意団体の事例を紹介する。同任意団体は、出稼ぎ労働者として来日したペルー人によって2012年に設立された。継承スペイン語教育実践が目的であり多様な学びの場として機能しているが、活動の継続によって他の効果ももたらしている。親の情報交換の場、交流の場（ペルー人同士または日本人）、任意団体の活動外での交流の起点、親（主に母親）と支援者で子どもの指導・教育を通して子どものアイデンティティ生成への貢献が派生的な効果としてあげられる。同地域にはペルー人が運営するスポーツ団体やイベント会場もあり、同任意団体に留まらない紐帯をペルー人は獲得できる。これは、同地域で生活するペルー人家族の親子間の葛藤、親子の意志疎通の困難さや親子の役割逆転を防ぐ可能性が高いと考えられる。移民団体としての同任意団体の活動は、親の母語であることも親の参加を促進するだけではなく、家族に安心感をもたらしており、多様な学びの場以上の成果をもたらしている。

2　日本ペルー共生協会とは

日本ペルー共生協会（略称アハペ・AJAPE）は、2006年に東京都より特定非営利活動法人の認証を受けた団体である。1994年に起源を持ち、1999年に前進となる任意団体（当時の略称アペハ・APEJA）が設立された。在京ペルー総領事館領事の呼びかけにより初代会長[16]が日本にいるペルー人の生活改善および日本社会との文化交流を設立の意図とした。その背景には、当時の日本にいるペルー人の違法行為や問題行為等によってペルー人に対する不信感や失望感が高まっていた[17]社会文脈がある。

任意団体として活動を始めた現アハペは、初代会長の専門性を活用して医療講演会や教育支援も実施するようになり、日本人も会員として参加するようになった。2002年から東京都町田市に活動の拠点を確立させて公共施設で補習教室、スペイン語教室、教育相談や教育フォーラム等を

始めた。2006年に東京都の法人格を取得後は、活動地域を拡大して2008年から神奈川県大和市でも活動を始め、現在でも主な活動地域となっている。2009年末には「虹の架け橋教室」に採択、2011年度には「大和市プレスクールにほんごひろば」を大和市と協働で始めた[18]。大和市で活動が拡大する中で支部創設が理事会で議決され、2017年3月に特定非営利活動法人日本ペルー共生協会神奈川（略称アハペ神奈川）が誕生する。その後現在まで、町田市と大和市で継続して助成を受けた事業や自主事業を実施している。

　「この法人は…（省略）…我国に滞在するペルー及びラテンアメリカ出身者が日常生活を営むうえで、彼等のアイデンティティを守りつつ我国の秩序・ルールに従って日本人と平穏に共存することができるようにして、国籍を問わない真に友好的で豊かな共生社会の実現に寄与することを目的とする。」（団体定款第3条より抜粋）

　NPO法人設立にあたってアハペは上記の目標を掲げた。アハペは、団体の活動を通してスペイン語圏等の支援に取り組み、日本社会に輩出しても恥ずかしくない人材育成を目指している。そして、育成した人材を通して友好的で豊かな共生社会をも目指しており、そのために定款には次の事業を掲げている。入学・進学に関する事業、学業成績に関する事業、アイデンティティに関する事業、共生のための事業、ペルー及びラテンアメリカ理解に関する普及啓発活動、日本とペルー・ラテンアメリカとの共生を目的とする団体との情報交換およびネットワーク事業、調査・研究活動、その他目的を達成するために必要な事業である。

　設立後、23年が経過した移民団体であるアハペを簡単にまとめる。団体形態としてはペルー人が役員の半数以上を占めており、現在の3代目会長もペルー人である。設立会員は留学生、出稼ぎ者であり移民団体という位置づけとなるが、母国との紐帯よりも日本社会への統合支援を促す機能を果たしている。時代別に区分すると、設立当初から2008年頃までは医療・教育分野での統合促進と文化・芸術継承の文化交差型（加賀美ほか2016）、2008年から2019年までは教育分野中心の統合促進、2019年から現在までは教育分野の統合促進とエスニシティ分野での次世代育成が挙げられる。団体の人的資本は、役員がペルー人であること、教育・文化芸術・スポーツ関連事業にはペルー人の専門家等をコミュニティから招聘すること、女性・若者の高い参加率、そして重要な局面[19]における日本人支援者の存在である。日本人支援者は、ペルーまたはペルー人への理解や感謝を持っている人が多く継続的に関わることが多い。

Ⅳ　日本ペルー共生協会の事例

　本節で紹介する内容は、団体名を明確にしているため人物が特定されないように活動時期・場所は明記せず、登場する人物もアルファベットで記載して性別・年齢を不明確にする。また、紹介する実践は全てが希望通りに機能した/してるわけではなく、改善点も抱えていることを予め断っておく。

1　アハペが支援する対象者と支援体制

　アハペは、ペルー人の移民団体であるため自然とペルー人を中心に支援を実施してきた。スペイン語を介することから、アルゼンチン、ボリビア等のスペイン語圏の人も受け入れており、言語が異なるブラジルやアジア圏等の人を支援する場合もあるが少数派である。教育関連支援がアハペの1つの魅力であるが、関わっている移民の子どもは「Ⅱ-1」にふれた問題を抱えている場合が多い。親が一人不在、経済的な問題、自傷行為、不登校、児童虐待を受けている可能性、精神カウンセラーを利用する事例、査証問題や生活保護受給等に該当する家庭が活動に参加する可能性があり親または子どもの状況に常に注視している。

　既述しているようにアハペは設立当初から統合促進を教育関連等の事業を中心に実施してきた。背景には、他の団体同様に自他ともに要求される1つの支援内容であるだけではなく、定款でも定められており同胞を育成することで日本社会への貢献を目指しているからである。では、アハペの支援体制の特徴を3つあげる。

　まず、教育関連事業と心理カウンセラーを関連付けている点である。もちろん、活動に関わる移民の子ども全員に心理カウンセラーが必要であるわけではなく、必要と判断されれば心理カウンセラーへと依頼する。心理カウンセラーはスペイン語が母語であるため移民の子どもだけではなく、親も対象となり得る。2点目が、元移民の子どもをアハペの活動に積極的に勧誘・参加してもらうことである。かれらは、アハペで成長した者、またはアハペを知らずに育ったがアハペの活動に賛同して「先輩」という役割で支援者となっている。かれらに期待されるのはロールモデルよりも先輩としての経験と成長過程が類似する境遇から移民の子どもの問題をいち早く察知することである。先輩集団は日本人支援者では把握・理解が難しいことを補完する重要な役割があり、支援している子どもを通して改めて自分が成長した環境やアイデンティティ等の問題を客観的に考える契機にもなる。余談だが、先輩であるかれらも問題を抱えていないわけではない。家庭内の問題、経済的な問題を成長しても抱えている場合も多く、かれらは支援者でありながら、被支援者でもありアハペで支援方法を模索しながらかれらを支えている。そして、3点目が支援者としての移民第1世代（出稼ぎ労働者集団）である。この集団は被支援者であることが付与され、当然視されてきた。かれらは経済的に困難な状況である場合が多いことは否めないが、母国から持ち込んだ人的資本がないわけではない。移民第1世の労働環境上、人的資本が求められることはほとんどないがコミュニティ内で有用出来る側面が大きい。既に取りあげた心理カウンセラーもそうだが、他には団体・企業運営経験者、スペイン語教師、民族舞踊やスポーツの講師、料理指導ができる人、コミュニティ内外および越境的なネットワークを持ち合わせている人等があげられる。このような人材は、移民団体への積極的な影響だけではなく、移民の子どもに新たな知見・効果をもたらしてきた。

　最後に、日本人支援者についても言及する。この集団は、移民の子どもを支援する他の活動にも当然ながらおり、活動の責任者であることも多い。この集団はアハペでは、日本語指導員や外国人教育相談員等の肩書をもち地域の移民の子どもに精通している。アハペ内での活動に貢献するだけでなく、学校、地域、行政・司法（児童相談所、警察署や裁判所等）とアハペをつなぐ重要な役割を果たし欠かすことができない。

2　問題意識から協働事業へ

　移民の子どものためのプレスクールは、全国的な実践があるとはいえないが用語としての認識、重要性への理解は浸透してきている。プレスクールの意義は、小学校入学前にある程度の日本語能力を身につけることよりも学校の生活習慣や集団行動に対応できるように指導することである。アハペのプレスクールの立ち上げもそのような背景があった[20]。

　アハペは、2009年度に「虹の架け橋教室」[21]事業の一環としてプレスクールをスペイン語圏の子どものために立ち上げ、その後は経済的な理由で行政との協働事業となり、最終的には行政に移管して現在も継続されている。2009年度当時といえば、経済不況の影響が移民家庭に大きな打撃を与えた時期だが、立ち上げ背景はさらに遡る。当時の（今でも）親は、子どもの生活環境に合わせるよりも就業時間に合わせた生活をしており子どもの躾までに配慮がいき届いていない事例が多かった。そのため、就学前または就学後間もない年齢の子どもは学校での生活習慣（集団行動・時間を守る等）が身についていないことが散見して問題になっていた。学校側は、当然のことができない移民の子どもとして捉え、本人の言語能力不足、母国と日本の生活習慣の違い、学校と親のコミュニケーション不足等と問題を表面的に捉える傾向にあった。しかし、根底にあった問題は親の日本の教育制度への理解不足、親の子どもの教育への関心の低さ、家庭の不安定な経済状況であり、必ずしも子どもに起因する問題ではなかった。多忙な親への理解を求め改善するよりも子どもに焦点をあてた支援の実施が改善につながると考えられた。

　アハペ単独でプレスクールを運営した2年間は、日本語指導を中心に実施する特徴から日本人支援者が主軸となりながら、子どもの母語を介する先輩も参加した。移民の子どもが学校入学後の生活に困らないために、子どもの日本語の語彙力を伸ばす、子ども自身が母語にふれる、異文化を経験する（他国籍の子どもと交流）、日本の行事体験、学校の生活リズムを身につける、集団行動を経験する等を行政の施設で実践した。回数は、初年度が51回、2年目が35回であり集中的に実施された事業であった。親の授業参観も組み込まれ、親を活動の場へと招待することで子どもの成長の実感、教育への理解を求める意図があっただけでなく、親の母国紹介（遊び等）をしてもらうことで責任を感じてもらう側面もあった。これらの成果は、入学した学校の担任教諭等から学校での態度、授業への向き合い方等に表れていると評価があり、活動の意義が明確になり理解もさらに得られていった。

　プレスクールが「虹の架け橋教室」事業として該当しない通知が届いたことを機に運営資金の問題に直面した。幸い、活動を実施していた自治体では2003年度から「市民活動推進条例にもとづく協働事業」制度[22]を創設して、社会に貢献する事業を市民と行政が提案に基づいて協力して実施することを推進していた。「市民提案型協働事業提案」に応募して2012年度から正式に行政との協働事業として継続することで資金面の問題を解決できた。プレスクールは、多様なアクターや支援者のおかげで現在でも継続できているが、アハペの功績は大きい。移民団体としてのアハペの功績とプレスクール継続の意義について言及したい。

　今回のアハペのプレスクールは突如誕生した事業ではなかった。アハペは長年ペルー人と関わ

ることによりかれらの日本での生活の状況を理解して、問題の所在を把握していた。ペルー人の来日初期に発生した日本社会との文化摩擦、子どもの教育への低い関心、経済的な状況等は日本社会が理解を進めるよりも前にアハペ内では周知の事実であった。問題改善に向け2002年から教育相談や教育フォーラムを開催してペルー人に教育への啓発活動を実施したことが1つの証左である。また、現在でも継続されている理由は自治体が市民提案型協働事業としての重要性と社会貢献できる活動として認知された結果である。現在、プレスクールに参加する移民の子どもの国籍と年齢は多様化しており同自治体の現状をも反映している。プレスクールに参加する移民の子どもの成果は就学後または編入後のみにみられるだけではないため活動の意義を再検討されるべきである。例えば、就学前段階で家庭や子どもが抱えている問題の早期発見やプレスクールに参加後に家庭の教育に対する姿勢も相まって日常的に勉強する姿勢にも反映される可能性を秘めている。

3　学習支援とは―再認識はＡのおかげ

　移民の子どもを対象とする学習支援の実践は被支援者、保護者と移民の子どもの期待・希望・現実が交差する空間となりがちであり、運営は容易ではない。支援者は学習支援という空間に捉われ規範を強調する、保護者はお手頃な学習塾の認識で通わせ魔法のような効果を期待するように成績上昇を結果として求める、移民の子どもは自由な空間としての参加を希望する状況は不思議ではない。学習支援の場を移民の子どもの学習を支援する場として位置付けるなら教室内に一定の規範の順守や成績上昇が成果としてみられてもよいであろう。しかし、言及してきたように学習支援のみを必要とする移民の子どもは少数とされる。家庭に問題のある子ども、勉強する習慣がない子ども、言語能力に問題のある子ども、経済的に問題のある子ども等が学校、友達または支援者の勧めで学習支援の場に通う傾向にある。

　Ａは支援者に誘われ学習支援の場に姿を現した。学校では問題児とされ、学習支援の場でも勉強しない、他の人の邪魔をする、喧嘩する等の態度がみられ、支援者、保護者と学習者から不満がよく聞かれ、「Ａを学習支援の場から外す」ことを希望する声もあった。Ａの親はＡの成績上昇のみを求め、成果がみられないと学習支援の場の存在意義に疑問を呈する態度でもあった。Ａが椅子に座り、課題を与え、解答してもらう一連の作業ができない背景には不安定な家庭環境と幼少期から移動を繰り返し勉強する習慣が身についていないことが関係していた。Ｂも移動を繰り返すことで学校に馴染めず家庭環境も複雑であった。学習支援の場に半ば無理やり参加はしたが発言しない、勉強しない、孤立した状況が継続していた。Ｂの情報を徐々に収集したが、学力が年齢相応よりも数年遅れていると判明して個別対応で支援が継続された。Ｃは真面目に活動に参加して、友達と話すことがあっても勉強はしていた。国語に苦手意識を持ち試験の点数も思わしくなかった。学校ではこの点が放置されていたが、読解力に問題を抱え日本語で理解できる単語数も年齢相応よりも低いことが判明する。日本に長年住んでいたため周囲も保護者も不思議な思いを隠せなかったが一緒に読書を通して単語の意味を確認する作業をしばらく一緒に実施した。

　Ａ、ＢとＣの事例は学習支援の場としてはすぐに成果が出るわけではなく対応が分かれる事案で

あった。例えばAを学習支援の場から外す選択肢は学習支援の場の運営を容易にする問題解決であり、Aの問題に寄り添うことではないとAと接することで再認識させられた部分が大きい。かれらを先輩が対応することで学習支援の場での態度が変化し、机に向かう時間も徐々に増えていった。ここでは一連の流れを簡潔に記載しているが、学校・地域で対応できなかったことをアハペが最後の砦となって支援した事案であり移民団体としての役割が大きかった。原因解明のためにA、BとCが持っている縦と横のつながりを頼る、母語の心理カウンセラーの利用、学校との紐帯を駆使する等の方法でかれらと家庭にアプローチして問題の所在を明確化にした。解決策は保護者と保護者の母語で相談することで改善に努めて、不登校から通常登校、進学等の成果が最終的にはみられた。

　3人の事例は保護者または子どもの母語でいつでも対応できたことが重要であったがそれ以上に「なぜ」に対応できたことが評価されるべきである。支援する過程で「なぜ」そのような態度をとるのか、「なぜ」このようにしたのか等と疑問に迫られることが多々ある。移民団体として同胞を支援することは文化や国民性への理解、情報提供体制、同胞間の関係性や生活環境を把握していることが多く、先回りして支援しており「なぜ」に対応できる側面が大きい。先回りは、アハペの能動的な行動を意味する以外に被支援者の友人・知人からも情報が回ってくる場合もある。被支援者が家庭環境により直接「助けて」と言えない場合もあり友人らが重要な情報源となる。移民団体として長年ペルー人と関わっている経験値も当然あることも否めず、重宝される。

V　まとめ—移民団体の可能性

　移民の子どもは多様な国籍であるだけでなく抱えている問題も多様である。多くの場合、家庭環境から起因するこれらの問題は必ずしも表面化されず、場合によっては暴力的な態度として周囲を驚かせる。そのような時に何が正しい選択肢であるかは判断が難しいが、移民の子どもを放置や排除することは支援者としてあってはならない選択肢であろう。

　移民の子どもの生活世界である公教育では解決できない問題が日常生活では多く潜んでおり学力支援以上のことが暗黙裡の中で求められているが、多様な学びの場は教育関連事業に集中している。教育は、移民の子どもが日本社会で生活する上で日本社会や支援者から求められる重要な要素だと理解はできるが、かれらが抱えている問題よりも優先されている状況に疑問はうまれる。公教育を補完することが何であるかを具体的に分析することも今後の多様な学びの場の活動としては求められるべきである。

　本章で紹介した移民団体であるアハペは、必ずしも理想型として運営できているわけではない。20年以上にわたって活動しているが、移民第1世代の出稼ぎという労働環境、不慣れな日本社会での活動、ペルー人としての国民性により基盤が不安定な側面もある。それでも、移民の子どもだけではなく移民第1世代の指針になってきた。それは、同じ移民集団で構成され、同胞のために多様な活動を実践した結果である。同胞との関係性、長年の経験値が支援しやすい運営体制を構築しており、アハペの特徴でもある。アハペがもつ同胞への理解、紐帯、人材、経験値という要素は

重要であり、日本での移民団体が多様な学びの場になり得る可能性を示唆している。

　多様な学びの場の響きは良く、学びへの可能性を感じさせる定義でもある。しかし、内情は複雑であり慎重に取り組まなければならない。多様な学びの場の増加は移民の子どもの選択肢の増加を意味するが、日本の公教育制度への継続的な問いかけを止めてはいけないであろう。

注　釈

※1　「出稼ぎ労働者の子ども」は、当時の時代背景の象徴と主観的にも日系人の子どもよりも出稼ぎ労働者の子どもの意識が強かったことから使用する。本章のその他の箇所では移民と移民の子どもで表記を統一する。

※2　2019年6月施行の日本語教育の推進に関する法律。

※3　教育機会確保法は、1980年代の不登校児童生徒の増加に起因してオルタナティブな学び舎（教育、スクール）が注目され、制度化をめぐる継続的な運動が設立背景にある（菊池・永田1999:2001、永田2005、森田2015、田中2017、藤根2019）。永田（2005）によればオルタナティブ教育は不登校の子どもたちの受け皿となる公教育と対峙して発展したフリースクール等の教育運動、現在認可・無認可で運営されるシュタイナー学校等の欧米の教育理論や実践に触発される形で1980年代から発展した民間教育運動、1990年代後半の公費助成のもとで主流社会とは異なった新たな公立学校を創り出そうとする市民運動の3つの潮流を指摘している。また、菊池・永田（1999）は日本の社会的文脈と需要によって設立年・経緯と需要が異なっていると実態調査から分析し、藤根（2019）は各団体の理念調査から4類型を提示してその機能と意義を述べている。これは、日本の単線型な教育課程から離脱した（または離脱せざるを得なかった）児童生徒を多様な場所・方法で再適応へと促す現象が菊池・永田（1999）が述べるように1960年代後半 から日本社会に存在したと意味する。

※4　山野上（2019）は不就学と不登校を合わせて不安定就学と定義している。

※5　毎日新聞取材班編（2020）は就学しても支援されない事例（第2章）や日本語もきちんと学べない事例（第5章）を紹介しており、日本語能力の有無の問題以前という状況も指摘できる。

※6　市場化された社会における「選択（＝親の財産資源）＋親の願望（嗜好）」の意味。

※7　研究蓄積として菊池・永田（1999:2001）、永田（2005）、森田（2015）、藤根・橋本（2016）と藤根（2019）が全国調査と学校文化等の概念に焦点をあて分析・分類を実施している。これらの研究・調査では、ハード面（運営場所・費用、方法、設備等）、ソフト面（支援者、被支援者や機能等）と社会における位置づけ（公認非公認、理念、地域との関係性等）が言及されてきた。文部科学省も「小・中学校に通っていない義務教育段階の子供が通う民間の団体・施設に関する調査」（平成27年8月5日）を実施したが、主に外国人の子どもを対象とする施設は除外されている。

※8 他人の邪魔をする、暴力的な態度をとる、よくしゃべる等の態度も挙げられる。

※9 実際、「Ⅲ-2」以降から紹介している日本ペルー共生協会の活動をMéndez Vázquez（2013）は多文化共生の枠組みで紹介している。

※10 居場所概念を整理した石本（2009）は、1990年代から不登校問題を機に居場所という概念が使用されはじめ、乳幼児や高齢者等が抱える一般的な問題へと使用が拡大されたとしている。居場所概念に明確な定義がなく、どのような実現が居場所に結びつき、適応的な効果に結びつくか手探り状態であるとふれつつ、個人的な居場所と社会的居場所の分類を先行研究から言及している。そして、身体的、精神的に安全が確保される空間や人間関係が（心理的）居場所になることが多いとしている。

※11 額賀（2014）も同様の批判を指摘している。

※12 矢野（2007）では、①マジョリティである日本人が主流ではない場に身を置き、日本語できなくとも自尊感情が保持できること、②集団レベルの民族や生活習慣から個人レベルの個性に至るまで、お互いの差異や間を尊重し、適度に親密な距離間を柔軟に楽しめること、③安心して母語で自己表現して過ごせること、④どのような問題でも相談でき、支援を得られたり、必要な支援につないでもらえること、⑤日本人ではないことの不利をのりこえて将来を開くポジションを得ること、⑥多文化を利した複合的なアイデンティティ形成ができる場であることの条件を提示している。

※13 この場合の論理は、「参加してもらうだけで十分」である。背景には、注意しても勉強しない、強く注意すると参加しなくなることが要因としてある。本人が勉強するまで待つという支援者側の姿勢がある。

※14 日本ではエスニック団体と呼ばれる傾向にあるが欧米では第2世代以降の団体をEthnic Organization（エスニック団体）と呼ぶことが多い。しかし、移民第1世代の移民団体から移民第2世代のエスニック団体への移行時期や分類等が明確な定義が確立されていない。

※15 一方、問題点の指摘もある。私利私欲のために移民団体を立ち上げる（Caselli2012）や移民1世の内部摩擦が影響して継続が困難になる（Schrover & Vermeulen2005）等が言われている。受入社会にとっては、社会分断の強化、ゲットー化の助長等を促す指摘もされている（D'Angelo2015）。

※16 初代会長は日本に医療分野のポスドクの奨学生として来日していた。

※17 日本ペルー共生協会機関紙第1号参照（Diaz 2001）

※18 「虹の架け橋教室」は2015年で終了、「大和市プレスクールにほんごひろば」は2018年から自治体に移管した。

※19 重要な局面とは、日本社会側との交渉や日本社会内のネットワーク活用が要求される局面である。

※20 アハペが実施したプレスクールに関する詳細は矢沢悦子（2013）、矢沢悦子・高橋

悦子（2015）、高橋悦子（2017）を参照されたい。

※21　「定住外国人の子どもの就学支援事業」の略称である「虹の架け橋」事業は、文部科学省が資金を拠出して国際移住機関が2009年度から2014年度まで実施された。

※22　詳細は近藤ら（2007）を参照されたい。

参考文献

- 尹健次（2015）『「在日」の精神史2——三つの国家のはざまで』岩波書店。
- 石本雄真（2009）「居場所概念の普及およびその研究と課題」『神戸大学大学院人間発達環境学研究科研究紀要』第3号1、93-100頁。
- 伊藤泉美（2018）『横浜華僑社会の形成と発展——幕末開港期から関東大震災復興期まで』山川出版社。
- 榎井緑（2013）「ニューカマーの子どもたちのいま——"地域の取り組み"から『見える』こと」『異文化間教育』第37号、47-62頁。
- 加賀美常美代・徳井厚子・松尾知明（2016）「文化接触の場としてのダイナミズム」加賀美常美代、徳井厚子、松尾知明編『文化接触における場としてのダイナミズム』明石書店、11-31頁。
- 加藤美帆（2018）「フリースクールと公教育の葛藤とゆらぎ——教育機会確保法にみる再配分と承認」『教育学研究』第85号2、39-49頁。
- 菊池栄治・永田佳之（1999）「オルタナティブ教育の社会学——多様性から生まれる＜公共性＞」『日本教育社会学会大会発表要旨集録』第51号、189-192頁。
- 菊池栄治・永田佳之（2001）「オルタナティブな学び舎の社会学——教育の＜公共性＞を再考する」『教育社会学研究』第68号、65-84頁。
- 北野尚美・李錦純・中村安秀（2019）「在日外国人の人口学的特徴と児童福祉の問題」『日本衛生学雑誌』第74号、1-12頁。
- 金南咲季（2022）「ブラジル人学校の教育課題と地域との相互作用に関する基礎的研究」『人間関係学研究』第20号、45-64頁。
- 小島祥美（2021）『Q&Aでわかる外国につながる子どもの就学支援——「できること」から始める実践ガイド』明石書店。
- 小波津ホセ（2020）「忘却されてきたペルー人研究——家族、学校、地域と社会参入」（博士論文）宇都宮大学。
- 近藤純・渡辺俊一・伊藤香織（2007）「市民提案による新しい公共サービスの公定化プロセス——神奈川県大和市の市民提案型協働事業制度を事例として」『都市計画論文集』第42号2、54-61頁。
- 在日韓国青年商工人連合会（1997）『在日韓国人の社会成層と社会意識全国調査報告書』在日韓国青年商工人連合会。

- 在日本大韓民国民団神奈川地方本部（2006）『民団神奈川60年史』民団神奈川60年史編纂委員会。
- 清水睦美（2021）「日本の教育格差と外国人の子どもたち――高校・大学進学率の観点から考える」『異文化間教育』第54号、39-57頁。
- 高橋悦子（2017）「外国にルーツをもつ子どもが抱える教育問題と経済状況――NPO法人と行政との協働事業から」『発達』151号、58-64頁。
- 田中宝紀（2021）「第7章学びとつながりの危機――外国にルーツをもつ子どもの多様性を受け止める」鈴木江里子編『アンダーコロナの移民たち』明石書店、176-191頁。
- 田中佑弥（2017）「フリースクールの制度化に関する考察――不登校生支援のあり方をめぐる論争を中心に」『臨床教育学研究』第23号、13-22頁。
- タンティミビン（2017）「日本の公立小学校における母語・継承語としてのベトナム語教育の実態――ベトナム人集住地域の事例から」『宇都宮大学国際学部研究論集』第44号、97-117頁。
- 塚原信行（2010）「母語維持をめぐる認識と実践――ラテン系移民コミュニティと日本社会」『ことばと社会』第12号、48-77頁。
- 坪谷美欧子（2005）「地域で学習をサポートする――ボランティア・ネットワークが果たす役割」宮島喬・太田晴雄編『外国人の子どもと日本の教育――不就学問題と多文化共生の課題』東京大学出版、193-215頁。
- 戸田佳子（2001）『日本のベトナム人コミュニティ――一世の時代、そして今』暁印書館。
- 永田佳之（2005）「序章なぜ今、オルタナティブ教育か」永田佳之編『オルタナティブ教育――国際比較に見る21世紀の学校づくり』株式会社新評論、3-41頁。
- 額賀美紗子（2014）「越境する若者と複数の『居場所』――異文化間教育学と居場所研究の交錯」『異文化間教育学』第40号、1-17頁。
- 野中モニカ（2009）「外国人の『居場所』をつくる　財団法人とよなか国際交流協会」『月間みんぱく』、16-17頁。
- 拝野寿美子（2021）「日本における継承ポルトガル語教育の実践――個人の異文化間能力形成と社会の多文化共生を目指す試み」『Encontros Lusófonos』第22号、1-22頁。
- 原めぐみ（2021）「ヤングケアラーになる移民の子どもたち――大阪・ミナミのケーススタディ」『多民族社会における宗教と文化』第24号、43-52頁。
- 原めぐみ（2022）「第3章紐帯はどのようにして育まれたか――大阪市中央区での多文化家族支援の実践から」高谷幸編『多文化共生の実験室――大阪から考える』青弓社、84-105頁。
- 福岡安則・金明秀（1997）『在日韓国人青年の生活と意識』東洋大学出版会。
- 福田友子（2007）「移民による宗教団体の形成――滞日パキスタン人ムスリムを事例として」『日本都市社会学会年報』第25号、63-78頁。

- 藤根雅之(2019)「オルタナティブスクールの類型化——全国調査による活動内容のクラスター分析とテキストマイニングによる集合行為フレームの対応分析」『大阪大学大学院人間科学研究科紀要』第45号、127-145頁。
- 藤根雅之・橋本あかね(2016)「オルタナティブスクールの現状と課題——全国レベルの質問紙調査に基づく分析から」『大阪大学教育学年報』第21号、89-100頁。
- 毎日新聞取材班編(2020)『にほんでいきる——外国からきた子どもたち』明石書店。
- 森田次郎(2015)「学校社会学の新しい分析枠組みを構想する——現代日本社会における「オルタナティブ・スクール」の諸形態からみた学校文化研究の可能性」『中京大学現代社会学部紀要』第9号2、129-160頁。
- 矢沢悦子(2013)「大和プレスクール『にほんごひろば』での取り組み——日本語と母語（継承語）のある場、いろいろな『異』と共生する場で子どもたちと」『いまxココ』創刊号、46-50頁。
- 矢沢悦子・高橋悦子(2015)「大和プレスクール『にほんごひろば』——小学校入学前の多様な言語背景を持つ子どもたちへの就学前教育・保護者支援」『異文化間教育』第41号、16-31頁。
- 安本博司(2014)「在日コリアンの居場所をめぐる考察——KEYに参加する若者に着目して」『多文化関係学』第11号、23-36頁。
- 矢野泉(2006)「アジア系マイノリティの子ども・若者の居場所づくり」『横浜国立大学教育人間科学部紀要』第1号8、261-273頁。
- 矢野泉(2007)「エスニック・マイノリティの子ども・若者の居場所をめぐる考察」『横浜国立大学教育人間科学部紀要』第1号9、169-177頁。
- 山野上麻衣(2019)「『子どもの貧困』からみる不就学——外国籍の子どもの不就学問題の20年をふりかえって」『グローバル・コンサーン』第2号、86-103頁。
- 山野上麻衣・林嵜和彦(2007)「第3章浜松市における外国人の教育問題と協働——カナリーニョ教室による不就学対策より」矢野泉編『多文化共生と生涯学習』明石書店、141-186頁。
- Caselli, Marco (2012) "Transnationalism and co-development: Peruvian associations in Lombardy," in *Migration and development*, 1(2): pp.295-311.
- D'Angelo, Alessio (2015) "Migrant oragnisations: embodied community capital?," in Ryan, Louise, Erel, Umut, and D'Angelo, Alessio eds., *Migrant Capital: Migration, Diasporas and Citizenship*, London: Palgrave Macmillan.
- Diaz, Carlos (2001) "APEJA Boletín trimestral Enero-Febrero-Marzo," (1)1.
- Keen, Susan (1999) "Association in Australian History: Their Contribution to Social Capital," in *Journal of Interdisciplinary History*, (24)4: pp.639-659.
- Méndez Vázquez, Marcela (2013) "Coexistencia multicultural a nivel local: Oenegés migrantes e integración de los nikkeijin en el este de Japón," in

México y la Cuenca del Pacífico, (2)5: pp.71-104.

· Moya, Jose C. (2005) "Immigrants and Associations: Global and Historical Perspective," in *Journal of Ethnic and Migrations Studies*, (31)5: pp.833-864.

· Oner, Selcen (2014) "Turkish Community in Germany and the Role of Turkish Community Organisations," in *Scientific Journal ESJ*, (10)29: pp.72-88.

· Ryan, Louise, Erel, Umut, and D'Angelo, Alessio (2015) "Understanding 'Migrant Capital'," pp.83-101, in Ryan, Louise, Erel, Umut, and D'Angelo, Alessio eds., *Migrant Capital: Migration, Diasporas and Citizenship*, London: Palgrave Macmillan.

· Schrover, Marlou and Vermeulen, Floris (2005) "Immigrant Organisations," in *Journal of Ethnic and Migration Studies*, 31(5): pp.823-832.

· Vermeulen, F.F. (2005) *The Immigrant Organising Process: The emergence and persistence of Turkish immigrant organisations in Amsterdam and Berlin and Surinamese organisations in Amsterdam, 1960-2000*, Amsterdam: Amsterdam University Press.

第7章

学びをつなぐ場としてのブラジル人学校
―北関東にあるブラジル人学校の事例―

佐々木　優香

はじめに

　近年では、日本に住むブラジル人家庭の滞日長期化が一般化しつつある。法務省出入国管理庁の2022年7月に公開された「在留外国人統計」によれば、2021年12月現在、日本に居住するブラジル国籍保持者の数は204,879人であり、そのうちの約半数を占める55%（112,890人）が「永住者」の在留資格を有している。次に、永住者と同様に就労活動に制限がない「定住者」の在留資格をもつ者が34%（68,492人）いる。「日本人の配偶者等」の在留資格をもつ者が8%（16,544人）[※1]、「永住者の配偶者等」の在留資格をもつ者が2%（4,961人）とつづく。すなわち、日本に居住するブラジル国籍保持者の大半が、日本での中長期的な滞在を可能とする、いわゆる「身分をもとにする在留資格」を有しているのである。また、同じく出入国管理庁の統計データによれば、近年の「永住者」の在留資格取得者数は、年々増加傾向にあり、滞日ブラジル人数がピークを迎えた2007年と比較しても、約1万8千人の増加を見せている。2008年のリーマンショック以前は、「定住者」の在留資格をもとに、日本での一時的な就労を目的として来日する者が圧倒的に多かった。近年では、日本に居住するブラジル国籍保持者の母数が減少する一方で、「永住者」の在留資格保持者の数が増加している。こうした状況から、かれらの滞日長期化の傾向を読み取ることができるだろう。

　後に詳述する通り、ブラジル人学校はブラジル帰国後の子どもの教育接続を主要な目的の一つとしてかかげてきた。そのため、上記のように、ブラジル人家庭の滞日長期化という事実に鑑みると、ブラジル人学校が求められるニーズには変化があると思われる。その一方で、ブラジル人学校の需要は依然として高いわけだが、それはなぜだろうか。本章では、ブラジル人学校への編入学とブラジル人学校卒業後の進路に着目することで、ブラジル人学校が多くの子どもたちや、その家族にとっていかなる役割を担っているのかを明らかにする。とりわけ、「学びをつなぐ場」としてのブラジル人学校の今日的な意義を考察することを目的とする。

　以下では、第1節において、外国にルーツをもつ子どもの教育的課題と学校選択について、日系ブラジル人に着目し、その様相を概観する。第2節では、ブラジル人学校を扱う先行研究をもとに、これまでブラジル人学校が担ってきた社会的・教育的な役割を整理する。そして、第3節以降はブラジル人学校での聞き取り調査と、在籍児童生徒を対象としたアンケート調査の結果を記し、ブラジル人学校への編入学と児童生徒の進路に関する現状を明らかにする。

Ⅰ　外国にルーツをもつ子どもの教育的課題と学校選択

　日本で外国人学校に位置づけられる学校の種類は実に多様である。月刊イオ編集部編（2022）の資料には、2021年現在、インターナショナルスクールと欧米系学校31校、ブラジル人学校36校、中華学校5校、朝鮮学校61校、その他のネパール、インドネシア、フィリピン、インド系、イスラム系、韓国系の学校11校の情報が掲載されている（月刊イオ編集部編2022、242-250頁）。外国人学校は主に民族学校と国際学校に分けて論じられることが多い（志水2014、9頁）。民族学校とは、特定の出身国の子どもを対象に、出身国の教育カリキュラムのもと、出身国の言語で授業が行われるのが特徴である。一方、国際学校はインターナショナルスクールと呼ばれ、英語による教育が行われていることが最も重視されており、カリキュラムや教育理念の設定は各学校に委ねられている[2]。

　上述の民族学校は、歴史的に展開されてきた朝鮮学校や中華学校と、1990年代以降に設立されたブラジル人学校をはじめとする、帰国を見据えた移民の子どもの教育を担う学校とにその学校の性格を分けることができる。以下では、とりわけ後者の学校の展開に着目する。民族学校の中でも、「正規の学校」と「非正規の学校」とに分けられ、正規の学校とは、学校教育法第一条に規定されていることから、「一条校」とも呼ばれる（志水2014、11頁）。ブラジル人学校が増加した1990年代、当時のブラジル人学校は、もっぱら非正規の学校として独自に運営してきたという経緯がある。それでは、以下で外国人児童生徒の不就学問題と外国人学校の展開について、日系ブラジル人の出稼ぎという現象に焦点を当てながら整理していきたい。

　1980年代後半から注目されるようになったのが、日本の労働市場における人手不足に対応するための外国人労働者の存在である。とりわけ、南米からの日系人の移住者数は顕著であった。出入国管理庁の2009年在留外国人統計データからは、日本に住む日系ブラジル人の数が、2000年代半ばのピーク時には30万人を上回っていたことが読み取れる。日本におけるブラジル人移住者の多くは、1990年の出入国管理及び難民認定法の改正による、「定住者」の資格をもとに移住している。それまで「日本人の配偶者等」の資格で来日していた日系二世にくわえ、新設された定住者の資格では、日系三世も日本で就労することが可能となり、出稼ぎを目的として来日する者が急増したのである（梶田ら2005、7頁）。

　就労を目的として来日する日系ブラジル人の多くは、日本での滞在を一時的なものと捉えており、こうした滞日状況は、子どもの教育を大きく左右した。児島（2006）は、日系ブラジル人の親たちの帰国を見据えた「家族の物語」に沿った子どもの教育戦略をめぐる様相を捉えている。この教育戦略とは、「個々の家族の親が、望ましいと考える人間形成上の価値や将来像を子どもに実現させるべく、利用しうる資源の選択などを含みながら、意図的ないし無意図的に選びとるという諸活動」を指している（児島2006、73頁）。すなわち、子どもの学校選択において、日系ブラジル人家庭の滞日目的、家庭の経済状況、帰国予定に合わせた、公立学校かブラジル人学校かという選択が親によってなされていることが指摘される。このような日系ブラジル人家庭の親の教育戦略の様相は多様であり、中には親の都合で選び取られた教育戦略と、子どもたちのニーズの間に離齬が生じるケースも報告されている（児島2006、98頁）。

　児島による研究では、特に、日本の公立学校に入学した日系ブラジル人の子どもが自然に日本語を上達させていき、日本の文化や習慣を身につけていく様相が描かれている（児島2006、92頁）。だがその一方で、日本の学校に馴染めない外国ルーツの子どもの存在も課題とされてきた。まず、非日本国籍保持者には教育義務が課されていないことについては、長年にわたって問題視されてきた（佐久間2006、66-71頁、宮島2014、14-16頁など）。つまり、公立学校では外国人児童生徒にも「日本人と同様の教育」を提供することを基本としていることから（宮島・太田編2012、59頁）、日本語が不十分である外国にルーツをもつ子どもに対する特別な措置は講じられにくく、教科学習についていけない子どもへの対応が喫緊の課題となった。その他にも、日本の学校文化への不適応や、いじめを原因として、最終的に外国にルーツをもつ子どもが学校を離れてしまうという実態が報告されている（佐久間2006、79-80頁）。このように、日本の公立学校に適応できなくなってしまった子どもをもつ家庭の、第二の選択として外国人学校が選ばれることもある。次節では、ブラジル人学校が担ってきた役割について詳述する。

Ⅱ　ブラジル人学校が担ってきた役割

　拝野（2005）は、これまでブラジル人学校が担ってきた多様な役割を、帰国後の進学をスムーズにする教育機能、家族のコミュニケーションを維持するためのポルトガル語教育機能、長い時間子どもを預けられる託児機能、日本の学校や社会への不適応から逃れさせる異文化ショック緩衝機能、ブラジル本国との絆を確認するアンカー機能としてまとめている（拝野2005、23頁）。本研究では、ブラジル人学校が担う「学びをつなぐ場」としての役割に着目している関係から、主に「帰国準備としての役割」と「居場所や受け皿としての役割」にくわえ「保護者に対する役割」という三点に焦点を絞り、詳しく見ていきたい。

　1990年代に東海地方を中心として数を増やしてきたブラジル人学校は、設立当初、在日ブラジル人の子どものためのポルトガル語の補習校や、自助的な託児所、あるいは私塾的な学校として始まり、徐々にブラジルの教育制度に則った授業が行われる学校として展開していった（イシカワ2012、87頁、児島2013、93頁、山本・山之内2014、220頁）。一つ目の「帰国準備としての役割」に関して、既述の通り、日系ブラジル人の親の多くは、帰国を見据えて、子どもがブラジルの学校にスムーズに適応できるようにするためのポルトガル語教育や学力の習得をブラジル人学校に期待していた。また、2006年以降はブラジル政府による日本のブラジル人学校の認可申請手続きが簡素化され、ブラジル政府の認可を受けた学校が増加した。これにより、日本にいながらブラジルの学校の卒業資格を取得できることが、ブラジル人学校を選択する主要なメリットとなった（都築2009、194頁）。

　近年では、日系ブラジル人家庭の滞日長期化の傾向が見られる中で、卒業後の多様な進路選択のあり方にも目が向けられるようになっている。拝野（2010）は、ブラジル人学校中等教育課程卒業者のキャリア選択を調査した。その結果、一般的に考えられてきたブラジルでの大学進学という進路以外に、日本で就労し学費を貯めてブラジルの大学進学を目指す者や、日本の高校に入り直

し、日本の大学に進学・卒業したのち、ブラジルでキャリアを積もうとする者など、進路選択には複数のバリエーションがあることを明らかにしている（拝野2010、81頁）。このように、ブラジル人学校卒業後に日本で就労することを目指す者も、就職の先には、ブラジルの大学に進学するための学費を稼ぐことという目的があり、ブラジル人学校卒業生の進路を長い目で見ていく視点が示されている。

　二つ目の「居場所や受け皿としての役割」に関して、児島（2013）は、日本とブラジルのどちらの教育システムの移行過程からも逸脱してしまい、学習の機会を奪われたり、学歴上の空白が生じてしまった人々に対してブラジル人学校は、「断片化した複数の移行過程」を調整し、調和させていく過程を個人の経歴や展望に即して支えていこうとする場と表現している（児島2013、99-100頁）。むろん、出稼ぎを目的として来日した日系ブラジル人は、お金を貯めることを優先するため、より良い労働条件を求めて日本国内を頻繁に移動することを厭わない者も多い。こうした家族の引っ越しに伴い、子どももその都度、転校を余儀なくされる。このような場合、日系ブラジル人の就労事情をよく理解し、年度途中でも編入がしやすいブラジル人学校が選択されやすい。

　ブラジル人学校は、公立学校の授業についていけない者やいじめを経験する者など、居場所をなくした者たちの受け皿としての役割をも担ってきた。くわえて、こうした緊急避難的な理由だけでなく、親による子どもの学習言語としてのポルトガル語能力に関わる不安が、公立学校からブラジル人学校への転校理由としてあげられている（小内2003、95頁）。その一方で、日系ブラジル人集住地域にあるブラジル人学校の例では、地域住民との共生を目指す活動を通じて、ブラジル人学校が付与される「日本の学校に馴染めない子どもの受け皿」という消極的な意味づけからの脱却が図られている。こうした教育理念は、ブラジル人学校が単にブラジル帰国を見越しての教育を施す場としてだけではなく、期せずして日本社会で生きていくためのサバイバル戦術を身につける場となっているとも指摘される（拝野2005、29-30頁）。

　三つ目の「保護者に対する役割」に関して、ブラジル人家庭による日本での定住化が進行しているにもかかわらず、多くの親がブラジル人学校を選択する理由が問われるようになる。その一例として、子どものブラジルでの進学という目標を通じて、親自身の故郷に対する望郷心を満たし、故郷との繋がりを保持する「アンカー」ないし「心理的拠りどころ」のような意味合いが指摘されている（小内2003、104頁）。ただし、こうした状況は、親の関心を子どものおかれた現実、すなわち、日本での定住からそらせてしまうという側面をもっていることに注意が必要である（小内2003、105頁）。

　また、親の不十分な日本語能力が学校選択に影響を及ぼしていると考えうる。つまり、自身が母国で受けてきたよく知る教育制度のもとで、ポルトガル語で子どもの学習を見ることができ、学習のアドバイスができることは親にとっても安心であろう。このように、ブラジル人学校は、当初の目的である帰国準備という役割を念頭におきながら、日系ブラジル人の子どもの居場所のみならず、保護者の思いを受け止める場としての機能を備えていると言える。

　上記の通り、ブラジル人学校はブラジル人家庭の滞日長期化に対応しながら、多様な役割を担ってきている。換言するなら、ブラジル人家庭の滞日状況や帰国計画を実現するために選び取ってきた子どもの教育戦略のニーズに応えるべく、ブラジル人学校は試行錯誤してきたのである。ただし、ブラジル人家庭における子どもの教育に関する選択の結果が、いつも上手くいくとは限らな

い。というのも、今日でもなお日本の公立学校からブラジル人学校へ編入してくるブラジル人の子ども
が少なくないのである。公立学校からブラジル人学校への編入の様相については、これまで十分に明らかにされてきたとは言いがたい。そこで、次節以降では、現地調査を通じてブラジル人学校への編入学の様相を理解していく。くわえて、ブラジル人学校在学生に対するアンケート調査結果に基づき、滞日状況や学習歴、ブラジル人学校卒業後の進路に対する考えを明らかにしつつ、ブラジル人学校の学びをつなぐ場としての役割について考察していきたい。

Ⅲ　ブラジル人学校A校での聞き取り調査より

1　校長への聞き取り調査の概要

　筆者は2022年8月から9月にかけて、以下の調査を実施した。調査対象としたのは、北関東のブラジル人が比較的多く居住するX市にあるブラジル人学校A校である[3]。校長への聞き取り調査では、主にA校に通う子どもたちの編入学の実態と、教育接続におけるA校の役割、そして学校卒業後の進路について現状を把握することを目的としている。聞き取り調査はA校の校長室にて、校長先生と筆者にくわえ通訳者の計3名が同席して実施された。聞き取り調査内容は、許可を得て録音し、後日、文字化したうえで分析データとして用いている。

　本調査への協力を得たブラジル人学校は、2001年に現校長の父親によって、学校として動き始めた。その後、2003年に中学の部まで、2006年には高校の部をくわえてブラジルからの認可を受けている。文部科学省による各種学校の認定は受けていないが、2019年にはNPO法人としての認証を受けている。在籍生徒数は、調査当時では約100人おり、そのうち0歳から5歳が約40人、小学校約30人、中学校と高校がそれぞれ約15人という内訳である。子どもたちが学校で過ごす時間は、朝の6時から18時半までと、日本の学校に比べて長時間となっている。さらに、残業によってどうしても両親の帰りが遅くなってしまう場合は、19時半まで延長することも少なくない。また、その場合に校長の自宅で子どもの面倒を見ることもあるという。

　通常のポルトガル語での教科学習にくわえ、日本語の授業にも力が入れられている。日本語の授業は小学校2年生から始まり、年度により多い時は週2回、2022年度は週に1回開講しているとのことである。特に、日本語能力試験を控える生徒は週2回日本語授業に参加する。日本語の授業は4名の日本人の先生によってなされている。

2　編入学の実態

　在日ブラジル人家庭は、ブラジルへの帰国や日本国内での転職に伴う転居が多いことは既に確認した通りである。ゆえに、ブラジル人学校では、子どもの出入りが激しい。しかし、子どもの転校や編入の理由については、必ずしも詳細に示されてきたとは言えない。以下では、特に子どもたちが、他の学校からブラジル人学校に編入してくる状況とその理由について、校長への聞き取り調査の内容に基づき記述する。

　A校の校長によれば、同校では毎月のように編入してくる子どもを受け入れているとのことであ

る。子どもたちの編入の理由は多様である。校長の話に基づくと、大きく4つのケースに分類することができる。各ケースを事例と共に紹介したい。

一つ目のケースは「日本の保育施設や公立学校からの編入」である。ある子どもは、日本の保育園に通っていたが、いつも親が子どもの迎えの時間に間に合わないため、保育園から職場に頻繁に連絡があった。こうした事情により、母親は仕事を失いそうになったため、長時間面倒をみてくれるブラジル人学校の保育園の部に移動したという。別の例として、公立小学校からブラジル人学校に編入するという例がある。高学年になってからブラジル人学校へ編入する事例も散見される。編入の理由は、いじめや日本語能力の不足、発達障害の疑いがあげられる。二つ目のケースは「他のブラジル人学校からの編入」である。親の転職、ブラジル人学校の閉鎖により県境を越えて編入してくる子どもも少なくない。三つ目のケースは「不登校の状態からの編入」である。家庭の金銭的事情や、公立学校に馴染めずに不登校に陥ってしまい、子どもの教育が一時中断されてしまうケースもあるという。四つ目のケースは「ブラジルから来日し編入」というものである。ブラジル本国から新規来日する学齢期の子どもがA校に転校してくる数は今日においてもなお、少なくないようである。

このほか、特殊な事例として、過去に子どもが公立小中学校に籍をおきながら、実質的には毎日A校に通っていたというケースが2件あったという。それぞれのケースにおいて、在籍している公立学校で、転校という手続きがなされないまま、子どもがA校に通うことになった事情について、校長は詳しく聞かされていないという。しかし、子どもが公立学校に籍をおいている限り、月に一度は在籍校へ登校することを求められ、その都度子どもがパニックを起こしてしまったというエピソードが語られた。こうした通学形態は、子どもにとって心理的な負担となることは想像に難しくない。A校側は詳細を把握していないため、推測の域を出ないが、この背景には児童生徒本人とその保護者の日本語能力の課題はもとより、当該家族と在籍していた公立小中学校間、そして公立小中学校とブラジル人学校間のコミュニケーションに関する課題が潜んでいると思われる。少なくとも、当該生徒の一人が校長に向けて「A校に来たから命が助かった」と伝えた言葉からも、事の重大さを看取することができよう。

結果的に、公立小学校に籍をおいていた児童1名は、公立小学校とA校から2つの卒業証書を受け取ったというが、実際には公立学校で授業を受けていなかったため、こうした子どもは公立学校を形式卒業という形で終えたことになる。筆者が当該児童の中学校進学について質問したところ、最終的にその子どもは海外へ行ってしまったということである。公立中学校に籍をおきながらA校に通っていたもう1名の生徒の例では、結果的に転校という手続きがなされたとのことである。

以上の通り、編入学の実態に着目すると、多くの場合ブラジル人学校への編入は、ブラジル帰国のための準備というよりはむしろ、日本の学校での学びを継続することが困難となり、救済を求めてのものが目立つ。また、公立学校から編入してくる児童生徒のケースでは、後に紹介するアンケート調査結果からも見て取れる通り、中には4～6年間公立学校に通った末にブラジル人学校に編入してくる者もいる。

校長の語りから見えてきた子どもたちの編入学の主な理由には、少なくとも、日本語習得や日本語での学習に関する課題が根底にあることが理解できる。校長いわく、公立小中学校に一定期間

通ったにもかかわらず、A校に編入を希望する子どもたちが多く存在する理由の一つに、親が我が子の学習状況を正しく理解していないという点があるという。すなわち、公立学校やブラジル人学校という教育の場だけでなく、子どもの学習や学校での生活の様相を保護者と共有しながら、子どもにとって最適な学びの場を提供していくことが求められるだろう。

3　学びをつなぐ役割

　毎月のように新たな子どもを受け入れるA校では、まず編入してきた子どもたちの言語や学習レベルを確認したうえで、年齢ではなく、学力的に適切な学年での学習が開始される。半年間の経過観察とテストをもとに、子どもが十分な学力を身につけていると判断される場合には、年齢を加味しながら学年を上げていく。ただし、学年相当の学力が伴わない場合には、学年を下げての学習が継続されることもある。このように、子どもたちのポルトガル語能力や学力を考慮したクラスへの編入がなされ、必要に応じた学習サポートが提供される。また、校長へのインタビューの中では、編入してきた子どもたちの学習成果を上げるためには、学習に入る前段階での、教師と児童生徒との信頼関係の構築が欠かせないという。

　編入学を経験する多くの子どもたちは、公立学校において日本語を十分に身につけることができずに、他者から低い評価を受けた経験から、自尊感情を失い、自分の能力を低く見積もってしまい、学習の動機を見出せない傾向にあるという。このような子どもたちに対して、A校では、子どもの編入直後は、特にメンタル面でのケアを重点的に行っている。子どもと教員同士の信頼関係を構築し、子どもにブラジル人学校を居心地の良い場所として認識してもらうことが、子どもの学習にも良い影響をもたらすと考えられているのである。

　また、校長は編入してくる子どもの親とのコミュニケーションを大事にしている。ブラジル人学校に編入後の子どもの変化や、編入後にできるようになったことなどを頻繁に報告し、ブラジル人学校へ編入したことの意味を証明しているという。こうした子どもの学習を通じた親とのやり取りをもって、校長は、子どもだけではなく親や家族の面倒も見ているという認識をしていた。

　ブラジル人学校に編入をしてくる子どもの中には、主に自閉症などの発達障害を疑われる子どもも少なくない。校長によれば、現在A校に在籍する子どもの中で、発達障害であるとされる子どもが、全体の約30%を占めているという。そのうちの半分は、医療機関から発達障害であることの診断を受けているという。ブラジル人の子どもの発達障害が疑われる場合に、日本の保育施設や公立学校から相談を受けることがあるという。こうした相談に対して、これまでに受け入れを断ったケースは子どもが重度の身体障害をもっているなど、どうしてもA校では面倒を見ることが不可能な場合に限る。それ以外は、基本的に受け入れる方針を取っている。

　A校では、発達障害をもつ児童生徒に対しては、各児童生徒の学習進度に合わせて学年を下げて教育を行っている。その結果、以前いた学校ではできなかったことが、A校編入後にできるようになることもあり、子どもの可能性を信じることが重要であると校長は語っていた。

Ⅳ　A校在籍児童生徒へのアンケート調査より

1　アンケート調査の概要

　アンケート調査の対象者は小学校6年生から高校3年生までの計35名であるが、実際に協力を得られたのは、18名に留まった。調査方法は、Googleフォームを用いたオンラインアンケートである。まずは、本調査に関する概要とアンケート調査の協力依頼について記した用紙を、学校を通じて配布してもらった。本調査の趣旨を理解し、アンケートへ協力してくれる場合には、各自で用紙に記載されているQRコードを読み込みGoogleフォームにアクセスし回答する手順である。ただし、QRコードを読み込み回答するツールをもたない児童生徒には、アンケート用紙への記入も可とした。結果として、回答者18名のうち、Googleフォームを通じて回答した者は13名、アンケート用紙へ記入した者は5名であった。

　質問項目は全部で31問あり、基本的には選択型の質問を設定しているが、自由記述の項目も5つ含んでいる。説明用紙とアンケート項目は全てポルトガル語で作成している。詳しい質問項目は下記の通りである。

　　プロフィール　　　：学年、年齢、性別、出身国、移住経験、引っ越し経験、旅行経験など
　　言語について　　　：日本語とポルトガル語の言語能力、家庭での使用言語など
　　学校経験について　：公立学校通学歴、編入の理由、転校回数など
　　進路について　　　：学校卒業後の進路、進路に関して不安なことなど
　　帰国予定について　：帰国予定の有無、帰国に関する家族との会話など

2　回答者のプロフィール

　本調査に協力してくれた児童生徒は、小学校6年生が7名[※4]、中学校1年生にあたる7年生が6名、中学校2年生にあたる8年生が4名、高校1年生にあたる10年生が1名であり、回答者の学年が比較的低くなってしまった点に留意する必要がある。また、学年と学齢との不一致が見られる点は、先述の通り、A校では子どもの学力に応じた学年の決定がなされていることが理由である。

　表1で示しているアンケート協力者のプロフィールからは、日本生まれが7名、ブラジル生まれが11名であることが分かる。滞日年数としては、1年未満が1名、1～3年が5名、4～6年が7名、生まれてからずっと日本という者は5名である。したがって、回答者の大半がすでに中長期的に日本に住んでいるということが分かる。以下では、日本生まれグループとブラジル生まれグループに分けて、出生地による特徴を整理していく。

　日本生まれグループには、C、D、H、K、L、O、Pの7名が入る。このうち、3名が日本の公立学校への通学経験をもち、通学年数はそれぞれCが4～6年、Kが1～3年、Oが1年未満である。上記以外の4名は、保育園あるいは小学校から継続的にA校に通っていることになる。ブラジルへの渡航歴に関しては、2名のみ一度もブラジルを訪れたことがなく、その他5名は1、2回のブラジル渡航歴をもつ。他方、ブラジル生まれグループには、A、B、E、F、G、I、J、M、N、Q、Rの11名が入る。かれらの来日年齢は5～11歳の間で、学齢期に入ってから来日した者が大変占めている。このグループの中

表1 アンケート協力者のプロフィール

記号	学 年	年 齢	性別	生まれた国	来日年齢	ブラジル渡航歴	公立学校経験	JLPT	転校回数	ブラジル人学校に通い始めた年齢
A	8年生	13歳	女	ブラジル	10歳	1回	ある1～3年	N4	3回	13歳
B	8年生	15歳	女	ブラジル	9歳	0回	ある1年未満	ー	3回	9歳
C	7年生	14歳	女	日本	ー	1回	ある4～6年	ー	2回	14歳
D	7年生	12歳	男	日本	ー	0回	ない	ー	1回	ー
E	8年生	13歳	男	ブラジル	7歳	3回	ない	ー	4回	2歳
F	6年生	11歳	女	ブラジル	5歳	1回	ない	ー	1回	7歳
G	8年生	13歳	男	ブラジル	11歳	1回	ない	ー	1回	ー
H	7年生	12歳	女	日本	ー	2回	ない	ー	2回	2歳
I	7年生	13歳	女	ブラジル	10歳	1回	ない	ー	1回	4歳
J	7年生	12歳	男	ブラジル	12歳	0回	ない	ー	0回	ー
K	7年生	12歳	男	日本	ー	1回	ある1～3年	ー	1回	4歳
L	10年生	16歳	女	日本	ー	0回	ない	N3	0回	1歳
M	16年生	12歳	女	ブラジル	7歳	0回	ある1年未満	N5	4回	ー
N	6年生	12歳	男	ブラジル	8歳	0回	ある1～3年	ー	ー	12歳
O	6年生	12歳	女	日本	ー	1回	ある1年未満	N5	4回	6歳
P	6年生	12歳	男	日本	ー	1回	ない	ー	1回	7歳
Q	6年生	11歳	男	ブラジル	7歳	1回	ある1～3年	ー	1回	10歳
R	6年生	11歳	女	ブラジル	6歳	0回	ない	ー	1回	6歳

(出典)アンケート結果をもとに筆者作成。

でも、来日後に日本の公立学校に通学歴のある者は5名おり、うちその期間が1年未満の者が2名、1年から3年という者が3名である。

　アンケート回答者のうち、多くの児童生徒が日本での転校経験を有しており、年齢と転校回数、ブラジル人学校に通い始めた年齢を合わせて見てみると、学習歴が複雑であることが予想される。例えば、Kのケースは、日本で生まれ就学前にブラジル人学校の保育園に通った後、一度は公立小学校に入学したと思われる。編入の年齢は不明であるが、その後にブラジル人学校へ移ったと推測することができる。Oのケースは、日本で生まれて、日本の公立小学校への通学歴が1年未満である。ブラジル人学校に通い始めた年齢は6歳と回答されている一方で、国内での転校経験は4回と記される。この回答からは、公立小学校入学直後にブラジル人学校へ編入したのか、あるいは、ブラジル人学校の途中で公立小学校への通学を経験したのかが分からない。いずれのケースにおいても、複数回にわたる学校の変更が行われるケースが多いことが理解できる。今回設定した質問項目では、こうした国内外での多様な移動の様相を捉えきれていない点が課題として残った。今後、学校間での複雑な移動経験を明らかにするためのインタビュー調査が求められよう。このような調査上での課題はあるものの、以下では、アンケート調査で明らかになった、ブラジル人学校に通う児童生徒の背景と言語使用状況、進路に対する考えに関する調査結果を記していきたい。

3　言語使用状況

　アンケート回答者の日本語とポルトガル語の言語状況に関する問いに対して、全員が「日本語よりポルトガル語の方が得意」を選択している。両親との会話で用いる言語に関しては、父親と母親いずれにおいても「ポルトガル語のみ」、「主にポルトガル語」で会話する者が18名中15名であり、全体の大半を占めていた。その他は、父親とは「ポルトガル語と日本語で半々」、母親とは「主にポルトガル語」と回答した者、両親共に「ポルトガル語と日本語で半々」と回答した者、父親とは「その他」の言語、母親とは「ポルトガル語のみ」と回答した者がそれぞれ1名ずついた。

　日本語能力試験を受験した経験のある者は4名おり、いずれもN5からN3を取得済みである。また、学校以外で日本語を話す機会があるかどうかという問いに対しては「ある」（3名）、「少しある」（6名）という回答と、「あまりない」（7名）、「全くない」（2名）という回答結果が二分する形となった。この結果は、日本生まれかブラジル生まれかとはあまり関係がないようである。

4　公立学校経験

　本調査において日本の公立学校に通った経験のある生徒が8名いた。そのなかで、公立学校への通学期間が「1年未満」の者は3名、「1〜3年」の者は4名、「4〜6年」の者は1名となっている。日本の公立学校を辞めた理由に関する選択肢として、「ポルトガル語を学べないから」、「日本語での勉強が難しいから」、「日本の学校に馴染めないから」、「いじめなどの嫌な思いをしたから」、「親にすすめられたから」、「その他」を設けた（複数回答可）。生徒が公立学校を辞めた理由として最も多く選択されたものは、「日本の学校に馴染めないから」という理由であった。続いて、「日本語で

の勉強が難しいから」と「親にすすめられたから」という理由を選択する者が多い（図1）。上記に当てはまらない理由として、「以前通っていた学校では、教育方法、学習や教科に関する質問をすることができなかった。」という理由が自由記述として回答された。

アンケート回答者のうち、3名を除く全員が、日本で公立学校か、ブラジル人学校かを問わず転校した経験をもつ。そのなかでも、3、4回転校を繰り返している者が5名含まれている。

図1　公立学校を辞めた理由（複数選択可）

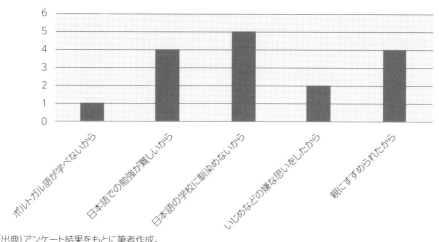

(出典)アンケート結果をもとに筆者作成。

5　進路について

「近いうちに帰国する予定はあるか」という質問に対して、「ある」と回答した者は8名、「ない」と回答した者は6名、「分からない」と回答した者は4名であった。また、「両親とブラジル帰国について話すことはあるか」という質問に対して、「ある」と回答した者は8名、「少しある」と回答した者は6名、「あまりない」と「全くない」という回答をした者がそれぞれ2名ずついた。

次に、アンケート回答者の進路に関する回答結果であるが、ブラジル人学校卒業後の進路について、現時点での考えに近いものを選択してもらった。その結果、「ブラジルで進学」が10名、「日本で進学」が3名、「その他の国で進学」が1名、「ブラジルで就職」が0名、「日本で就職」が2名、「その他の国で就職」が2名、「その他」が1名であった。

表2はブラジルへの帰国予定と帰国について両親と話す機会があるかという問いの回答結果と、進路に対する考えを記したものである。同表に示した通り、Nは「ブラジルで進学」と「日本で就職」の2つの項目を選択している点に留意すべきであるが、そのまま集計結果に含めている。また、具体的な進路がある場合には自由記述にて回答してもらった。これに対して6名による回答があり、整備士、サッカー選手、イラストレーター、ファッションデザイナーの講師、生物学者、弁護士があげられている。

表2 帰国予定と進路に関する考え

記号	近いうちに帰国する予定	両親とブラジル帰国について話す機会	進 路
A	分からない	ある	その他の国で進学
B	ある	ある	ブラジルで進学
C	分からない	少しある	日本で就職
D	ある	少しある	その他の国で就職
E	ある	ある	その他
F	ある	ある	ブラジルで進学
G	ない	少しある	ブラジルで進学
H	ある	ある	ブラジルで進学
I	ある	ある	ブラジルで進学
J	ない	少しある	ブラジルで進学
K	分からない	あまりない	日本で進学
L	ない	全くない	日本で進学
M	ある	ある	ブラジルで進学
N	ない	あまりない	ブラジルで進学、日本で就職
O	ない	少しある	ブラジルで進学
P	分からない	全くない	日本で進学
Q	ある	ある	その他の国で就職
R	ない	少しある	ブラジルで進学

(出典)アンケート結果をもとに筆者作成。

　進路に関する調査結果からは、両親とブラジル帰国について話す機会が「ある」または「少しある」と回答する児童生徒の場合、近いうちに帰国の予定がなくとも、ブラジルでの進学、あるいはその他の国での進学・就職を考えている傾向にある。逆に、両親とブラジル帰国について話す機会が「あまりない」、「全くない」という者のうち、例外であるNを除く全員が日本での進学を選択している。

　「進路について不安なことがあるか」という問いに対しては、7名が「ある」と回答した。具体的な不安に関する自由記述では、「将来と就職が遠く見えても、実際は本当に近くて、何がしたいのか確かな答えがないから不安」、「ある分野を勉強しても、その後失敗するかもしれないこと」、「将来は何がしたいのか分からない」、「（サッカー選手になるための）身体的な能力不足」、「失敗すること」、「成し遂げられるかどうか」、「上手くできなかったり、失敗したりする不安」という意見があげられた。

　このほか、全般的な悩みについて、「成績のこと」、「進路のこと」、「授業のこと」、「言語のこと」、

「友達のこと」、「学校のこと」、「日常生活のこと」、「その他」、「ない」という選択肢を設けた（複数回答可）。その結果、「ない」を選択した者は4名に留まり、主に「成績のこと」、「進路のこと」、「言語のこと」に関する悩みが多く選択された。具体的な悩みに関する自由記述では、「成績をあげる必要があり、勉強にもっと集中しなければならない」、「言語を習得できないこと」、「日本語学習について」、「英語と日本語について」、「卒業したらまず何をすればよいか」、「進路などの夢について」、「生物学者としての職業的な将来について」などの意見があった。

　今回のアンケート調査では、対象が小学校6年生から高校生までと幅広く、「進学」という言葉に対するビジョンが高校進学を指す場合と大学進学を指す場合があると思われ、その解釈は慎重に行う必要がある。とはいえ、児童生徒のブラジル人学校卒業後の進路設計が、日本、ブラジル、第三国と実に多様であることは注目に値する。A校では、こうした多様な進路を子どもたちが実現していけるような学習および進学サポートが求められていると言えよう。

おわりに

　本研究は北関東にあるブラジル人学校の一例であり、日系ブラジル人集住地域や他の地域の様相に普遍的な事例ではないが、少なくとも、子どもたちの学びをつなぐ役割としてのブラジル人学校の取り組みや実践を理解するうえでの示唆が得られると思われる。まずブラジル人学校長への聞き取り調査からは、日本の公立学校にうまく適応できずに、日本語での学習についていけなくなった児童生徒がブラジル人学校へ編入しているケースが多くあることが明らかとなった。くわえて、発達障害が疑われる児童生徒に関する相談もブラジル人学校に多く寄せられていた。こうした状況は、ブラジル人学校が「すがる場所」や「避難場所」としての位置づけにあることがうかがえる。こうした状況に対して、ブラジル人学校では、子ども一人一人と向き合い、それぞれの学習進度に合わせた学習の立て直しを図っていることがインタビューから明らかとなった。

　つづく児童生徒に対するアンケート調査結果からは、子どもたちの多様な学校経験、言語使用状況、進路に対する考えが確認できた。この多様性は、帰国か滞日かという従来の限定的な選択肢ではとらえきれない多くの要因があると考えられる。また、ブラジル人学校卒業後の進路に関する調査結果では、ブラジルでの進学や就職を希望する者がいる一方で、日本ならびに第三国での進学や就職を見据えている者がいることが分かる。ブラジル人学校は、こうした子どもたちの進路に対する意識に合わせて、その在り方を変容させていくことが要請されているのである。

　校長の聞き取りでは以下のような話も聞かれた。学校を設立した当初、校長は知人から「日本に住んでいるのに、なぜブラジル人学校に子どもを通わせるのか」という疑問を投げかけられたという。この問いに対して、校長は確固たるその意義を主張した。それは、今ブラジル人学校に在籍する約100人の子どもたちが、仮に公立の学校に通うことになった場合、どうなるか。公立学校から編入してくる子どもたちの状況を目の当たりにしてきた校長だからこそ、子どもたちの学校生活をめぐる苦悩を理解し、かれらの可能性を信じて一人一人に合ったサポートをしていくことの重要性を認識しているのである。また、保護者の立場に立ち、親が子どもの学校生活や学習の様子について、

ポルトガル語で情報共有できることの重要性を指摘した。こうした教育理念のもとで、子どもたちに適切な学習サポートが行われることは、以前にいた場所では「できない」とみなされていた子どもたちの可能性を引き出し、学習の継続、またその先の進路への道を開くという、「学びをつなぐ場」としての役割をブラジル人学校が担っていると言えるのではないだろうか。

その一方で、ブラジル人学校には課題も残されている。例えば、発達障害が疑われる子どもたちがブラジル人学校卒業後に日本に残るという選択をした場合、かれらはまず日本語の課題に直面することになる。こうした子どもたちが日本で自立して生活していくために、ブラジル人学校はどこまでサポートできるだろうか。また、一般に日本での進学や就職を希望する生徒に対しても、進路指導をはじめ奨学金の申請方法などの情報収集や、生徒およびその保護者への情報提供など、ブラジル人学校在籍生徒の多様な進路選択を後押しする支援については模索段階と言えよう。

今後は、ブラジル人学校在籍生徒の卒業後の進路として、日本での進学や就職を見据えた進路指導がより一層求められることになるだろう。これまでも日本におけるブラジル人家庭の滞日状況に即した教育を展開してきたブラジル人学校であるが、今後もその役割を拡大しながらブラジル人の子どもの学びの場の一つとして、発展を遂げていくことが期待される。

【謝辞】本調査にあたって、多くの方々にご協力をいただきました。ブラジル人学校A校の校長先生、ならびにアンケートに回答してくれた皆さまをはじめ、聞き取り調査の際の通訳を務めてくださった渡辺ローザ様、アンケート項目と結果の翻訳を引き受けてくださった筑波大学博士前期課程のMukai Felipe Naotto様に、この場をおかりして心より感謝申し上げます。

注　釈

※1　「日本人の配偶者等」の在留資格には、「日本人の配偶者」1,716人と「日本人の子」14,828人が含まれる。法務省出入国管理庁,「在留外国人統計」2021年12月末データを参照した。(https://www.moj.go.jp/isa/policies/statistics/toukei_ichiran_touroku.html)(最終閲覧日:2022年11月23日)

※2　Japan Council of International Schools(https://www.jcis.jp/)(最終閲覧日:2022年11月23日)

※3　X市に関する情報は第1章を参照されたい。

※4　調査当時の6年生の在籍人数と調査結果に齟齬が生じた。A校から提供され情報によると、6年生の在籍人数は5名である。他の回答結果との重複が確認されないことから、同一人物が二重に回答したとは考えにくい。回答者の記載ミスであると思われるが、もともとA校では年齢ではなく、学力で学年を振り分けていることから、学年以外の情報を中心に分析データとして用いることにした。

参考文献

・イシカワ　エウニセ　アケミ(2012)「家族は子どもの教育にどうかかわるか：出稼ぎ型

ライフスタイルと親の悩み」宮島喬・太田晴雄編『外国人の子どもと日本の教育：不就学問題と多文化共生の課題』東京大学出版局、77-96頁。

・江原裕美(2015)「関東地区におけるブラジル人学校の現状と課題」『総合教育センター論集』第6号、67-84頁。

・小内透(2003)『在日ブラジル人の教育と保育:群馬県太田・大泉地区を事例として』明石書店。

・小内透編(2009)『在日ブラジル人の教育と保育の変容』御茶の水書房。

・梶田孝道・丹野清人・樋口直人(2005)『顔の見えない定住化:日系ブラジル人と国家・市場・移民ネットワーク』名古屋大学出版会。

・月刊イオ編集部編(2022)『日本の中の外国人学校』新版, 明石書店。

・児島明(2006)『ニューカマーの子どもと学校文化：日系ブラジル人生徒の教育エスノグラフィー』勁草書房。

・児島明(2013)「教育機関としてのブラジル人学校」一橋大学『＜教育と社会＞研究』第23号、93-101頁。

・佐久間孝正(2006)『外国人の子どもの不就学:異文化に開かれた教育とは』勁草書房。

・志水宏吉・中島智子・鍛冶致編、(2014)『日本の外国人学校：トランスナショナリティをめぐる教育政策の課題』明石書店。

・都築くるみ(2009)「ブラジル政府による在日ブラジル人の教育支援」小内透編『在日ブラジル人の教育と保育の変容』御茶の水書房、193-210頁。

・拝野寿美子(2005)「在日ブラジル人学校の機能に関する一考察:N校の事例」『国際教育評論』第2号、20-36頁。

・拝野寿美子(2010)『ブラジル人学校の子どもたち:「日本かブラジルか」を超えて』ナカニシヤ出版。

・Hatano, Lilian Terumi(2008)「外国人学校・民族学校:社会正義を考える:日本におけるブラジル学校の事例を通して」『立命館言語文化研究』第19巻第4号、61-71頁。

・宮島喬(2014)『外国人の子どもの教育:就学の現状と教育を受ける権利』東京大学出版会。

・宮島喬・太田晴雄編(2012)『外国人の子どもと日本の教育:不就学問題と多文化共生の課題』第3刷, 東京大学出版会。

・山本晃輔・山之内裕子(2014)「ブラジル人学校:経済危機を乗り越えて」志水宏吉他編『日本の外国人学校:トランスナショナリティをめぐる教育政策の課題』明石書店、220-225頁。

第8章

人と学ぶ場をつなぐ
—「あーすぷらざ外国人教育相談窓口」が果たす役割—

加藤　佳代

はじめに

　2022年1月現在、神奈川県には、22万2000人の外国人が暮らし、県人口の2.4パーセントを占める。県内の公立小・中学校には、外国につながりのある子どもが数多く通っている。児童・生徒の総数は減少傾向だが、外国籍児童・生徒数は増加している。なかでも日本語指導が必要な外国籍の児童・生徒数は、全国の中でも愛知県に次いで2番目に高い数値となっている。

神奈川県内の公立小・中学校に在籍する児童・生徒数

	A 児童・生徒　総数	B Aのうち、外国籍児童・生徒数	C Bのうち、日本語指導が必要な外国籍の児童・生徒数	D Aのうち、日本語指導が必要な日本国籍の児童・生徒数
小学校	451,117人(2016年) 439,354人(2021年)	4,603人 (2016年) 7,177人 (2021年)	2,509人(2016年) 3,558人(2021年)	886人(2016年) 1,520人(2021年)
中学校	206,737人(2016年) 200,930人(2021年)	1,930人 (2016年) 2,550人 (2021年)	873人(2016年) 1,066人(2021年)	225人(2016年) 369人(2021年)
小・中合計	657,854人(2016年) 640,284人(2021年)	6,533人(2016年) 9,727人(2021年)	3,382人(2016年) 4,624人(2021年)	1,111人(2016年) 1,889人(2021年)

（神奈川県教育委員会2021.1、2022.1、文部科学省2017.6、2022.3）

　2006年、教育に特化して、母語で相談できる窓口として、神奈川県立地球市民かながわプラザ（愛称:あーすぷらざ）2階の「情報フォーラム」内に、外国人教育相談窓口が設置された。相談窓口の傍らには、様々な言語で書かれた教材や、暮らしに役立つ資料を所蔵する「外国人サポートコーナー」がある（2022年度の所蔵数約6,000点）。母語で相談できる教育相談窓口と教材のリソースセンターを兼ね備えた施設は国内でも稀だ。

　筆者は教育相談窓口開設当初に教育相談コーディネーターとして採用され、今年（2022年）が17年目となる。相談に対応するほか、県内外から訪れる視察者向けに、当窓口の機能や特色を説明する機会が多い。よく聞かれるのが、「なぜ、こうした事業が神奈川県で実現可能だったのか」ということだ。当時の経緯を知る者が少なくなった今、わかる限りのことを記録に残しておきたい。

　本稿では、当事業開始のきっかけを探り、立ち上げまでの経緯を明らかにする。また、ここで働くスタッフの声をもとに、業務を支えるスタッフの思いと姿勢を記述する。そして、利用者のその後の

姿から、当事業が果たした役割を考える。最後に相談窓口として機能するために大事な点を挙げ、今後、同様のスペースづくりを考える人の一助となることを願う。

I　事業開始に至る経緯

1　「多文化教育に関するリソースセンターを考える会」(1997年)の存在

　1977年、神奈川県内に、国内初の国際交流協会、財団法人神奈川県国際交流協会が設立された(事務所:横浜市中区)。1980年、インドシナ難民を受け入れる大和定住促進センターが大和市に設置され、県内では、外国出身の大人や子どもへの日本語支援・学習支援が、市民の手によって広くおこなわれるようになる。

　1987年、(財)神奈川県国際交流協会内に、国際交流コーナーKIS(Kanagawa Information Station)が設置され、様々な分野で活動するグループや個人が集い、数多くの企画が誕生した。1997年、NGO関係者が「多文化教育に関するリソースセンターを考える会」を立ち上げ、2000年に、(財)神奈川県国際交流協会と意見交換をおこなう。しかし当時の協会担当者は、「リソースセンター設置の必要性を感じながらも」、予算、スペース確保の面などで、具体的な支援方法を見つけられずにいた。下記は当時の協会担当者の言葉である。

　「1997年、外国につながる子どもたちの増加に伴う教育課題を肌で感じていた県内のNGO関係者が、「多文化教育に関わるリソースセンターを考える会」を立ち上げた。中心メンバーは、日本語と母語学習に関するリソース(教材・資料等)を収集蓄積し、外国人児童生徒の教育相談を行う拠点(リソースセンター)を県内に設置することを夢見て集まった人たちだ。この会のメンバーと、2000年頃に情報交換する機会があったが、当時はリソースセンター設置の必要性を感じながらも、財団としての具体的な支援方法を見つけられずにいた。」(小山2010)

2　「外国籍県民かながわ会議」(1998年〜)の存在、知事への提言

　外国籍県民かながわ会議は、神奈川県が1998年11月に設置した会議で、外国籍の県民が委員となり、当事者の立場と視点を生かし、地域づくりに関する協議や、外国籍県民に係る施策への提案をおこなってきた。委員は2年ごとに変わり、2年に一度、最終報告書をまとめ、知事へ提出してきた。2022年11月には12期目の会議がスタートする。
2000年以降、同会議は、県内の外国人相談窓口や教育分野、他の分野について、数多くの提言を県知事に提出。下記は、同会議が出してきた提言の抜粋である。

　「県内のすべての公共施設について、多文化共生の視点から、外国籍県民に利用しやすいよう配慮するとともに、特に国際関係施設については、外国籍県民の参画のもとに運営を行うことにより改善をはかってほしい」(第1期外国籍県民かながわ会議2000年10月)

「行政から提供される情報が外国籍県民及びNGOに行き届かないことにより生じる情報格差の解消を図るため、行政、地域国際化協会、外国籍県民、NGO等による協議の場を設置し、外国籍県民が、必要なときに、必要な県民サービスを利用できるよう外国籍県民等への行政情報の提供及び相談事業のあり方を検討してほしい」（第2期外国籍県民かながわ会議2002年10月）

「教育やDVなどについて、外国籍県民が気軽に母語で相談できるようにするなど、外国籍県民の立場に立った相談システムの整備を推進」（第2期外国籍県民かながわ会議2002年10月）

「総合相談窓口では、日本での生活に慣れた外国籍県民や、外国人の抱えている問題に詳しい日本人が相談に当たることとし、窓口の運営についても外国籍県民が日本人と協力して行う」（第3期外国籍県民かながわ会議2004年10月）

「外国籍の生徒や保護者を対象に高校進学などについて説明や相談をする機会を設ける」（第3期外国籍県民かながわ会議2004年10月）

「外国籍児童・生徒の問題に対応できる母語相談員を置く」（第3期外国籍県民かながわ会議2004年10月）

「子ども、保護者及びNPO・ボランティア等が、放課後に母語や日本語で交流をはかれるよう、学校の空き教室などの場を提供するよう市町村教育委員会に要請してほしい。外国籍県民が母国の言葉と文化に接するとともに、日本人も外国への理解を深められるよう、公立図書館に外国語の図書や日本語で紹介した外国に関する図書を配架した外国図書コーナーを開設してほしい」（第4期外国籍県民かながわ会議2006年10月）

「外国籍児童・生徒への総合的な支援体制を構築するために、学習支援、情報提供、相談、研究、研修、ネットワークの機能を有するサポートの拠点「リソース・センター（仮称）」設置を検討・推進するとともに、この取り組みに対する人的・財政的支援を求める」（第5期外国籍県民かながわ会議2008年10月）

「多文化サービスを持つ、県立地球市民かながわプラザの情報フォーラムを、外国籍県民に向け、積極的に広報すること。あわせて、外国籍県民が多く住む地域の図書館でも同様の事業を行い、積極的に外国籍県民に対し広報するよう各市町村に要望すること」（第8期外国籍県民かながわ会議2014年10月）

　このように、外国籍県民かながわ会議を通じて上がってきた外国籍県民の声は、公的な外国人教育相談窓口の設置と教材リソースセンター設置への追い風となった。設置後も、さらなる提言が出され、あーすぷらざの事業を評価する文言が提言に記載された。こうした声が続いたことが、事業継続の後押しとなった。

3　(財)神奈川県国際交流協会が描いた未来図

　神奈川県は、1980年以降、社会保障や教育制度の適用外に置かれた外国人の状況に対し、「内なる国際化(内なる民際外交)」の文言を掲げ、外国人住民と共に生きる地域づくりに着手。在住外国人全般に対する施策の検討・策定・実施へと拡げた。

　1980年代後半、(財)神奈川県国際交流協会(のちに、公益財団法人かながわ国際交流財団と改称)が、「内なる国際化」への取り組みを本格的に開始する。「それまで異文化理解・親善交流が中心だった事業方針を、アジアを中心とする発展途上国への協力と、地域で暮らす外国人住民との共生へと転換」(かながわ国際交流財団2017)した。その後、同協会は県の要請により、1998年に事務所をあーすぷらざ内に移転している。

　2001年、同協会は、新しい国際交流センターの在り方として、「リサーチ(地域課題把握)→リソースセンター(情報の蓄積と分析)→ラボラトリー(開発と実験)→アウトリーチ(ノウハウの移転と社会資源のコーディネート)」(神奈川県国際交流協会2001年1月)の事業フローを描く。同年、協会担当者は下記のように述べている。

　「情報と経済のグローバル化に伴う人の国際移動によって、日本社会は急速に「多国籍・多文化」化しており、異なる文化的背景をもつ人々がともに生き生きと暮らすことのできる多文化共生社会の実現が喫緊の課題となっている。これまで、公民館や生涯学習センター等の生涯学習施設は、国際化という現代的課題に対して、異文化理解の促進を目的とした学習機会の提供や、日本人と在住外国人との交流機会の提供などを行ってきた。国際交流センターには、こうした学習機能に加えて、国際化をめぐる地域課題を具体的に把握・分析したうえで、課題の解決に向けて、行政やNGOと連携しながら地域社会を実際に変えてゆく「カタリスト(社会変革のための触媒)」としての役割が期待されている」(小山2001)

　この言葉通り、同協会はその後、実践へと向かう。2001年、外国人児童生徒の支援をテーマとしたシンポジウムをNGOと共催。しかし、その場に「教育行政関係者の姿が皆無という状況を見て、問題解決に向けて『民』と『官』をつなぐ仕組みの創出が、今後の財団のミッションとなると感じた」(小山2010)と述べている。

　「2001年、当財団がNGOと共催でシンポジウムを開催した際、外国人児童生徒の支援

に携わる数多くのNGO関係者がいる一方で、教育行政関係者の姿が皆無という状況を見て、問題解決に向けて「民」と「官」をつなぐ仕組みの創出が、今後の財団のミッションとなると感じた。そして2001年度から3年間、外国人児童生徒の学習環境の改善をテーマとする調査研究や多言語資料の収集を進めた。」(小山2010)

この言葉通り、同協会は3年かけて、外国人児童生徒の学習環境の改善をテーマとする調査研究をおこなう。この調査研究を通じ、県内の教育行政との関係を構築。相次いで『国際教室をめぐる課題と展望〜おもに教育材の収集・整備・共有化の問題をめぐって〜』(神奈川県国際交流協会2002年3月)、『多文化共生教育をめぐる課題と展望〜情報共有、学校と地域の連携の問題をめぐって〜』(神奈川県国際交流協会2003年3月)、『グローバル時代の国際理解教育にむけて〜グローバル教育と多文化共生教育のインターフェイス』(神奈川県国際交流協会2004年3月)の3冊の報告書を発行している。

同時期、同協会は、2002年から、あーすぷらざの全事業を神奈川県から委託され、2003年からは、施設管理を含む運営全てを委託されている。

2004年、同協会は、社会教育施設・学校教育施設における多言語情報流通を調査研究する「地域における多言語情報の流通にかかわる調査・研究プロジェクト」を開始。図書館情報学の研究者である小林卓氏が社会教育施設を、社会学者の渡戸一郎氏が学校教育施設の調査を担当した。一年間かけて、各施設における多言語資料の所蔵・活用状況を調べ、課題を明らかにした上で、報告書『多言語生活情報の提供・流通〜その現状とこれから〜』(神奈川県国際交流協会2005年3月)をまとめている。

その報告書の中で、「公的機関における多言語サービスの提供を自治体の基本政策にきちんと位置づけることである。言語的マイノリティ住民に対する"恩恵"としての多言語サービスではなく、当然の"権利"としての多言語サービスに転換する必要がある」(渡戸2005)、「該当情報を集中管理、整理、評価、更新し、関係機関への紹介を行う機能を多言語部分で担う機関が必要」(小林2005)、「外国人住民当事者の中から、情報の提供・流通に関わる人材を育成」(小林2005)、「『スペース』・『資料』・『人材』などの資源と、『集う』・『学ぶ』・『交わる』などの機能をより一層有機的に活用しあい、サービスの質を向上させることが必要」(小林2005)との提案が出される。

これらがのちに、あーすぷらざ内に、外国人教育相談窓口と教材のリソースセンターを設置する際の礎となる。以下は社会教育施設の調査を担当した小林の言葉である。

「言語権、文化(享有)権といった新しい人権概念も視野にいれていく必要があるだろう。(略)「要求がない」と言ってしまう前に、一度「本当にニーズはないだろうか」と検討してみる必要がある。(略)米国で運営されているクリアリングハウス(該当情報を集中管理、整理、評価、更新し、関係機関への紹介を行う機能を多言語部分で担う機関)が必

要である。(略)多言語情報の流通・提供にかかわる関係機関の人材育成のための研修
が必要である。多言語サービスの質を維持し向上させるためには、多言語情報の「受け
手」としてのみ見なされがちな外国人住民当事者の中から、情報の提供・流通に関わる
人材を育成するため、外国人コミュニティとの連携を深めることが必要である。公的機
関が連携をはかり、資源と機能をより有機的に活用しあうことが必要である。(略) 4館
種が『スペース』・『資料』・『人材』などの資源と、『集う』・『学ぶ』・『交わる』などの機能を
より一層有機的に活用しあい、サービスの質を向上させることが必要である」(小林卓
2005)

4　あーすぷらざへの指定管理者制度導入

　神奈川県は、あーすぷらざの管理運営に指定管理者制度を導入するにあたり、2005年に公募
を始める。2005年5月、(財)神奈川県国際交流協会(のちに、(公財)かながわ国際交流財団と改
称)は、新規事業を含む施設運営の提案書を提出。その中で、「平成18年度(2006年)以降は、N
GOと連携しながら、外国人児童生徒の教育に関わる相談事業を開始するとともに、外国籍県民
が生活の身近な場で相談できる体制をつくるために、人材育成事業を実施」(神奈川県国際交流
協会2005)と提案している。

　「(公財)かながわ国際交流財団(KIF)は、昭和52年の設立以来、市民レベルの国際交
流・協力を推進するための中核組織として、NGOの支援、地球市民学習に関わる人材
育成と教材開発、多文化共生の地域社会づくりに向けた各種事業を展開してきました。
神奈川県は、指定管理者の公募にあたり、地球市民かながわプラザの果たすべき機能
として、(1)学習センター機能、(2)情報・相談センター機能、(3)サポート・ネットワーク
機能の3点をあげています。協会は、過去2年間のプラザ運営の実績をふまえ、プラザ
に期待される3つの機能の充実に向けて、以下の運営コンセプトのもとで事業展開をは
かります。(略)　KIFでは、平成14年度から16年度にかけ、『外国人児童生徒の学習環
境の整備』、『多言語情報の円滑な流通』等をテーマに調査研究を実施してきました。こ
うした調査の中から、外国人児童生徒の生活をサポートする多文化ソーシャルワーク実
践者の育成、多言語情報の流通センターの創設、行政情報を外国籍県民に伝える公的
機関の職員の研修、の必要性が見えてきました。KIFでは、多言語による情報提供と相
談事業を充実させるため、以下のように多言語情報流通センター機能の構築と相談体
制の整備を図ります。(略)KIFは、プラザに、自治体やNGOが発行する多言語生活資料
を積極的に収集するとともに、民族団体、外国籍県民支援NGO、大学等と連携して、外
国籍県民の情報ニーズに応えるための『多言語情報流通センター』機能を担う場を構
築します。(略)　平成18年度以降は、NGOと連携しながら、外国人児童生徒の教育に
関わる相談事業を開始するとともに、外国籍県民が生活の身近な場で相談できる体制
をつくるために、人材育成事業を実施します」(神奈川県国際交流協会2005)

　上記を含む提案が通り、2006〜2010年度にかけて、（公財）かながわ国際交流財団が、あーすぷらざを管理運営することとなる。2005年、指定管理事業の申請書作成に関わった担当者は、当時を振り返り、次のように述懐している。

　「以前から温めていたリソースセンターの構想を具現化する好機が訪れた。財団が管理運営していた「あーすぷらざ」が、県の指定管理施設に指定され、事業内容を申請者側から県に提案できることになったのである。2005年5月末、当時の（財）神奈川県国際交流協会は、「あーすぷらざ」指定管理事業の申請書の中に、リソースセンターの運営と教育相談事業を盛り込んで提案を行った。幸い、2006年度から5年間の任期で指定管理者となり、教育相談事業がスタートすることになった。」（小山2010）

　2006年、あーすぷらざ内に、外国人教育相談窓口と教材のリソースセンターが誕生する。立ち上がりに至るまでには、第I節第1〜4項で見てきたように、地域の外国人支援NGOからの要望、外国籍県民かながわ会議の提言、（財）神奈川県国際交流協会の数年にわたる調査研究、あーすぷらざへの指定管理者制度導入など、様々な要因が絡み合い、当時の担当者の時機を得た企画と提案の末、ようやく実現したことがわかる。

II　あーすぷらざ外国人教育相談

1　概要
　あーすぷらざ2階「情報フォーラム」は、多くの人や情報が行き交う、人と情報の交差点だ。その入口近くに、外国人教育相談窓口があり、気軽に立ち寄れるようになっている。
　相談窓口では、外国出身の相談サポーターと日本人の相談コーディネーターが二人三脚で、相互補完しながら相談対応している。かつて、外国籍県民かながわ会議の提言として出された「外国籍県民の参画のもとに運営を行う」（第1期2000年10月）、「窓口の運営についても外国籍県民が日本人と協力して行う」（第3期2004年10月）、「外国籍児童・生徒の問題に対応できる母語相談員を置く」（第3期2004年10月）が生かされている。
　2006年の開設当初、相談窓口の開設時間は短かったが、その後、県からの要望により、2011年度から、開設日と時間数が大幅に増え、言語が追加された。なお同年度から、指定管理者は、社団法人青年海外協力協会（JOCA）に交代している（JOCAはのちに公益社団法人に移行）。2021年度には、さらに言語が追加され、現在は、やさしい日本語のほか、曜日により、タガログ語（フィリピンで使われている言葉）、ポルトガル語（ブラジルで使われている言葉）、中国語、スペイン語（南米で使われている言葉）、ベトナム語で対応している。

開設から現在までの経緯

2006年度〜	・あーすぷらざに指定管理者制度が導入される
	・指定管理者は（財）神奈川県国際交流協会（のちに（公財）かながわ国際交流財団と改称）
2006年7月〜	・2階情報フォーラム内に、「あーすぷらざ外国人教育相談」（火曜、日曜:中国語、14:00〜17:00）と、教材のリソースセンター「多文化子ども支援コーナー」（のちに「外国人サポートコーナー」と改称）を設置
2007年1月〜	・教育相談にスペイン語とタガログ語が追加される（火曜:中国語・スペイン語、日曜:タガログ語、14:00〜17:00）
2008年度〜	・教育相談日を週3日に変更（木曜:中国語、金曜:スペイン語、日曜:タガログ語、14:00〜17:00）
2011年度〜	・社団法人青年海外協力協会（JOCA）が指定管理者となる（JOCAはのちに公益社団法人に移行）
	・県からの要望により、ポルトガル語が追加される
	・開設曜日と時間が大幅に増える（火曜:タガログ語、水曜:ポルトガル語、木曜:中国語、金曜:スペイン語、土曜:中国語、10:00〜13:00、14:00〜17:00）
	・2階情報フォーラム内の別スペースに「外国人一般相談・法律相談窓口」が設置される
2021年度〜	・県からの要望により、ベトナム語が追加される（火曜:タガログ語、水曜:ポルトガル語、木曜:中国語、金曜:スペイン語、ベトナム語、土曜:中国語、10:00〜13:00、14:00〜17:00）

　外国人教育相談の2021年度の相談件数は2,432件。来訪、電話、電子メールなどで受け付け、最近はSNS（メッセンジャー）でも悩み事が寄せられるようになった。

相談者は、子ども（小、中学生、高校生、大学生、専門学校生）、保護者、支援者（日本語指導員、日本語教室・学習補習教室のスタッフ、他の相談窓口の相談員、学校通訳者、スクールソーシャルワーカー他）、教員（小学校、中学校、高校、特別支援学校、専門学校、大学）、教育委員会、行政関係者（市役所、区役所、ソーシャルワーカー他）、外国人支援NPO、国際交流協会、図書館、少年院、児童相談所、福祉事務所のスタッフ、研究者など。

　「進路について相談したい」、「日本語を勉強できる所を探している」、「学校からもらった手紙がわからない」、「子どもが学校に行きたがらず困っている」、「学費が心配」、「母国から、いつ呼び寄せるとよいか」、「日本語習得が進まない児童について相談したい」、「日本語がわからない保護者に伝えてほしいことがある」、「日本語指導に役立つ教材情報を知りたい」、「学校での面談通訳が見つからない」といった様々な相談が、日々寄せられている。

2　スタッフの想い

　現在、教育相談スタッフは、日本人の相談コーディネーターが3名、それぞれの言語を母語とする相談サポーターが11名いる（タガログ語2名、ポルトガル語2名、中国語3名、スペイン語2名、ベトナム語2名）。

　長く続けるスタッフが多く、それぞれが、当窓口での仕事以外に、教育委員会、地域における外国人支援NPO、学校での支援や通訳、病院での医療通訳、日本語教室・学習教室・母語教室での支援、図書館での多文化サービスなど、さまざまな活動に関わっている。

教育相談スタッフ、および館内の担当者が、これまでに述べた思いや考えを以下に紹介する。

相談コーディネーター「相談対応には説明の裏付けとなる資料が欠かせない。ここには貴重なヒントが詰まった本が手にとりやすい形で並んでいる。ライブラリースタッフが、常に見やすく、借りやすい状態に整理しているので、所蔵資料を最大限に活かした相談対応が可能。情報収集面では、普段から、『この記事読んだ?』、『大事なことが報告書に載っていたよ』、『新しいチラシが出たことを知っている?』と、大勢の職員が声をかけてくれている。精神的な支えとしては、同じ立場で語り合えるコーディネーター、更にスーパーバイザーとして私達の相談に乗ってくれる職員がいる。一人で問題を抱え込まずに、よりよい相談対応を続けるためには、こういった支えが非常に重要」(スタッフ感想2010)

相談コーディネーター「雰囲気づくりが大切だと思っている。初めてここを訪れた子どもが不安そうな顔をしていたとき、たとえ言葉が通じなくても、私たちが笑顔で話しかけるように心がけるだけで、全然違うと思う。その先につながるというか。「よく分からないけど、この場所は自分を受け入れてくれるんだな」と思ってもらえる」(大学生によるインタビューへの回答2016)

相談コーディネーター「悩みを相談するのは、非常に勇気のいることだと思う。言葉の壁もあるが、時間的な制約、交通費などの金銭面の壁もある。ここに来てよかったという思いを持ち帰って欲しい。悩みは変遷していくもの。ひとつ解決したと思っても、またひとつ、新しい悩みが生まれる。その時に、「じゃあまた相談に行こうかな」と思ってもらえたら。ここはリピーターも多い。忘れてはならないのは、利用者の中に、問題を解決する力は既に備わっているということ。気づいていないだけ。それに気づかせたり、実現できるよう支援するのが、私たちの仕事。ここは外国語サポーターや司書をはじめ、色んな人に力を借りやすい。チームで対応できるのが強み」(大学生によるインタビューへの回答2016)

相談コーディネーター「文化的バイアスのない者が対応した方が、その相談の本質的な部分を見つけやすい。外国語サポーターが仲介者として文化的翻訳もしてくれるので、そこで得られたことをもとに、コーディネーターは日本の情報を調べ、機関あるいは学校等に連絡を取ったりする。ここは開かれた場所。オープンであり自由でもある。出会いの場でもあるが、ここでの出会いは非常にゆるやかで、利用者が主体性を持って、情報を選び取ることができる」(大学生によるインタビューへの回答2016)

相談コーディネーター「丁寧に話を聞くことで気持ちの整理ができたり、新しい情報を得ることで、少しでも問題が改善の方向に向かってくれたらと思う。コーディネーター一人で出来ることは限られている。外国語サポーターを介して、私たちの思いが利用者に伝わるように、サポーターに伝達するときは言葉を選ぶし、サポーターも利用者に伝える際、言葉を慎重に選ぶ。『伝える』と『伝わる』は違う。『伝わる表現を考えること』が大切だと思い、それを心掛けている」(大学生によるインタビューへの回答2016)

相談コーディネーター「外国人保護者が日本の学校文化を理解するのは難しい。外に出て情報に積極的にアプローチしていける人もいれば、それがうまくできない、閉鎖的なタイプの人もいる。こうした方達と信頼関係を築いて、何かあった時には安心して相談できるような、拠り所になりたい」(大学生によるインタビューへの回答2016)

相談コーディネーター「不登校や引きこもり、親子間の摩擦など社会や人とのかかわりに難しさを感じている相談が増えたと感じている。長引くコロナ禍が影響しているのかもしれない。すぐに解決につながらないケースも多く、相談者と学校や児童相談所、就労支援機関などの専門支援機関をつなぎ、継続した支援を行っている」(相談スタッフの声2022)

相談サポーター「教育相談に関わるようになって、自分の経験だけを参考にして外国人問題に取り組むのは難しいことに気づいた。たくさんの外国籍の人がいて、国によって抱えている問題が違う。たとえ同じ問題を抱えていても、違う文化を持つことで解決方法も違うことを知ることができた。県や市町村が支援事業を行っている情報を得ることが出来た。自分自身の勉強ができて心から感謝している。相談を受けるときにはたくさんのことに気を付けなければいけないと思っているが、一番気を遣うのは、自分の個人の感情を出さないことと、自分の個人の意見を言わないことだ。間違った情報を相手に伝えてはいけないと思っている。同じ国の出身者だと気持ちがわかるし、精神的に安心して悩みを打ち明けることができるので、そこは大事だと思う」(スタッフ感想2010)

相談サポーター「コーディネーターと外国語サポーターが一緒に話し合いながら、対応

を考えることが多い。そこで自分のアイディアを出せるところが気に入っている。二人で考えると、新しいアイディアが生まれてくるし、それが相談者の役に立っていると思う」（スタッフ感想2010）

相談サポーター「自分の住む地域や県内で通訳をしたり、相談を受けたり、子どもの日本語学習を支援したりしている。コーディネーターと気持ちが通じ合えたこともあって、自分が外で関わっている人たちの教育部分の課題について、コーディネーターに問題解決の方法について相談に乗ってもらったり、子どもの支援方法についてもアドバイスをもらうことが多い。それを大変ありがたく思っている」（スタッフ感想2010）

相談サポーター「毎月、相談をしてくる人がいたり、過去に相談対応をした人が、再び連絡をくれることがある。繰り返しの相談というものは、こちらを信頼し、連絡すれば何かが得られると思ってくれているからで、とても嬉しい」（スタッフ感想2010）

相談サポーター「困った時には一人で悩みを抱え込まずに相談ができる事を生徒にも保護者にも知って頂きたい。相談者の気持ちを尊重し相手の立場に立って相談対応している。悩みを相談窓口で共有しながら解決に向けて手伝いをしている。母語で文化的な違いなどを踏まえて説明するので安心して相談してほしい」（相談スタッフの声2022）

管理職「情報フォーラムは人が集まる場所。2人以上の人が集まって、何らかの目的やテーマを持って市民活動をしようという時、その準備に活用できる場所でもある。来日したての外国人に関し、色んな着眼点から色んな立場の人に配慮して資料などを作成している。そのような団体が数々存在するわけで、そうした団体の出しているものをここに集めているのは珍しいのではないかと思う」（大学生によるインタビューへの回答2016）

司書「ネット環境にない『情報難民』が隠れていたりする。スマホを持っていればそれでいいかっていうと、やっぱりスマホだけじゃ情報を追いかけきれない部分もある。そうした人を作らないよう手伝います。困った人の『駆け込み寺』のような場所、そういう場所にしたいと思っている」（大学生によるインタビューへの回答2016）

司書「情報フォーラムでは、図書館機能だけでなく、外国にルーツのある人のための相談窓口として、『外国人一般相談・法律相談』『外国人教育相談』をおこなっています。このような相談窓口自体は、全国各地にあると思いますが、私どものように、資料と司書と相談窓口が一体となっている施設はきわめて珍しいと思います。こうしたサービスが、

公共図書館のような誰でも利用しやすい施設で、図書や雑誌といった専門的な資料や、地域の情報とともに、提供される流れが広がっていけばいいなと思います。(略)利用者にどのようなニーズがあるのかを司書が知るためにも、相談窓口を併設していることがとても重要であると考えています。情報フォーラムでは、司書と、教育相談コーディネーター・サポーターが、カウンターを並べて仕事をしています。お互い資料について情報交換したり、相談対応中に司書も一緒に資料を探したり、利用者との何気ない会話から課題を発見し、司書から相談窓口につなげたりすることもあります。司書と教育相談コーディネーター・サポーターの連携による課題解決の方法があるのが魅力だと感じています」(今井、石井2020)

　上記の言葉から、教育相談コーディネーター、サポーター、司書が、それぞれ持つ力を出し合って、課題解決に向かう様子が見てとれる。そして、この事業に関わる中で、スタッフ自身の意識も変化し、各自の成長に繋がっていることがわかる。

　説明の裏付けとなる資料があることで、相談への対応力が上がり、資料も、人の手を経て、実際に使われることで初めて、すぐれた点や足りない点、新たなニーズが見えてくる。外国人教育相談窓口と教材のリソースセンター併設の相乗効果は大きい。

3　利用者のその後

　当窓口では、相談を受けたあと、利用者の後追いはしない。しかし、数年たって、思わぬ所で再会したり、元気な姿を見せてくれたりする。数名のその後をもとに、当窓口が果たした役割を考えたい。

　①かつて、「定時制高校に進学したい」と相談があったA氏。5年後、「あれから無事高校を卒業し、今は仕事をしながら、母語での日本語指導協力者として学校に出向いています。以前、親身に相談にのってくれてありがとう」と報告があった。彼が話す言語は、県内で通訳探しが難しい希少言語。彼のような人が学校に出向いて、言葉がわかる人に教えてもらえるのは、今の子どもたちにとって、どんなに嬉しく、励みになるか、計り知れない。

　②6年前、高校生の時に進学のことで相談に来たB氏。その後、たくましい青年に成長し、2022年夏、あーすぷらざ主催の中学・高校生向け講座のパネリストを引き受けてくれた。今は専門学校を出て、自動車整備士になって4年。職場で後輩の指導もしているとのこと。「自動車整備は、人の命に関わる大事な仕事」と誇りを持って語る姿に目頭が熱くなった。終了後、「客席を見たら、すぐわかりました」と声をかけてくれ、連絡先を交換したところ、あとで、「今日は発表を聞きに来てくださってありがとうございました。これからも頑張って仕事をしていきますので、機会があればまたお会いしたいと思います。」と丁寧なメッセージが届いた。これが「日本語が出来なくて」と相談に来た子なのか、その後どれだけの苦労をしたのかと思うと胸が一杯になった。

③10年前、保護者を通じて相談があったC氏。今は社会人となり、仕事の傍ら、同じ境遇の子
　どもたちの支援や、多文化共生イベントを率先して引っ張る、リーダー的存在だ。同氏が他
　所で講演した内容を引用する。

「中国で中学校を卒業して日本に来たわけですけど、日本語は全くできませんでした。で
すので日本の中学に入って日本語を勉強して、その後進学したいなと思ったのですが、
中国で義務教育を終えているので編入できないと言われました。ちょっとショックでし
た。その後、引きこもりに近いような状態になって、毎日家にいて食べて寝るような生活
を3か月間続け、体重が20キロぐらい増えてしまいました。なぜ日本に来たかというと、
両親が日本にいたためで、中国に戻る選択肢はありません。今後は日本で生活しなけれ
ばいけないのに、日本語もできないし、学校も行かなかったら、これからの人生はどうす
るのか。当時、本当に考えさせられました。その後、神奈川県立地球市民かながわプラ
ザ(あーすぷらざ)に行き、教育相談をして、フリースクールに入りました。そこで日本語
を勉強し、2013年4月から高校に入りました。(略)そこで3年間勉強して、大学の外国
語学部に入りました。(略)2019年の8月に市の公務員試験に受かって、2021年は社会
人2年目になります」(ハク2021)

　上記は一例である。当相談窓口が果たした役割は、歩み出すためのヒントを示し、踏み出そうと
する背中を押したことだ。彼らは踏み出したあと、実際には並大抵ではない苦労をしたはずだ。そ
れを乗り切ったのは彼ら自身の力である。
　相談窓口はあくまで通過点だが、岐路に立つ者にとって、そこは人生の大きな転換点となる。

4　相談窓口として機能するために
　筆者は2006年に教育相談コーディネーターとして採用され、年度ごとに契約更新し、今年17年
目になる。
　これまで経験してきた中で、相談窓口が機能し続けるために大事なこと、相談対応する際の留
意点がいくつかあると感じる。以下にそれを挙げ、今後、同様のスペースづくりを考える人の一助と
なることを願う。

①相談窓口として機能するために大事なこと
・　新しい情報の把握に気を配り、入手したらスタッフ間で共有する(回覧メモをつけ回覧、ファイ
　リング)
・　相談票を作成し、データベースソフト(ファイルメーカーなど)でデータを蓄積する
・　相談内容を、相談コーディネーター、サポーター間で把握する
・　どのような対応をしてきたかをふりかえる場を持つ(定例のケース会議など)
・　ケース会議には外部からオブザーバーを招き、指摘やアドバイスをうける。より良い対応のため
　知恵を出し合い、補い合う

- 他団体との連携が、幅広い相談対応を可能にするため、外部とのつながりを大切にし、多様な機関・団体とのネットワークをつくる
- 信頼関係に基づき、他機関と連携し、その関係性を持続させる
- 人材発掘と育成を心掛ける
- 外部への発信を心掛ける
- 他機関主催の会議や講座、研修に参加する
- 司書の存在は、いちはやい情報の入手のために欠かせない。資料を探しあぐねた時の強力な味方となる
- 事務方の存在は重要。外部との調整、相談スタッフ間のクッション役、相談スタッフのスキルアップのための研修企画など、相談窓口の機能を安定させ、維持するために欠かせない

②対応時に心掛けていること
- 相談者が本当に相談したかったことに近づくために、まずリラックス、安心してもらう
- 相手と信頼関係を築く
- わからない点があったら聞き直し、確認する
- 文化的背景の違いを考慮する
- わかりやすく平易な表現をこころがけ、相手が理解しやすい形にかみくだく
- 理解する速度と深さの違いを考慮する
- 子どもの気持ちは、どこにあるのか、肝心な子ども本人が置いてきぼりになっていないか、大人本位の考えになっていないか、相談にきた大人（保護者や教員）に気付いてもらう
- 本人による選択、決断、覚悟のために、判断材料をできるだけ複数提示し、メリット、デメリットを提示する
- 自分だけの経験、知識にとらわれずに相談対応する
- 以前の情報に頼らず、不明な点はすぐ、その情報に関わる部署、発行元に確認する

おわりに

　外国人教育相談窓口と教材のリソースセンター開設までの経緯を調べる中で、「ローマは一日にしてならず」の思いを強くした。当時の担当者は、予算がついて初めて構想を練りだしたわけではなく、開設の10年前から、様々な声を聞き、構想し、調査研究をおこない、実態を明らかにした上で、時機を得て、実現させていた。このような取り組み方にあらためて驚く。

　筆者は、第Ⅰ節第3項で触れた「地域における多言語情報の流通にかかわる調査・研究プロジェクト」（2004）の研究会・作業グループのメンバーだったが、今回、そこでの調査・研究が大きな構想のもとに位置づけられていたと知り感慨深い。

　2006年に教育相談コーディネーターとして採用された時、担当者から、「相談に来た親や先生の話を聞くのも大事だけれど、『その大人がどうしたいか』ではなく、子どもの笑顔のために、子ど

もがどんな希望を持っているかをよく考えて、相談に乗るようにしよう」と言われたのが、強く印象に
残っている。以来、「誰のための相談窓口か」を常に自問しながら仕事を続けている。

参考文献

・今井美和、石井裕子（2020）「外国にルーツのある人たちの暮らしや学習を支える―
あーすぷらざ映像ライブラリー・情報フォーラム」『課題解決のための専門図書館ガイド
ブック』読書工房、158-159頁。
・外国籍県民かながわ会議（2000年10月）『第1期1998.11～2000.10最終報告書』神奈川県。
・外国籍県民かながわ会議（2002年10月）『第2期2000.11～2002.10最終報告書』神奈川県。
・外国籍県民かながわ会議（2004年10月）『第3期2002.11～2004.10最終報告書』神奈川県。
・外国籍県民かながわ会議（2006年10月）『第4期2004.11～2006.10最終報告書』神奈川県。
・外国籍県民かながわ会議（2008年10月）『第5期2006.11～2008.10最終報告書』神奈川県。
・外国籍県民かながわ会議（2014年10月）『第8期2012.11～2014.10最終報告書』神奈川県。
・神奈川県教育委員会（2021）『神奈川県学校統計要覧令和2年度（2020年度）』。
・神奈川県教育委員会（2022）『神奈川県学校統計要覧令和3年度（2021年度）』。
・神奈川県国際交流協会（2001年1月）『プラザ施設運営を含めた協会の事業展開』。
・神奈川県国際交流協会（2005年3月）『多言語生活情報の提供・流通～その現状とこ
れから～』。
・神奈川県国際交流協会（2005）「地球市民かながわプラザの施設運営の考え方」「外
国籍県民の生活支援の観点からの施設運営の考え方」1-5頁。
・かながわ国際交流財団（2010年5月）『あーすぷらざ外国人教育相談報告書（2006年
度～2009年度）』。
・かながわ国際交流財団（2017）「第3回『内なる国際化』への取組1980年代後半～
1990年代後半の事業から」『かながわ国際交流財団 40年のあゆみ（連載記事）』。
・かながわ国際交流財団（2017）「第8回『地球市民』の学びを広げる」1990年代末～
2000年代後半、地球規模の課題への取組」『かながわ国際交流財団 40年のあゆみ
（連載記事）』。
・小林卓（2005）「第3章 第2節考察 社会教育施設等における多言語サービスの展開
と充実に向けて」『多言語生活情報の提供・流通～その現状とこれから～』神奈川県国
際交流協会、176-178頁。
・小山紳一郎（2001）「第7節 地球市民社会をつくる 『国際交流センター』 『地球市
民かながわプラザ』」『生涯学習の新しいステージを拓く＜第3巻＞クリエイティブな学習
空間をつくる』194-207頁。
・小山紳一郎（2010）「あとがき 相談事業スタートの経緯」『あーすぷらざ外国人教育相
談報告書（2006年度～2009年度）』かながわ国際交流財団、65-66頁。
・スタッフ感想（2010）『あーすぷらざ外国人教育相談報告書』かながわ国際交流財団、

57-64頁。

・青年海外協力協会(2015)『神奈川県委託事業 あーすぷらざ外国人教育相談 事業報告書 2011 年度～2013 年度(平成 23 年度～平成 25 年度)』。

・相談スタッフの声(2022)『神奈川県外国籍県民相談窓口2021年度報告書』あーすぷらざ、4頁。

・大学生によるインタビュー(2016)。

・ハク・セイショウ(2021)「自らの経験からみる外国につながる児童生徒の課題」『2021年度"持続可能な多文化共生社会"をテーマとする自主研究会 活動報告書』 NPO法人参加型システム研究所(2022.3)、24-29頁。

・文部科学省(2017)『日本語指導が必要な児童生徒の受け入れ状況等に関する調査 平成28年度(2016年度)』

・文部科学省(2022)『日本語指導が必要な児童生徒の受け入れ状況等に関する調査 令和3年度(2021年度)』

・渡戸一郎(2005)「第3章 第2節考察 公的機関における多言語サービスの展開と充実に向けて」『多言語生活情報の提供・流通～その現状とこれから～』神奈川県国際交流協会、172-175頁。

—————— コラムⅡ ——————
「自主夜間中学について考える研修会」
第1回（2022年12月3日）報告

　2022年12月3日、宇都宮大学国際学部附属多文化公共圏センター多様な学び研究会、とちぎに夜間中学をつくり育てる会、田巻松雄研究グループの共催で、「自主夜間中学について考える研修会」第1回がハイブリッド形式で開催された。「多様な学び研究会」は今年度センター事業として立ち上がった研究会で、多様な学びの場についての研究とその普及に資する活動を目的としている。「つくり育てる会」は自主夜間中学の開設を当面の目的として発足し（2021年3月）、2021年8月にとちぎ自主夜間中学を開設した。田巻研究グループは、外国人生徒の学びの場に主な関心を向けながら、多様な学びの場の意義と課題についての共同研究を行ってきている。

　自主夜間中学は、公立夜間中学未設置地域を中心に全国で約40あると思われる。自主夜間夜間中学は、自主であることの自由さや柔軟さを活かした学びの場を追求しているが、その活動内容や運営の仕方（スタッフ・会場・資金）は様々である。一方、自主夜間中学は、全体的に、ボランティア組織であるがゆえに、スタッフ・会場・資金の確保が容易ではなく、運営面で厳しい現実に直面している。このため、情報共有や学び合うことが重要となる。しかし、自主夜間中学に関する研究はまだ極めて少なく、情報共有や学び合う機会も限られている。このような問題を共有することで、自主夜間中学について定期的に学んでいく場をつくっていくこととした。まだ1年の経験しかないとちぎの自主夜間中学関係者にとっては、他の自主夜間中学から学んでいくことが大きな目的となる。

　記念すべき第1回は、「札幌、千葉、奈良からの実践報告と問題提起」と題して開催した。前半は、札幌、千葉、奈良の関係者から実践報告と問題提起をいただいた。後半は、3名の報告者に加え、川村滋（とちぎ自主夜間中学宇都宮校　校長）、石林正男（栃木自主夜間中学、栃木登校拒否を考える会）、飯村愼一（光陽エンジニアリング株式会社代表取締役会長）に参加いただき、座談会形式で意見交換をした。

　ここでは、3つの実践報告を中心に研修会の内容を振り返ってみたい。

・**札幌遠友塾自主夜間中学**：工藤慶一（北海道に夜間中学をつくる会、札幌遠友塾自主夜間中学）。工藤は、まず、2020年国勢調査により、北海道における義務教育未修了者数が全国47都道府県で最多の58,444人にのぼり、70代以上が9割を占めるという衝撃的な事実を紹介した。そして、その歴史的な背景を、1945年3月の東京大空襲直後に閣議決定された「都市疎開者の就農に関する緊急措置要綱」と同年11月の「緊急開拓事業実施要項」による戦中・戦後の開拓に求めた。加えて、国勢調査では捉えられない膨大な形式卒業生、外国から日本へ来た人たち、病のために就学の機会を得られなかった人たちなどが夜間中学の門をたたく現実を踏まえ、夜間中学設置の必要性を強調した。

　札幌遠友塾は、1990年4月、約100名の受講生が集う中、「学ぶことが生きることの証と喜びになる」をスローガンに活動を開始した。毎週水曜日夜間の学習活動を32年間続けてきている。これまで延べ2000名を超える方たちが学んできた。

　工藤の実践報告で特に興味深かったのは、学習の様子、学習者の声などに注意を払いながら、運営方法の改善を図るために関係者が議論を積み重ねてきていることである。例えば、授業終了後に教室他使用場所の掃除を全員で行った後、15分程のミーティングを行い、一人一人の受講生の様子や、良かったこと、反省すべき点を出し合い、次回に生かす。各クラスのミーティング報告は、一斉メールで行う。毎月第3土曜日の夜に、スタッフの全体会議を行い、あらゆる報告・相談・決定がなされる。全体会議の1週間前には事務局会議(代表・事務局長・クラスチーフ・教科チーフ・会計・広報の13名で構成)が行われ、全体会議への提案議題を決めてレジュメを作成する。議長は事務局員の持ち回りで行う。全教科について11月アンケート調査、12月に結果をまとめ、各クラスミーティングで検討、教科ミーティングの内容を加えて、1月全体会議に報告し相談する。各教科の授業内容、運営方法、受講生の個々人と向き合う姿勢などについて、共通のまな板に載せて真剣に議論し、問題点を改善するための組織作りが実践されてきたと言える。「30年もこうしたことを繰り返すと、あるべき姿に向かって変身をとげ続け、マンネリに陥る危険性が少ない」。

　札幌では、2022年4月に札幌市立星友中学校が開校した。市立では初めての単独校としての公立夜間中学の開校である(2022年9月1日現在89名の在籍生)。6月に開催された「つくる会」の総会では、札幌遠友塾と星友中学校の相互交流を通じて共存を図っていくことが決議された。工藤は、公立夜間中学設置後も常に「教育の原点」を発信しうる自主夜間中学は必要と強調する。座談会のなかで工藤は、「出来ることから始める」ことと「退かない覚悟」の大事さを訴えた。

　•**ちば自主夜間中学**:竹内悦子(千葉夜間中学をつくる会)。竹内によると、2006年、千葉市第3次5か年計画に公立夜間中学設立が記載され、千葉市教育委員会内に夜間中学校設置検討委員会が立ち上がった。しかし、検討の結果、夜間中学設置には至らなかった。その後、2015年に文部科学省が形式卒業者の学ぶ場として、夜間中学を認める通知を出したことが大きなきっかけとなり、市民ネットワークちばに夜間中学プロジェクトを設立した。同プロジェクトは千葉市教育委員会と意見交換会を続けたが、千葉市が公立夜間中学設立に消極的な姿勢を変えなかったため、自分たちで動きをつくれたらと自主夜間中学立ち上げを決めた。2018年5月に「ちば夜間中学をつくる会」を設立、数か月の準備を経て、同年10月に第1回目の「ちば自主夜間中学」を開校した。千葉市では、2021年3月の市長選で公立夜間中学を公約に掲げた現市長が当選し、5月26日の千葉市教育委員会議で、2023年4月に千葉市立真砂中学校の分校として夜間中学設立が決定した。

　竹内は、自主夜間中学立ち上げから公立夜間中学設立決定までの経過を詳細に紹介したうえで、ちば自主夜間中学の現状と課題を語った。毎回、対面学習は学習者・スタッフ合わせて45〜

50名、オンライン参加者は10名前後で推移。このところ外国人の学習者が増えている。大きな課題としては、多様なニーズに応えられるスタッフの充実、若い世代のスタッフ不足、運営費の確保（賛助金、寄付、助成金の他、地域のバザー等に出店）の3点が挙げられた。

　ちば自主夜間中学の特徴としては、千葉市教育委員会や他団体との連携を重視している点が挙げられる。千葉市教育委員会とは、年1～2回の意見交換や自主夜間中学開校への名義後援などがあるほか、現在、会場について近隣の公立小学校活用の提案を受けている。他団体との連携では、千葉市国際交流協会（外国人支援の補助金をいただく）との連携のほか、フリースクール運営団体等とも意見交換をしている。松戸市、柏市、千葉市の自主夜間中学で連携会議を開催する予定がある。

　竹内は、公立夜間中学開設に向けての課題をいくつか述べた。市教委の内部だけで議論が進められている、昼間の中学と同じにという面が強調されている、夜間中学を必要としている方へ情報が届いていないのではないか等。そして、夜間中学で学ぶ様々な背景をもった生徒のニーズへの配慮が必要であり、複数担任制や多様な生徒に対応できる体制の確保が不可欠であると訴えた。

・**西和自主夜間中学**：山本直子（西和に夜間中学をつくる会　事務局長）。山本は、まず、1992年6月に設立した「外国人労働者　奈良保証人バンク」のことから話し始めた。山本は、1991年に斑鳩町の町会議員になり、3期12年務めた。斑鳩町には当時最大手の人材派遣会社があり、300人位の外国人労働者が雇用されていた。多くは、ブラジル・ペルー・ボリビアといった南米系の日系人であった。労働者のほとんどはカトリックの人たちで教会のミサに通っていたが、劣悪な労働環境や突然の解雇などの困りごとが広く知られるようになった。そこで山本は仲間と共に彼らの生活を援助するため「外国人労働者　奈良保証人バンク」を設立した。このバンクは、およそ人が生まれてから死ぬまでのありとあらゆる相談事への関与、在留資格等にからむ入管対応と手続きへのサポート、手続き時に必要とされる身元保証人を無償で引き受けることを主な活動とした。この活動を通じて、増え続ける外国人労働者とその家族の生活のための日本語支援が大きな課題と認識されるようになり、このことが自主夜間中学に携わるきっかけとなった。

　自主夜間中学の運営や広報活動を行う「西和に夜間中学をつくる会」の結成総会が1998年4月に開催され、同年5月に西和自主夜間中学が開校した。西和自主夜間中学の運営面で特徴的なのは、官と民が協力する形で開校したことである。「つくる会」は交通の便などから王寺町教室の提供を要請。斑鳩町と王寺町の両町長の理解と協力のもと、王寺町が中央公民館を無償で貸すことを決めたため開校が可能となった。

　現在、奈良県には公立夜間中学が奈良市（1978年設置）、天理市（1981年設置）、橿原市（1991年設置）に3校、自主夜間中学が大淀町（吉野自主夜間中学、1996年開設）、王寺町（西和自主夜間中学、1998年開設）、宇陀市（宇陀自主夜間中学、2002年開設）に3校ある。また、上記の6つの夜間中学とそれぞれの充実を目指す6つの運動団体で構成される奈良県夜間中学連

絡協議会（1991年結成）が、年1回の総会や年数回の教育委員会との交渉、研修会など、夜間中学充実のために様々な活動を展開している。

山本は、現在、奈良県夜間中学連絡協議会の代表を務めている。2022年6月には、協議会から奈良県教育委員会宛てに「奈良県夜間中学充実のための要求書」が出された。そこでは、基本方針の具現化、自主夜中への支援、夜間中学の支援等、夜間中学校の教育充実、日本語教育の実施、夜間中学の生徒の受け入れ、夜間中学生の進路保障の7点について要求が出されてる。

西和自主夜間中学は、マンツーマンを原則とする。マンツーマンでは、自主夜間中学の良さとして、決められたカリキュラムに縛られることなく、一人ひとりに合った学びが1対1で出来る。山本は、「私の先生」、「私の生徒」という関係を大事にしつつ、マンツーマンでは生徒同士やスタッフが互いを知る機会が少なくなってしまうことも踏まえ、1人の学習者と複数のスタッフ、1人のスタッフと複数の学習者の交流も大事にしていきたいと語った。

座談会の内容についてはごく簡単な紹介しかできないが、自主夜間中学を始めとする多様な学びの場の重要性、マンツーマンや一斉授業などの学習形態の良し悪し、自主夜間中学の充実発展のために行政や企業に理解と協力を求めていくこと等について活発な意見交換がなされた。報告者および参加者からのいくつかの感想を紹介する。

・今回の研修会に参加できたことは、私にとっても大きな学びの場でした。工藤さん、山本さんのお話しは、北海道、奈良ではの実践で、感銘を受けました。千葉は歴史も浅く、課題もさまざまありますが、皆さんと一緒に、学びの場として活動を積み重ねていきたいと思います。栃木の皆さんの熱い思いもしっかり感じ取りました！楽しみですね。

・この度の集りは、自主夜間中学の持つ新たな力を感じたことなど、今までにない視点から物事をとらえることができました。本当に良かったと思います。スタッフのみなさまに感謝です。また、お寄せいただいた感想も目を見張るほど素晴らしいものでしたので感銘を受けています。

・研修会に参加させていただき、皆様からのご報告を聞かせていただけたことは、大変意義深く、貴重な体験でした。改めて、自主夜間中学にかかわる皆様が学校継続のために多くのエネルギーを費やされていることが確認できました。全国の自主夜間中学が、手をつないでいけるようなネットワークが作れればいいですね。本当にありがとうございました

・本当に心の洗われる3時間でした。人の苦しみを受け止めることができる人、人の喜びを自分の心の糧となせる人が集まった会場だったと感じました（出演者に限らずスタッフも、そしておそらくオンライン視聴の方々も。）夜間中学うんぬんを越えた意味を持つ会になったと思います。

・発表者の方の熱量が伝わってきました。また勉強になる視点、事例も多くありました。私が大学に入学したとき、社会心理に興味があり社会学科だったのですが、社会学科の先生の中に、社会教育を専門としている方がいました。そのときは、まだ学校以外の学びが想像できない年齢だったのですが、社会教育の授業の中身には興味を持ったことを思い出しました。

本研修会は、3〜4カ月に一度の頻度で開催していく予定である。

Ⅲ部

排斥、排除、壁

中村　真

第9章

排斥の実態とその背景にある心理プロセス

はじめに

　本稿では、差別、いじめ、ヘイトスピーチ等さまざまな形態で行われる拒絶や排除に関わる排斥行動の背景を、主に社会心理学の観点から明らかにすることを目的とする。社会心理学においては、無視したり、拒絶したり、仲間外れにすることを社会的排斥（social exclusion, social rejection, ostracism）と呼ぶが（cf., Williams2009）、ここでは、排除よりやや広いニュアンスをもつ用語として、排斥を用いる。排斥行動の背景にある心理プロセスを検討しつつ、この問題への即効の対策はないことを示すとともに、これまでにさまざまな分野で論じられてきた排斥行動の背景や対応策を吟味し、より適切なものとしていくための根拠となりうるモデルの構築と分析の視点を提供することを目指す。

Ⅰ. 外国人や外国に関係する人々への排斥の現状と課題

1　教育機会からの排斥

　犯罪加害者となり、受刑者として、また不法滞在者として収監され、強制送還されることになった南米出身の外国人Tが日本で過ごした20年についての詳細な報告がある（田巻2019）。Tが収監されていた東日本入国管理センターでの10回を超える面会や多数の手紙のやり取り、家族との面会、複数の裁判記録を踏まえての報告によると、Tは両親に帯同して10歳の時に来日し、小学校4年生に編入する形で日本の学校で義務教育を受けることになった。しかし、授業についていくことが困難であり、いじめられたことも重なり、中学入学後に不登校となった。学校や家庭に居場所はなく、いわゆる悪い仲間との交友から犯罪に関わることになり、少年院への複数回の入院を経て、さらに強盗などの犯罪加害者になり、受刑し、その後不法残留となった経緯などが克明に記録されている。

　この記録は、入国管理局、同センターの施設運用や、関係する法、制度による排除の問題を指摘するとともに、結果的に教育機会の制限につながることになってしまっている日本における外国人児童生徒教育の課題と、いじめや差別などによる個人レベルでの排除により社会参加の機会を失うという外国人子女が直面する困難の実態を示していると言えるだろう。

　国籍を有する日本人であったとしても教育機会を失うことは、その後の社会生活を厳しいものに

するが、外国人として日本で生活することを考えると、その困難は一層深刻なものとなる。生活することの困難に加え、市民として社会に参加することもかなわず、結果的に、自らが直面する問題への対応を社会に求めることも難しくなる。さまざまな理由で教育を受けることができない住民は、短期的で直接的な排斥に加えて、長期的にも排斥被害者になりうる。すなわち、教育機会の喪失が公共圏としての社会への参加を制限し、結果的に社会からの排斥に結びつくことになる（石戸2002、鈴木1991、河村2022）。社会参加ができない住民が増えることは、様々な格差や断絶を生み、社会全体の不安定要因になるだろう[※1]。

　本稿では、学校や教育場面に限定せず、特定の集団やそのメンバーに対するいじめや差別のような排斥に心理学的観点から焦点を当て、その背景にある個人レベルの心理プロセスを集団行動の特徴も踏まえて明らかにするとともに、その作業を通して、排斥を予防し、問題に対応するための方策立案に貢献することを目指す。心理学的分析を始める前に、まず、より大きな観点から日本社会における排斥の現状と課題を確認しておきたい。

2　ウトロ地区の事例—在日コリアンへの排斥

　樋口（2014）によると、ヨーロッパの排外主義が移民全般に対するもので、主として、職の競合を含む経済的、文化的脅威といった直接的な理由によるものであるのに対し、日本では、全般的な反移民的傾向は必ずしも強くはない。近年日本で観察される、特に中国と朝鮮半島、及びこれらの地域に関係する人々をターゲットとした排外主義的行動の背景には、特に、第二次大戦以降、日本がこれらの国家との歴史的関係を整理できないまま、それぞれの社会経済的地位が変わり、その状況に十分に対応できていないという東アジアの地政学的要因と、この問題に直接的に関係する歴史修正主義の高まりがあると指摘している。

　ここでは、歴史やイデオロギーの問題については立ち入らないが、在日コリアンに対する排斥が現在でも根強く繰り返されている現状と、社会的レベルでの対応について確認しておきたい。

(1) ウトロ地区の歴史と平和祈念館の開館

　2022年7月31日付発行のコリアNGOセンターニューズレターVol. 54には、「在日コリアンの歴史を刻むとともに未来に向けた出会いと交流の拠点に」という見出しで、ウトロ平和祈念館が同年4月30日に開館したことが紹介されている[※2]。

　ウトロとは、京都府宇治市ウトロ地区のことである。このニューズレターの記事（p.11-12）、及びウトロ祈念館HPによると（ウトロ祈念館ウェブサイト　2022年9月25日閲覧　https://www.utoro.jp/history）、この地区は、1940年から日本政府によって推進された「京都飛行場建設」に集められた在日コリアン労働者たちの飯場跡に形成された集落であった。日本の敗戦により工事が中断されると、その場に放置された朝鮮人労働者たちとその家族はウトロを第二の故郷として生活してきたが、在日コリアンの「スラム」として蔑まれ、上下水道などの生活インフラが整備されず、生活用水も地下水をくみ上げる劣悪な衛生環境であった。このような事実を知った日本の市民たちが、「深刻な人権問題」としてウトロの人々と協働し、この地区の生活改善を求める運動が1986年か

ら始まった。1988年に上水道が敷設されたが、その後、戦中の国策会社を引き継ぎこの地区の土地を買い受けた会社による土地の明け渡しをめぐる訴訟へと発展し、敗訴の宣告を受けた。

　敗訴した状況でも支援者たちは「まちづくりプラン」を提案し、また海外にもウトロ問題を発信し、2001年には国連社会権規約委員会においてウトロの立ち退き問題に関する懸念と差別是正勧告を引き出した。また、韓国では、ウトロの土地購入のための市民募金運動が始まり、韓国政府も支援を表明することになった。2007年9月にウトロの土地の一部を買い取る合意書が締結され、強制退去の問題はなくなった。韓国の動きを受けて、日本政府と自治体も2007年末に「ウトロ改善協議会」を発足させ、ウトロ地区における新たなまちづくりが現実として動き出すことになった。

　以下は、記念館建設に向けたウェブサイトの説明文である。

　　ウトロの歴史を記録し未来へとつなぐ記念館構想は、2007年の「ウトロ街づくり計画」の中で作成されました。ウトロ全体のまちづくりが進んでいく中で記念館構想も進み、ウトロ市営住宅第一期棟の入居が始まった2018年に日韓で「ウトロ平和祈念館建設推進委員会」が発足し、祈念館建設のための韓国政府の支援金も決定しました。

　　ウトロは戦争の時代に形づくられた、日本社会から「置き去りにされた」朝鮮人のまちでした。しかし困難に直面しながら声を上げた人々と、ウトロに寄り添ってきた日本市民、在日コリアン、そして韓国市民が協力してウトロの歴史と居住権を守った歴史は日本と朝鮮半島が互いに理解を深めあい、力を合わせ、地域社会で「小さな統一」をつくることによって新しい社会と未来を築いていけることを示してくれています。

　　またウトロ平和祈念館は歴史を継承するだけではなく、ウトロ住民をはじめ地域の人々に開かれたコミュニティの拠点として、また地域を超えて日本と朝鮮半島の未来を担う人たちの出会いと交流が深まる場としても役割を担っていきたいと考えています。

　　そして戦争から生まれたウトロという地域を守り抜いた人々の姿を通じて、人権と平和の大切さ、共に生きることの意味を伝えていける場所になるよう、みなさまと共に新しい歴史を作っていきたいと思います。

　排斥の歴史と現状、その対応の事例として、このウトロ地区の状況を取り上げたが、このような将来に向けた働きかけの背景には、現在も根強く繰り返される在日コリアンへの排斥がある。

(2)ウトロ放火事件

　2022年4月10日に配信された記事によると、火災は2021年8月30日午後4時ごろに起きた。空き家から出火し、倉庫や住宅など7棟を全半焼した。「ウトロ平和祈念館」の展示予定品の一部も焼失した。けが人こそなかったものの、命を落とす人がいてもおかしくない状況だった、とされている（共同通信社「韓国が嫌いだった」京都・ウトロ放火、22歳の男はなぜ事件を起こしたか　ヘイトクライムは防げるか（前編・後編）https://nordot.app/881734797093961728 ?c=39546741839462401）。被告は在日本大韓民国民団（民団）の愛知県本部の壁に、同年7月、

火を付けたなどとして、器物損壊の疑いで愛知県警に逮捕されており、事件は民族蔑視に基づく「憎悪犯罪（ヘイトクライム）」として注目を集めている。

京都新聞社説（2022年5月17日付デジタル版）では、「ウトロ放火判決」と題して、この事件の解明を訴えている（京都新聞　2022年9月25日閲覧　https://www.kyoto-np.co.jp/articles/-/794014）。在日コリアンが多く暮らす宇治市伊勢田町のウトロ地区に放火したとして起訴された奈良県の22歳男の初公判が京都地裁で開かれ、被告は起訴内容を認めた。この男性は、「朝鮮人が嫌いだ」、「注目を集めたい」などと証言している。取材に対しても、コロナ禍で離職を余儀なくされ、再就職も難しい状況で鬱屈した気持であった、と述べるとともに、韓国人に敵対感情があり、彼らが自分たちよりも優遇されていることが許せなかった、韓国人を攻撃すればヤフーなどで取り上げられ称賛されるとも思った、などと語っている。

これらの供述や証言は、放火という極端な排斥行動の背景に、嫌悪という感情要因とともに、他者からの承認を求める欲求、所属集団への社会的同調圧力のような要因が潜在的な影響を与えていた可能性をうかがわせる。この点については、第2節で分析する。

3　社会的提言あるいは公共圏への参加：声明文、要望書とヘイトクライム対策の提言

ウトロ地区での火災が放火事件であり、ヘイトクライムであることが判明したこと、日本各地で在日コリアン施設へのヘイトクライムが頻発している状況を踏まえ、特定非営利活動法人コリアNGOセンターと在日コリアン弁護士協会（LAZAK）は、2021年12月27日付で、次の3点を求める共同声明を発表している（コリアNGOセンターHP　2022年9月20日閲覧　https://korea-ngo.org/archives/1916）。

① 差別・憎悪による犯罪が強く疑われる事件が頻発している状況をふまえ、内閣総理大臣、法務大臣、事件が発生している地方自治体の知事がヘイトクライムを許さないという明確なメッセージを発信してくださることを求めます。
② 捜査にあたっては、事実関係とともにその動機の解明をおこない、ヘイトクライムの危険性を十分に考慮した対応を司法機関に求めます。また捜査段階で被害者の被害状況とりわけヘイトによる被害感情にも十分配慮した対応を検察及び警察に求めます。
③ メディアに対し、報道するにあたっては事実関係と同時にヘイトクライムが疑われる場合にはその危険性を明確に伝え、批判する報道姿勢を堅持してくださるよう求めます。

さらに、この放火事件を含む一連の排斥に関わる事件を受け、2022年2月24日に、「今こそ国によるヘイトクラム対策の実現を求める院内集会」が開催された。そこでは、郭辰雄（一般財団法人ウトロ民間基金財団理事長）と金秀煥（南山城同胞生活センター代表）両氏による、事件をヘイトクライムとして許さないことを示すことを求める地元自治体に対する要望書（案）「ヘイトクライム（憎悪犯罪）のない社会の実現を目指して〜ウトロ放火事件への対応について〜」とともに、外国人人

権法連絡会によって、国レベルでのより包括的なヘイトクライム対策の実現を求める「ヘイトクライム対策の提言（概要版）」が示された。後者の提言（概要版）は、同年4月28日に古川禎久法相に手渡され、同年5月に「ヘイトクライム対策の提言（一般公開版）」として公表されている（https://gjhr.net/wp-content/uploads/2022/05/4285422694461fdc0488bc4df2bf2838.pdf）。

この提言は、次の6章と注、近年のヘイトクライムの事例24件をリストした付記によって構成されている。

第1章　ヘイトクライムとは何か
第2章　日本におけるヘイトクライムの実態
第3章　日本のヘイトクライム対策の現状と課題
第4章　ヘイトクライム対策の国際人権基準
第5章　ヘイトクライム対策の各国の例
第6章　ヘイトクライム対策の提言

この第6章では、ヘイトクライムに対応するための対策として、以下の12の提言が示されている。これらは、国に対する要望であり、法や制度の整備に関わる提言と、「政府や自治体による宣言や言論（ガバメント・スピーチ）」の重要性の指摘が中心になっているが、同時に、被害者支援や加害者のための研修プログラムの整備といった、個人レベルでの対応も示されている。

① ヘイトクライム根絶宣言
② ヘイトクライム対策に関する担当部署を内閣府に設置すること
③ マイノリティ当事者、専門家等による審議会の設置
④ 「政府言論（ガバメント・スピーチ）」の重要性
⑤ 被害者に対する支援、サポート
⑥ 加害者に対する反差別研修プログラム
⑦ 現行法による対応、人種主義的動機の量刑ガイドラインの作成等
⑧ 法執行官に対する研修プログラムの策定、実施、プロジェクトチームの設置
⑨ ヘイトクライムの捜査、公訴の提起及び判決の状況に関する調査と公表
⑩ 被害通報等の容易化の体制整備
⑪ ヘイトスピーチの禁止、制裁等
⑫ 包括的な人種差別撤廃法の制定、救済手続きの設置、個人通報制度への加入

これらの働きかけ、要望や提言は、市民が行政や社会に働きかけ、より望ましい社会を目指すための意思決定に影響を与えようとする公共圏における活動であり、民主的実践の実例と言えるだろう（高谷（2022）第3部参照）。問題の指摘にとどまらず、社会的に取るべき対策を具体的に示す重要な内容となっており、特に、ガバメント・スピーチや法、制度の整備を含めたマクロなトップダウン

の措置は、排斥行動を減ずるための直接的に有効な対策であると思われる。ただし、制度の下で人々がどのように感じ、考え、行動するのかについての理解がなければ、表面的な抑制効果にとどまってしまうし、被害者のへ支援や加害者への研修は、当事者の心理学的背景に関する理解に基づくものでなければ、十分な効果を見込むことはできないだろう。

II. 排斥行動の心理学的背景

　心理学の分野では、偏見や差別、排斥に関わる個人の心理過程や集団間プロセスについて、これまでに、主に社会心理学の観点から研究が行われ、成果がまとめられてきた（eg,北村・唐沢2018、大渕2019）。先に紹介したように、ウトロ放火事件の犯人の場合は、放火という形での排斥行動であったが、主に、在日コリアンに対する嫌悪「感情」と、ネット社会上で認められ、称賛されたかったという「社会的動機づけ」や「集団力学的な要因」の影響が組み合わさった結果として生じた行動と考えられる。ここでは、排斥行動の心理的背景について、個人内の心理プロセスに主要な焦点を当てつつ、集団内における社会的要因の影響を考慮した分析を試みる。

1　排斥行動の背景にある個人レベルの心理プロセス

　偏見や差別のような排斥の心理プロセスを解明しようとする研究は数多く行われてきたが、その多くは、ステレオタイプ、権威主義、保守主義、性格特性、怒りや不安などの個別の要因を少数取り上げて、移民や性的マイノリティなどに対する排斥行動への影響を検証しようとしたものであり、これらの要因を包括的に取り上げて、心理プロセスの全体像を説明しようとする研究は限られている。ここでは、筆者らの先行研究（中村・河野、2021）において検討された心理プロセスを構成するさまざまな要因を改めて吟味し、そこで構築された包括的心理プロセスのモデルを援用して、個人内の心理プロセスに関わる諸要因がどのように排斥行動に結びつくかを考える。

(1)排斥に関わる心理的諸要因とその関連付け

　中村・河野（2021）では、特定集団に対する排斥行動を説明する心理プロセスモデルの構築を構想し、先行研究（e.g., Hodson & Dhont,2015）によって取り上げられてきた種々の要素を、以下に示した一連の心理的要因に関連付け、まとめている。このモデルは、排斥対象になり得る特定の集団やそのメンバーに関する情報が、さまざまな心理的要因の影響を受け、どのように処理され、結果として排斥に結びつくのかを説明しようとするものである（図1参照）。

　a. 外的手がかり：特定集団の有する資源、脅威、逸脱、外見などの情報
　b. 注意バイアス要因：病原体嫌悪感受性、道徳性、ステレオタイプ傾向、脅威脆弱性認知、イデオロギーなどの個人差要因
　c. 認知的評価要因：資源認知、道徳性評価、注意バイアスの影響を受けた入力情報（外的手がかりなど）の評価、および、既有知識との関連付け

  d. 感情要因：嫌悪、怒り、軽蔑、恐怖、自尊心、達成感など
  e. 態度要因：排斥的コミットメント・思考(信念)、否定的態度、非人間化
  f. 行動要因：排斥行動

a. 外的手がかり

 外的手がかりとは、特定の対象集団やそのメンバーが有している、もしくは有していると考えられる、資源、脅威、逸脱、外見などに関わる情報である。それぞれ、具体的な要素から、抽象的なイメージまで、異なる多様なレベルの情報があると考えらえる。たとえば、資源については、X国はレアメタルが豊富である、優れた歴史や文化がある、勤勉な国民が多い、などの情報である。また、脅威については、対象集団の軍事力、パンデミックの発生源などに関連した脅威に関する情報である。逸脱については、対象集団が社会的ルールや道徳的行動から逸脱している程度を示す情報である。さらに、外見は、観察可能な服装や髪形、顔つきなどが特異的であるかどうかを指す。これらの手がかりに関わる種々の情報の性質が、対象の評価に影響を与える。

b. 注意バイアス要因

 注意バイアス要因としてまとめた一連の個人差要因は、特定の対象との関係や状況に関わらず、個人が特性として有している性格や傾向等である。嫌悪感情の喚起されやすさ(病原体嫌悪感受性：Tybur, Lieberman, & Griskevicius, 2009)、道徳性を重視する程度(道徳性：金井2013)、物事をカテゴリーや枠にはめようとする傾向(ステレオタイプ傾向：河野・中村2021)、自分が病気になったり被害を受けやすいと感じる度合い(脅威脆弱性認知：河野2019)、さらに、権威主義的傾向(敷島ら2008)のようなイデオロギーなどは、個人によって異なるとともに、比較的安定している要因であり、外的手がかり情報のどのような側面に注目するか、すなわち、注意バイアスに影響を与えていると考えられる。また、選択された情報が認知的評価の材料とされるため、対象の評価を大きく左右する要因と考えられる。

c. 認知的評価要因

 認知的評価要因は、外的手がかりをどのように解釈したかに関わる要因であり、一般的な良し悪しや道徳性に関わる評価に結びつく。資源については、肯定的評価につながる可能性がある。また、脅威、逸脱、外見に関する情報の解釈は、対象の道徳性の評価を決定すると考えられる。さらに、入手した情報と既有知識との関連付けが行われることによって、対象に対する肯定的、否定的評価が決定されるとともに、種々の感情を喚起することにもつながる。入手した情報は注意バイアスによって偏ったものとなり、同時に、偏った既有知識との関連付けが生じると予想されることから、認知的評価は個人が有するバイアスを反映したものになると考えられる。

d. 感情要因

 認知的評価の結果として、また、より直接的な外的手がかり情報の処理結果として生じる各種の感情。とくに、対象によって直接喚起された恐怖、怒り、嫌悪、軽蔑などの感情は排斥を促進する一方、対象への好意や尊敬などが喚起されれば、排斥を抑制すると考えられる。
 感情については、さまざまな行動を動機づけると考えられており、自己肯定感や達成感、有能

感、満足感のようないわゆるポジティブ感情であっても、集団との関係で体験される場合には、上記の放火犯のような排斥行動と結びつくことも考えられる。ただし、このモデルでは、まずは対象に対する一次的反応としての感情を取り上げる。

e. 態度要因

態度は、心理学的には、信念、感情、行動という3つの要素から構成されている包括的な概念と考えられているが、ここでは、調査項目との関係で、感情や行動とは独立して信念・思考を検討対象にしている。信念・思考としての排斥的コミットメント・思考は、対象と戦う決意などを示している（Sternberg & Sternberg2008）。また、否定的態度、非人間化（Haslam2006）は、対象の人間性を否定し、人間として見なさない傾向を示している。

f. 行動要因

排斥行動そのものである。落書き、ブログやネットコメントの書き込み、発言、精神的威嚇、身体的暴力、物理的排除、いじめ、差別、ヘイトスピーチ、街宣活動への参加など、さまざまなレベルや形態が考えられる。

(2)心理プロセスモデルの構築

上記の心理的諸要因を構成要素として、排斥行動を説明する心理プロセスモデルの構築を目的にしたウェブ調査を、10代から50代までの各世代の男女108名ずつ、合計1080名を対象に実施した（中村・河野2021）。先行研究（河野2019）において、嫌悪対象集団として報告される頻度の高かった中国、韓国、北朝鮮に台湾を加えた日本近隣の4カ国（ここでは、以下、一律に国と呼ぶ）を評価対象にした評定データを取得した。具体的には、1）注意バイアス要因である個人特性や権威主義的態度などを測定する設問、2）対象国に関する設問（対象国に対する認知的評価と感情、コミットメント、態度、行動の要因）、3）外的手がかりに関する設問等について、回答を求めた（詳細については、中村・河野（2021）を参照）。

回答結果をもとに、共分散構造分析によるモデリングを繰り返し、効果が十分ではない要因やパスを削除し、諸要因間の関係を説明する因果モデルを構築した（中村・河野2021：Figure1）。ここでは、この因果モデルに基づいて諸要因を関連づけ、情報処理過程としての心理プロセスモデルとして図示した（図1参照）[※3]。図1に示した心理プロセスモデルでは、上部に大まかな流れが示されており、「外的手がかり」要因が、「注意バイアス」要因を経て、「認知的評価」、「感情」に結びつき、さらに「態度」、「行動・反応」へとつながっていく。

より詳細には、評価対象国に関する種々の情報のうち、脅威に関わる情報、常識や規範からの逸脱に関わる情報、外見の良し悪しに関わる情報といった外的手がかりが、注意バイアス要因によってフィルターをかけられるのが、第1段階の情報処理である。具体的には、人や行動をカテゴリー化しようとする程度としての「ステレオタイプ傾向」、病気になる、犯罪に巻き込まれることになるといった種々の脅威への脆弱性に関わる「脅威脆弱性認知」、体臭の強い人や残り物のカビなどへの嫌悪が喚起されやすい程度としての「病原体嫌悪感受性」、さらに、道徳的であることを重んじる度合いとしての「道徳性」における個人差が、手がかり情報のどのような側面に注意を向ける

図1　排斥行動の心理プロセスモデル

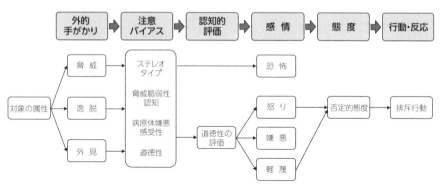

（中村・河野（2021）Figure1に基づいて作成）

かに影響を与えていると考えられる。

　次いで、対象国で人権が尊重されているかどうかといった良し悪しに関わる評価、すなわち、「道徳性評価」のような認知的評価が行われる。モデルには示されていないが、その際には、評価対象国に関する既有の知識（たとえば、Y国のある地域では、マイノリティが迫害されているという報道を見たことがある、など）とも関連づけられた解釈や評価がなされるだろう。

　認知的評価に続いて、恐怖、怒り、嫌悪、軽蔑といった「感情」が生じるが、このモデルでは、恐怖は、認知的評価要因とは直接結びついておらず、外的手がかりから注意バイアスを介して喚起される可能性が示されている。一方、怒り、嫌悪、軽蔑は、道徳性の評価結果と結びついている。主要な感情理論においても（e.g., Scherer2001、2013）、ルールからの逸脱がこれらの感情喚起の原因になることが指摘されているが、図1では、感情の種類により、その発生の機序とその後のプロセスとのかかわりに差異があることが示唆されている。なお、これらの4種類の感情については、相互の相関が高く、とくに、怒り、嫌悪、軽蔑間の相関は非常に高い（いずれも$r > .69$：中村・河野（2021）Figure 1を参照）。これらの相関関係は、個々の感情を個別要因として解釈する必要性と同時に、これらを一つのまとまりである感情要因として、態度や行動との関係について議論することの必要性を示している。

　感情要因は、さらに、否定的態度・コミットメント、排斥行動へとつながっていく。否定的態度は、この研究では、排斥的コミットメントに関する質問項目によって測定されており、「私は、○○のような人々と戦うことを誓う」、「○○と戦うための運動に参加しようと思う」といった排斥的信念に関わる内容であり、怒りや軽蔑感情が、このような信念と直接結びついていることが示された。排斥的行動については、「○○に対するネガティブな気持ちを身近な他者に直接伝える」、「インターネットなどを使って○○に対して排斥的にふるまうよう不特定の他者にうったえる」、「○○を排除するためのデモや集会、街宣活動などに参加する」などの項目を実際にどの程度行っているか尋ねたものである。身近な人に話すようなハードルの低い行動から、街宣活動に参加するようなコストのかかる

行動が含まれているため、今後、項目ごとの分析が必要であるが、態度・コミットメントの影響を受けていることが示された。

このモデルに基づいて、一連のプロセスを簡略にまとめると、たとえば、ある国Zやその国民に対する排斥行動は、Z国とその国民が有する脅威、逸脱、外見に関わる特徴を手掛かりとして、ステレオタイプ、脆弱性認知、嫌悪感受性、道徳性などの受け手のバイアスを通して、Z国の道徳性に対する評価がなされ、恐怖や怒り、嫌悪、軽蔑といったネガティブな感情や否定的態度に結びつき、最終的に排斥行動にいたると説明することができる。

(3)モデルのバージョンアップ：構築されたモデルの課題を踏まえて

図1で示した心理プロセスのモデルは、排斥に関わるさまざまな心理的要因の関係を包括的に説明しようとするものではあるが、さらに考慮すべき多くの課題を残している。個人と集団との関係についてはこの後で論じるが、個人レベルの心理プロセスに限定しても、すでに指摘したように、既有知識、もしくは記憶との関係が含まれていないこと、感情が注意バイアスや認知的評価に影響を与える可能性があることはとくに重要と思われる。図1のモデル構築に際しては、複雑さを避けるために、1次的な情報処理に限定したが、実際には、私たちの心理プロセスには反復や再帰的な処理も数多く含まれており、むしろ、そのことが排斥について説明するうえで本質的な場合もあるだろう。

まず、記憶としての既有知識について考えると、私たちの記憶は、入力情報をまんべんなく蓄えるものではない。当該の評価対象に関する情報処理に限らず、日常的に、選択された情報が記憶に残るとともに、記憶された知識が再構成されることも特別なことではない。選択の結果、偏った記憶構造としての知識が構築され、ステレオタイプのような現象が生じるとともに、再構成された記憶構造が、その傾向を強めることにつながる（e.g., 北村・唐沢2018など）。

感情については、図1のモデルでは、先行する情報処理の結果として生じることが示されているが、喚起された感情は、このようなプロセスの異なる複数の段階に影響を与えている。たとえば、怒りは、注意バイアスを生じさせ、対象の肯定的な側面には目を向けず、即時の攻撃行動を生じさせるかもしれない。不安や恐怖も、同様に、ネガティブな情報への注意を促し、既有の脅威や危険に関わる知識を喚起し、一層の注意バイアスとネガティブな認知的評価を生じさせることにより、否定的な態度を作りやすくし、排斥の可能性を高めると予想される。

これらの点を考慮すれば、図1に記憶要因を組み込むとともに、感情要因の影響を考慮して、これらと注意バイアス、認知的評価との相互的な関係を説明できるようにする必要がある。図2に、「記憶・知識」と「感情」が、情報処理プロセスに広範に影響を与えることを説明するモデルを示した。このモデルは、大まかな要因間の関係を示したものであるが、先行研究の知見を反映したものであり、排斥行動の背景にある個人内の心理的プロセスをより包括的に説明できるものと考えられる。

(4)ミクロ要因とマクロ要因の影響

ここまで、認知や感情、記憶などの個人内のミクロな要因やプロセスに注目して排斥行動の説明

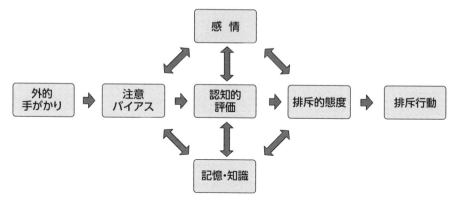

図2　排斥行動の心理プロセスモデル：記憶と感情の再帰的影響を含む

を試みたが、実際の行動には、マクロな要因も大きな影響を与えている。マクロな要因の重要性を強調する立場からの主張として、承認欲求、鬱憤晴らしといった個人レベルの心理的要因よりも、政治的イデオロギーが運動参加の重要な要素になっているという指摘がある。つまり、承認欲求、鬱憤晴らしは、集団での排斥行動への参加の結果として得られものであり、参加継続を動機づけることにはなるが、排斥への参加そのものの説明要因としては必ずしも適切ではない。また、不満や不安は運動の不可欠な要素であるが、これらの心理的緊張は、直接運動に結びつくわけではなく、リーダーシップや組織化に関わる要因を含め、多くの媒介過程が存在しており、そのような過程の基盤になるイデオロギーやサブカルチャーのような要因が重要な役割を果たしていると論じている（樋口2014, 2019）。

　筆者らのこれまでの調査においても、個人レベルの感情判断が単純に排斥行動に結びついているというよりも、感情判断の共有といった集団に関わるマクロレベルの要因が重要な役割を果たしている可能性を示すデータが得られている。河野・中村（2021）は、本稿で説明した心理プロセスモデル構築のための研究と関連して、3年間で2回のウェブ調査を実施した。これらの調査では、あらかじめ対象集団を設定することはせず、回答者が自ら思い浮かべた嫌悪対象集団に焦点を当て、その集団に対する種々の評価を求めた（特定の宗教団体・集団、政党など、様々な集団が嫌悪対象集団として報告されたが、東北アジア諸国が比較的多く報告された）。その結果、報告された嫌悪対象集団と感情を含む種々の評価は、時期により変動したが、その変動パターンは予想外のものであった。

　具体的には、2017年実施の1回目調査では、嫌悪対象集団として、当時ミサイルを繰り返し発射するなどしていた北朝鮮が最も多く報告され、同時に、強い否定的態度が示されていた。その後、大戦中の徴用工問題や慰安婦問題などの日韓間の軋轢がメディアによって報じられたこともあり、2年後の2回目調査では、韓国が、嫌悪対象集団として名指しされる頻度が激増する結果になった（表1参照）。これに連動して韓国に対するネガティブ感情が高まっていることを予想したが、韓国

に対する感情的評価（感情温度：対象に対する気持ちはどれくらい温かいものか）については大きな変化はなく、方向としては、むしろ改善傾向であったとも言える（表2参照）。

この結果は、多くの人々にとって、嫌悪対象として認識している集団が固定したものではなく、社会状況や文脈の変化により刻々と変動している可能性を示している。そのため、嫌悪対象としての報告が増加しても、その集団に対するネガティブな感情や態度、行動は必ずしも強くならない場合もあり、対象への感情反応が、必ずしも排斥対象とは連動していない可能性もある。一方で、このような社会的文脈の変化によって、嫌悪感情の対象が多数によって共有されることになると、個人レベルの感情や態度とは異なる、集団における社会的影響が重要な意味をもつことになると思われる。次のセクションでは、他者の存在や集団に関わるマクロな心理学的要因の影響について検討

表1　嫌悪対象集団として国名が挙げられた度数の推移
（2回の調査それぞれ1,000名を対象に実施）

カテゴリ	調査1（2017）	調査2（2019）	Total
三国重複	18（2.6%）	27（3.9%）	45（3.2%）
中国	47（6.8%）	41（5.9%）	88（6.3%）
韓国	**65（9.5%）**	**244（34.9%）**	309（22.3%）
北朝鮮	74（10.8%）	41（5.9%）	115（8.3%）
その他	483（70.3%）	346（49.5%）	829（59.8%）
Total	687（100.0%）	699（100.0%）	1386（100.0%）

河野・中村（2021）Table4を改変

表2　近隣3カ国に対する感情温度の平均とSDの推移
（0〜100、高いほど温かい気持ち）

対象国	調査1（2017）	調査2（2019）	Total
中国	15.85（14.04）	17.95（17.93）	16.83（15.91）
韓国	**10.32（16.80）**	**13.59（17.23）**	12.91（17.17）
北朝鮮	7.64（11.14）	11.37（15.23）	8.97（12.81）
Total	10.65（14.36）	13.86（17.12）	12.7（16.23）

河野・中村（2021）Table5を改変

したい。

2　集団の心理的影響：集団の影響とインターネット

樋口（2014）は、排外主義的態度の強まりが実際の排斥行動に至るきっかけとなるように意識を行為に変換する装置として、近隣諸国との関係、歴史認識問題を土壌として培養されてきた歴史修正主義のような排外主義に結び付くイデオロギーの拡大に注目している。しかし、イデオロギーにしても、感情などの心理的緊張にしても、おそらくそれだけでは排斥行動には結び付きにくく、直接的には、集団レベルでの圧力や承認、模倣すべき行動モデルとの接触が引き金になると考えられる。つまり、集団レベルでの排外主義的雰囲気の高まりは、即座に個人レベルでの排斥行動に結

びつくわけではなく、むしろ、集団内の多数が特定集団に対する否定的な評価やネガティブ感情を共有することにより、同調圧力のような集団要因として個人の行動を喚起する可能性がある。

具体的には、①対象集団に対する否定的態度がさほど強くなくとも、報道やインターネット環境などによって集団中で否定的態度をもつ者が一定の割合を占める状況になると、②そのことによって同調圧力が生じて排斥行動のポテンシャルを高め、③ここに何らかの行動化の手掛かりや行動モデルが呈示されることで、④実際の排斥行動が生起する、と予想される[4]。

このような引き金要因は、インターネットの普及により、より容易に一般に提供されることになった。検索者の使ったキーワードに関連した情報が選択的に提供されることで生じるフィルターバブルや、同じような意見や主張を表明したり閲覧したりするものが集まりやすくなるエコーチェンバーのような状況が生じ（笹原2020）、ユーザーを取り巻く集団が、あたかも均一な意見をもった社会全体であるかのように思わせ、その仮想集団への帰属意識や社会的アイデンティティの形成が強化されると同時に、その集団からの同調圧力が高まる。さらに、そこで発信する自らの発言や行動報告が、所属集団から評価されることになる。

当事者は、失業など、さまざまな理由で承認欲求が高まるような状況におかれると、ネット上の情報入手の場でもあるエコーチェンバー内で共有されたイデオロギーや価値観に迎合する発言に繰り返し接し、自らも発言することによって、それを内面化していくだろう。さらに、自身の手柄として、そのイデオロギーや価値観を体現した自らの排斥行動を当該仮想集団に報告することにより、仲間から一目置かれる立場を得る、もしくは承認を得ることにつながる。その際、ネット情報として容易に入手できる他のメンバーによる具体的な排斥行動の報告例は、見習うべき手本として、潜在的排斥者を行動に駆り立てることになるのではないだろうか[5]。

3　心理学的検討のまとめ

ここまで、排斥行動を、個人レベルの心理プロセスに焦点を当て、同調行動などの集団レベルの要因の影響を考慮しつつ分析してきた。これまでの議論のまとめとその妥当性を検討するため、ウトロ放火事件犯人となった青年の一連の行動を説明してみたい。

①　その青年は、報道されているように、不本意な離職により、鬱屈した気分、不安や怒りなどの感情が高まっていたと推測できる。図2のモデルを用いて説明すると、感情（ネガティブ感情）が喚起されている状況と考えられる。

②　ネガティブ感情が喚起された影響で、青年に注意バイアスが生じ、自身のネガティブ感情を説明するような手がかりへの選択的注意と情報収集が行われることになる。また、図2で示された、感情の広範な影響が生じうる。なお、感情以外にも、ステレオタイプ傾向や嫌悪感情の喚起されやすさなどの、注意バイアスを引き起こす個人的要因があった可能性もある。

③　選択的な注意と情報収集の結果、「韓国人による不法占拠」などのインターネット上の書き込みを、その信ぴょう性を確認することなく受け入れ、さらにその関連情報と

して、歴史修正主義に基づく排外主義的主張を内面化する。すなわち、注意バイアスに基づくネガティブ情報の選択と収集が知識、記憶として蓄積し、さらに、バイアスを強めることにつながるとともに、排斥対象となった在日コリアンや関係する組織、事物へのネガティブな評価を内面化する。図2では、注意バイアス、認知的評価と記憶・知識の循環として説明できる。

④ 青年が自らの知識、記憶として内面化した排外主義的主張に呼応するネット上の書き込みなどに頻繁に接することにより、周りの多数が意見を共有していると感じる。この際、フィルターバブルやエコーチェンバーのような同様の意見や価値観のみに選択的に接触することになるインターネット環境の持つ特徴が、価値を共有する集団への帰属意識や社会的アイデンティティ形成を促進、強化し、社会的同調圧力などの集団レベルの影響を高めるものと考えられる。

⑤ ④で説明したように、エコーチェンバーのような環境で排外主義的信念を共有する仮想集団への帰属意識をもつことになったため、自らその集団の信念を体現する行動をとることにより、この集団の評価や承認を得て、自らの価値を高めようとする動機づけにつながる。

⑥ 所属集団のメンバーによる、嫌悪対象集団への排斥実行の報告などに接することが引き金となり、自らも小規模な放火を試みた。しかし、その試みはメディアによって取り上げられることもなく、所属集団からの評価や承認を得たいという欲求が満たされなかったため、社会的インパクトの大きな排斥行動として、より規模の大きな放火を試みた。

　この一連の流れをまとめると、個人レベルの注意バイアスや認知的評価、記憶や感情によって、行動発現の動機づけが高められ、同調や承認などの集団の影響と、模倣すべき行動例のような引き金情報によって実際の排斥行動が発動したと説明することができ、図2の個人レベルの心理プロセスモデルをさらに発展させた、より包括的な説明になっていると思われる。

　最後に、不満や不安のような、それだけではあからさまな排斥行動を引き起こすことはまれであると考えられている心理的要因が、微弱ではあっても実際に偏見や差別的反応を引き起こしている可能性を指摘する研究を紹介しておく（たとえば、北村・唐沢（2018）第1章他を参照）。1990年代以降、無自覚な人種差別に関する多くの研究が行われた。これは回避的レイシズムと呼ばれ、本人は人種に関わる偏見は持っていないと認識していても、実際には相手を避けるなどの反応を生じさせていることが報告されている（Dovidio, Gaertner, & Pearson2017）。さらに重要なことは、このようなわずかな差別的反応であっても、差別される側は不自然さを感じ取る（Shelton & Richeson2006）。また、そのことによって生じる心理的負荷が健康に与える影響が徐々に明らかにされ、自尊心の低下や不安状態の悪化のような精神的健康とともに、心臓血管反応の悪化といった身体的健康にも影響を与え（Hunger, Major, Blodorn, & Miller2015）、さらに、マイノリティ集団が差別を受けやすい地域では、死亡率までも高くなることが確認されている（Chae,

Clouston, Hatzenbuehler, et al.2015)。

　関連して、知識構造の偏りで生じるステレオタイプが、実際の人の行動に強いネガティブな影響を与えていることが指摘されている（森永2017、Steele2010/2020）。たとえば、性別を問う質問項目を設定するだけで、数学の試験で女性のパフォーマンスが低下することが報告されている。これは、性別を意識させない条件で同様の試験を実施した場合に生じる性差（実際にはほぼゼロという報告もある）よりも有意に大きく、社会的に共有されている「女性は数学が苦手」という強固なステレオタイプが、女性のパフォーマンスを低下させているとみなされており、ステレオタイプ脅威と呼ばれている。

　このような、ある種のバイアスを伴う知識を有しているだけで、その本人にネガティブな影響が及ぶ可能性があることは、ネガティブなステレオタイプや偏見の対象となりやすいマイノリティ集団が、当人に意識されない状況で被害を被っている可能性を示唆している。より極端な暴力を伴う排斥の問題とともに、今後、そのプロセスを明らかにし、すみやかに対応策を立案、実施すべき問題と言えるだろう。

Ⅲ. 心理学的検討に基づく排斥の予防と対応策について

1　心理学的説明から示唆されること

　ここでは、社会的アイデンティティや承認欲求、社会的同調などの集団に関わる要因の影響を踏まえつつ、個人レベルの心理的要因との関係で、排斥への対応を検討する。

・注意バイアス要因

　　ステレオタイプ傾向、脅威脆弱性認知、病原体嫌悪感受性、道徳性などの要因は、入手可能な外的手がかり情報の選択と、感情喚起に結びつくさまざまな認知的評価に影響を与えている。そのため、排斥的行動の予防や対応を考えるうえで、最も重要な要因である。

　　しかし、強力で即効性のある対応策を提案することは難しい。注意バイアス要因の多くは発達の過程を通じて獲得され、物理的、対人社会的生育環境の持続的な影響の結果として習慣化したものである可能性が高い。したがって、個人差は大きく、その反応は自動的で、通常は自覚することも困難である。また、喚起された感情が、注意バイアスを強めることも指摘したが、同様に、その反応の多くの側面が自動的、反射的であるため、日常生活の中で、そのような反応を瞬時に的確に抑制する力を養成しようとすることはあまり現実的ではない。

　　具体的に取り得る対応としては、人間の情報処理には、種々のバイアスがあることを多数が知ることであろう。本稿で取り上げた要因を含め、われわれが多くのバイアスを有して、その影響のもとで情報を選択し、認知していることを知ることができれば、事後的にではあっても、自分の判断や行動を反省してみることができる。さらに、ステレオタイプ傾向、嫌悪感情の感じやすさ、道徳性などの注意バイアス要因の度合いを測定し、自らが、どのようなバイアスを有しているかを認識しておくことも、自分の行動を管理するうえで有益である。

また、インターネットなどのバーチャルな環境に限定されるのではなく、身近に多様な人々との直接的なかかわりをもちうる環境があり、相互に考えを共有する機会をもつことができれば、自らの考えや行動の偏りに気づき、相対化できる可能性が高まる。さらに、評価対象が有するポジティブな属性や情報を含む多様な側面へ注意が向き、そのことによって多面的で豊富な情報収集が促進されれば、認知的評価も複雑なものとなり、結果的に排斥行動の予防につながることになる。

・認知的評価

　対象集団に対するネガティブな認知的評価は、心理プロセスモデルでは、ネガティブ感情と直接的に結びつき、排斥的態度や行動につながることが確認された。そのため、対象集団に対する評価結果を変えることが、排斥行動を抑制する効果を有する。単純に、対象が有するポジティブな手がかり情報が評価されればポジティブな感情に結びつき、排斥的行動が生じる可能性は低くなる。しかし、そもそも認知的評価の対象になる情報は、注意バイアスのフィルターを経たものであるため、何が評価されるかを選択する上記の注意バイアス要因に関する検討が不可欠となる。

　一方、ネガティブな情報であるにもかかわらず、評価や解釈の結果、それをポジティブに（もしくは、必ずしもネガティブではないものとして）意味づけることができるのであれば、認知的評価に注目した対応を工夫することもできる。注意バイアスのセクションで提案した、人間の情報処理の特徴を知る機会を提供することは一つの選択肢になる。実際には容易なことではないが、バイアスについて理解することで、ネガティブな情報を入手した時に、そもそも、なぜ自分がネガティブな情報を入手することになったのかを考えることができる。もしくは、対象となる人や集団がなぜネガティブ情報に関わることになったのかを考えることで、より共感的な評価が生じる可能性が出てくるだろう。

・感情要因

　認知的評価の結果としてネガティブ感情が生じる。つまり、ネガティブな情報を入手し、それに基づいて評価が行われたためにネガティブ感情が喚起されることになる。このことから言えることは、情報処理プロセスの出発点として、ネガティブな情報が獲得されることになると、その程度はともかく、ネガティブな評価とそれに伴うネガティブな感情の喚起に結びつき、結果的に否定的態度や排斥行動にいたることになる。このようなプロセスの発動を防止、抑制するためには、やはり注意バイアス要因が鍵となり、いかにして、多様な情報が獲得される状況を作り出すかが重要になるだろう。感情は、多くの場合、反射的、自動的であるため、一度喚起されてしまうと即時に統制することは難しい。

　なお、心理的要因ではないが、そもそも、プロセスの出発点である外的手がかり情報を批判的に吟味することが必要である。デジタル化され、インターネットを介して誰でも無数の情報を発信し、接触できる環境が出現してきたが、その結果、利便性が高まると同時に、フェイクニュースの問題が深刻化してきた。日本においても、ファクトチェックの取り組みが整備されようとしているが、必ずしも容易ではない。これからのデジタル化が進展した社会において、ネットワーク利用の

リテラシー教育は、排斥への対応を検討するうえで、不可欠な要素になる。

2 今後に向けた提案:教育的取り組みの重要性

前節で報告した「ヘイトクライム対策の提言」第6章には、ヘイトクライムに対応するための具体的な取り組みがリストされていた。その中には、排斥加害者の個人レベルの心理プロセスに関わる対応策として、「加害者に対する反差別研修プログラム」がリストされている。同様に、「ヘイトスピーチの禁止、制裁」や、「人種主義的動機の量刑ガイドラインの作成」についても、個人の心理プロセスを考慮した対応が求められる。このような対策に、本稿で検討してきた心理プロセスと集団行動の特徴はどのように関わりうるだろうか。

まず、具体的には、加害者への研修においては、自らの思考や行動の背景を振り返る機会を与えるとともに、人間の情報処理におけるバイアスと、その結果生じる知識や評価の偏り、さらには、その偏りによって強化されるバイアスといった悪循環の仕組みについて教育することが重要と考えられる。所属集団との個別的で複雑な関係などについては、集団の影響として分析する機会を作ることも必要と思われる。また、時間がかかり、理想論的ではあるが、直前のセクションでも提案したように、基本的な知識として、人間の情報処理におけるバイアスに関する心理学的な知見の教育を広く実施することである。義務教育、もしくは、多くの市民が学ぶ高校までの教育内容に、人間の心理に関わる知見を盛り込むことが、排斥行動の予防につながるだろう。

排斥行動に対応するためのより包括的な教育内容についての議論は別の場所で試みたが、その際に、本稿でも取り上げた人間の特性に関する理解を深める教育の必要性を指摘した(中村・清水・米山2017)。具体的には、共感性を含む感情の仕組みとその重要性や制約、行動の背景にあるさまざまな心理的メカニズム(ステレオタイプ、承認欲求、など)、認知的バイアスの可能性(本質的帰属の過誤、確証バイアス、など)、集団に関わる行動(社会的アイデンティティ、内集団ひいき、など)に関する理解を深める教育である。なお、これらの人間の心理的傾向や特徴に関する教育については、実証的な検証に基づく行動のモデルや理論に基づいて行われることが、実質的で効果のある対応策につながると考えられる。

本章前半では、外国人や外国に関わる人々への排斥の問題を取り上げたが、少しでも排斥の低減につながれば、多様な背景をもつ人たちがより多く公共圏に参加し、自らの意見を表明できる社会につながる。残念ながら、排斥行動の予防、対策に、簡単で即効の方法はない。法や制度に関わる対応、歴史や文化など、多角的な観点を踏まえた対応とともに、本稿で取り上げたような心理学的知見に基づいて検討を進めることが、より適切な排斥の予防や対応につながると考える。

【謝辞】本稿で引用した著者による研究と本稿の執筆は、JSPS科研費 16H03725,16K13456,および19H00604の助成を受けた。

注　釈

※1 教育機会確保の観点から、夜間中学などの整備の必要性を訴えるとともに、その開設に結び付けている例もある（田巻2021）。

※2 郭辰雄代表理事から、コリアNGOセンター、及び院内集会（「今こそ国によるヘイトクラム対策の実現を求める院内集会」）に関する資料の提供を受けた（2022年9月16日）。

※3 中村・河野（2021）では、個々の国に対する評価をデータとしつつ、一般化された排斥行動を説明するモデルの構築を試みた。個別の国ごと評価結果やそれらの差異などに関する分析は河野・中村（2021）を参照されたい。

※4 ここでの議論の整理は、河野和明氏との意見交換を踏まえたものである。また、池上（2014、2015）や北村・唐沢（2018）なども参考になる。

※5 このような状況では、個人レベルの促進要因として、自らの排斥行動が仮想の所属集団の正義を成しているという満足感や有能感といった快の感情体験を当事者が得られることを指摘できる。

参考文献

・ Chae DH, Clouston S, Hatzenbuehler ML, Kramer MR, Cooper HLF, Wilson SM, et al. (2015). Association between an Internet-Based Measure of Area Racism and Black Mortality. *PLoS ONE* 10(4): e0122963.

・ Dovidio, J. F., Gaertner, S. L., & Pearson, A. R. (2017). Aversive racism and contemporary bias. In C. G. Sibley & F. K. Barlow (Eds.), *The Cambridge handbook of the psychology of prejudice* (pp. 267–294). Cambridge University Press.

・ Haslam, N. (2006). Dehumanization: An integrative review. *Personality and Social Psychology Review,* 10(3), 252-64

・ 樋口直人（2014）『日本型排外主義』名古屋大学出版会。

・ 樋口直人（2019）「排外主義への社会学的アプローチ——社会学的説明の検討と日本への示唆——」『エモーション・スタディーズ』4 Special Issue, 17-25頁。

・ Hodson, G. & Dhont, K. (2015). The person-based nature of prejudice: Individual difference predictors of intergroup negativity. *European Review of Social Psychology,* 26(1), 1-42.

・ Hunger, J. M., Major, B., Blodorn, A., & Miller, C. T. (2015). Weighed down by stigma: How weight-based social identity threat contributes to weight gain and poor health. *Social and Personality Psychology Compass,* 9,255-268

・ 池上知子（2014）「差別・偏見研究の変遷と新たな展開:悲観論から楽観論へ」『教育心理学年報』53、133-146頁。

・ 池上知子（2015）「何が社会的共生を妨げるのか：平等主義文化における蔑みと排斥」『エモーション・スタディーズ』1、29-35頁。

- 石戸教嗣 （2002）「公共圏としての学校のシステム論的再編―アレントの『見捨てられた境遇』からルーマンの『尊厳』へ―」『教育学研究』69（2）、185-194頁。
- 金井良太（2013）『脳に刻まれたモラルの起源－人はなぜ善を求めるのか』岩波書店。
- 河村倫哉（2022）「承認の観点から見た大阪の民族学級」高谷幸（編著）『多文化共生の実験室　大阪から考える』青弓社、234-253頁。
- 河野和明 （2019）「排斥の適応論と現代日本人の嫌悪対象集団について」『エモーション・スタディーズ』4 Special Issue、54-64頁。
- 河野和明・中村真（2021）「現代日本人の嫌悪対象集団の諸特徴――中国・韓国・北朝鮮を中心として――」『エモーション・スタディーズ』7、47-60頁。
- 北村英哉・唐沢穣 （編）（2018）『偏見や差別はなぜ起こる?: 心理メカニズムの解明と現象の分析』ちとせプレス。
- 森永康子（2017）「女性は数学が苦手」『心理学評論』60 （1）、49-61頁。
- 中村真・河野和明 （2021）「嫌悪関連感情と排斥の心理過程――東北アジア諸国に対する印象調査に対する印象調査に基づく検討――」『エモーション・スタディーズ』7、61-72頁。
- 中村真・清水奈名子・米山正文（2017）「『排斥的行動』に対応するための異分野融合研究の可能性－共感の反社会性を踏まえた教育モデル構築に向けた試論－」『宇都宮大学国際学部研究論集』43、63-82頁。
- 大渕憲一（編）（2019）『紛争と和解を考える:集団の心理と行動』誠信書房。
- 笹原和俊（2020）「ウェブの功罪」『情報の科学と技術』70巻6号、309-314頁。
- Scherer, K. R. (2001). Appraisal considered as a process of multilevel sequential checking. In K. R. Scherer, A. Schorr, & T. Johnstone Eds., *Appraisal Processes in Emotion: Theory, Methods, Research* (92–120). New York: Oxford University Press.
- Scherer, K. R. (2013). The nature and dynamics of relevance and valence appraisals: Theoretical advances and recent evidence. *Emotion Review*, 5, 47-53.
- Shelton, J. N. & Richeson, J. A. (2006). Interracial interactions: A relational approach. *Advances in experimental social psychology*, Vol. 38, Academic Press,121-181.
- 敷島千鶴・安藤寿康・山形伸二・尾崎幸謙・高橋雄介・野中浩一 （2008）.「権威主義的伝統主義の家族内伝達－遺伝か文化伝達か－」『理論と方法』23、105-126頁。
- Steele, C. M. (2010). *Whistling Vivaldi: How stereotypes affect us and what we can do.* W W Norton & Co. (クロード・スティール　藤原朝子（訳）（2020）『ステレオタイプの科学』英治出版）.
- Sternberg, R. J., & Sternberg, K. (2008). *The nature of hate.* New York: Cambridge University Press.
- 鈴木玉緒（1991）「公共圏とコミュニケイション的行為―アーレントとハーバマス―」『社会分析』19、59-75頁。

- 高谷　幸（編著）（2022）『多文化共生の実験室　大阪から考える』青弓社。
- 田巻松雄（2019）『ある外国人の日本での20年――外国人児童生徒から「不法滞在者」へ』宇都宮大学国際学叢書第10巻、下野新聞社。
- 田巻松雄（2021）『公立・自主夜間中学の社会的意義と課題を考える』宇都宮大学国際学部（科研費実績報告書）。
- Tybur, J. M., Lieberman, D., & Griskevicius, V. (2009). Microbes, mating, and morality: Individual differences in three functional domains of disgust. *Journal of Personality and Social Psychology, 97*, 103-122.
- Williams, K. D. (2009). Ostracism: A Temporal Need-Threat Model. *Advances in Experimental Social Psychology, 41*, 275-314.

第10章

学びから排除される外国につながる子どもたちの行方

駒井　洋

Ⅰ　不就学の状況

　文科省は2019年5月現在と2021年5月現在の「外国人の子どもの就学状況等調査」の結果を公表している[※1]。それによれば、日本国籍をもたない小中学生相当の子どもの総数は、住民基本台帳ベースで123,830人から133,310人に増加したが、不就学のおそれのある子どもは19,471人から10,046人へと減少した。その主たる理由は、不就学のおそれのある子どもを、不就学が確認できた者、電話や家庭訪問などで確認を試みたものの確認できなかった者、状況を把握できなかった者に分けた場合、状況を把握できなかった者が10,183人から800人へと大きく減少したからである。

　状況を把握できなかった者を除くと、不就学のおそれのある者は9,288人および9,246人となり、総数にたいする不就学率は7.5%から6.9%と若干減少したことになる。それにしても、最低でも1万人近い外国籍の子どもがほぼ不就学であるという状況は、事態の深刻さを示している。

　是川夕は、国勢調査個表データ（2010年）をもとに移民第二世代の教育達成を検討している。未就学児から高校学齢期までの子どもの人口は296,375人であり、このうち高校学齢期にあたるのは37,926人である。高校学齢期にある子どもの母の国籍別内訳は、フィリピンが38%と最多であり、以下中国25%、ブラジル12%、その他25%が続く。

　母の国籍別にみた子どもの男女別高校在学率（男が先、女は後）は、日本が96.0%と96.5%であるのにたいし、中国は86.9%と88.4%、フィリピンは85.5%と87.1%、ブラジルは74.4%と77.4%となっている。ブラジルの子どもはおよそ4分の1が高校に在学していない。母子世帯では、中国を例外として高校在学率が低くなる。これは教育に振り向けられる資源の量が母子世帯で減少するためと考えられる[※2]。

Ⅱ　日本語能力の低さとの関連

　不就学に陥る重大な要因として日本語能力の低さがあることはよく指摘される。しかし、学校や友達からのサポートが十分であれば、必ずしも不就学に陥るとはいえまい。ただし、これをきっかけとして、いじめや仲間外しなどが起これば、不就学のひとつの条件とはなろう。このような留保をつけたうえで、日本語能力の低さを概観する。

　これについて文科省は、「日本語指導が必要な児童生徒の受入状況等に関する調査」の結果

を公表している^{※3}。この調査は小中高校のほか、特別支援学校、中等教育学校、義務教育学校からなる公立学校を対象としている。この調査は児童生徒を外国籍者と日本国籍者に分けて集計している。

2018年度と2021年度の外国籍者の概要を、学校基本調査による外国籍者の在籍者数と比較しながらみると、2018年度には指導を必要とする者が40,755人であり、在籍者数の43.8%にたっしたのにたいし、2021年度には指導を必要とする者が47,627人へと増加したものの、在籍者数の41.5%へと若干減少した。

つぎに、学校の種類別に外国籍者で指導を必要とする者の実数と在籍者数にたいする比率を列挙したい。2018年度については、小学校26,316人(44.5%)、中学校10,260人(44.5%)、高等学校3,677人(42.7%)、義務教育学校・中等教育学校・特別支援学校502人(36.7%)となり、小中高校ではいずれも4割台という驚異的な比率にのぼっている。同じように2021年度をみると、小学校31,191人(41.7%)、中学校11,283人(40.2%)、高等学校4,295人(43.3%)、義務教育学校・中等教育学校・特別支援学校858人(40.0%)となり、小中学校で若干の比率の減少がみられるものの、4割台を維持している。

外国籍者で指導を必要とする者の使用言語別の構成比の2018年度から2021年度への増減をみると、ポルトガル語25.5%→25.1%、中国語23.8%→20.9%、フィリピノ語14.4%→15.7%、スペイン語9.3%→7.8%、ベトナム語4.5%→5.6%となる。このように、ブラジル人児童と中国人児童とで半数近くにたっしている。また、フィリピノ語とベトナム語が増加し、中国語とスペイン語が減少していることがわかる。

Ⅲ　退避先としての定時制高校と夜間中学

昼間の普通高校への進学が難しい外国につながる子どもたちの大きな受け皿になっているのが、定時制高校である。都立定時制では定員内不合格者は出さない原則なので、日本語が不自由で白紙に近い答案でも合格させざるをえないからである。佐久間孝正は100年の歴史をもつ都内のF定時制高校の事例を紹介している^{※4}。2014年には外国につながる生徒数は34人、つながる国の数は16で、全校生に占める割合は19%にたっした。国別には、中国8人、ミャンマー8人、フィリピン、タイ、パキスタン、フランスそれぞれ2人、その他10人となっている。

定時制高校の中退者はきわめて多く、入学者の半数が中退する学校さえある。F定時制高校では、2007年の新入生50人は卒業時の2010年には29人に減っていた。中退の理由は、生活の乱れ、学校への不適応、学習意欲の喪失、友人関係(いじめをふくむ)、経済的理由、家庭崩壊が主なものだが、近年経済的理由が突出してきた。家庭崩壊のなかではシングルマザーを背景にもつ生徒が多い。ある報告によると、中退者の約4割5分は、家事や非正規をふくむ仕事についていたが、何もしていなかった。不明の者も同じ割合を占める。次節で述べる非行化に至らなくても、定時制高校を中退後無為に人生を送る者が相当数存在しているのである。

つぎに夜間中学については、佐久間孝正によれば、東京都の8校の夜間中学では日本人生徒よ

り外国につながる生徒のほうが多い。2013年には新渡日の人びとは455人の在籍者の71.2%を占めた。大阪市内の4校の夜間中学の生徒の80%が外国につながる者である。出身国は中国、フィリピンにくわえて近年ネパール、ベトナムの増加がいちじるしい。このように夜間中学は外国につながりのある義務教育未修了者の受け皿になっている[5]。

Ⅳ　非行から犯罪へ

1 家庭裁判所に送致された外国籍児童

　『平成30年版犯罪白書』によれば、家庭裁判所に送致された2017年度の外国籍児童の主な犯罪の内訳は、窃盗311名、横領（遺失物横領をふくむ）66名、傷害（暴行および凶器準備集合をふくむ）60名であった。また、強盗や強盗致傷は日本人より突出して多い。財産犯が多いことの背景として、経済的困窮者が多いことを指摘できる。すなわち、学歴は中学校卒業までが7割超と多く、無職率も6割にたっする。また、調査対象者のうち保護処分歴をもつ者は半数以上にのぼり、再非行率はけっして低いとはいえない。

　主な出身国は、ブラジル168人、フィリピン129人、中国114人、ベトナム76人であった[6]。突出しているブラジル人の子どもについて、渡戸一郎は以下のように指摘している。リーマンショックののちにも日本に残留した日系ブラジル人のコミュニティは、後続グループがほぼ消滅するなかで、貧困化、階層分化しながら縮小し、子どもの教育コストを切り下げる傾向がみられる。第二世代には中卒あるいは定時制高校中退という場合も多い。第一世代の貧困が進学格差という形をとって第二世代で再生産されつつあり、将来的に日本版底辺階級になる可能性が高い[7]。

2 少年院収容者の事例

　少年院は、非行・犯罪をおかして家庭裁判所から送致された12歳以上23歳未満の少年を保護および拘留するために収容する施設である。したがって、少年院収容者の事例の検討は本稿にとって決定的な重要性をもつ。

　法務総合研究所研究部は、2010年6月1日から11月30日まで少年院に在院するか新たに収容された、外国籍者（特別永住者を除く）あるいは日本国籍者であるが日本語が不自由など外国ルーツをもつ者103名について、少年院担当者から聞き取りをおこなった[8]。ちなみに、2010年度の日本国籍をもつ入院者は3524人であった。

　外国籍の在院者だけにかぎると、有職者25.2%、無職者59.2%、学生・生徒15.5%となり、無職者の比率がいちじるしく高く、職につけなかった者が非行化することを示している。また、共犯率は約7割にたっし、日本人をふくむ共犯者との関係は、不良集団42.3%、遊び仲間45.4%となっており、共犯者集団の重要性を示している。

　この調査結果の報告は「非行の背景および要因」として以下の五つをあげている。

　1. 保護者の監護能力の欠如
　　(1)出国や来日による放置

　　⑵語学能力不足による保護者との意思疎通の困難

　　⑶虐待

　2. 学校への不適応

　　⑴日本語能力不足による脱落

　　⑵いじめによる脱落

　3. 不良交友

　4. アイデンティティの危機

　　日本人とも母国出身者とも思えず、どちらにも看做されにくい

　5. 母国での規範意識の形成不全

　　形成不全のまま来日する

　要約すれば、規範意識の形成不全のまま不安定な家庭環境のもとで育ち、来日後は学びの場からも排除され、アイデンティティの動揺のなかで不良交友に飛びこみ、非行に走るという一般的パターンが看取できる。

V　学びからの排除、非行、そして犯罪者への転落

1 中国帰国者二世三世による犯罪集団「怒羅権」の結成

　「怒羅権」とは、日本人にたいする怒りの「怒」と、強敵を倒す羅漢の「羅」と、権利の確立を求める「権」の3文字を用いて、聖獣である「龍」を指示する。約900人の構成員からなる「怒羅権」集団は、殺人、強盗、覚醒剤、みかじめ料徴収などの凶悪犯罪を起こし、新宿歌舞伎町や渋谷をはじめとして、全国各地で活動している。2013年には警察庁から準暴力団の指定を受けた。2022年10月には、池袋の豪華レストランで内輪もめによる乱闘事件が起こり、注目された。

　「怒羅権」は、中国残留孤児婦人帰国者の一時入所施設のあった江戸川区葛西で、残留孤児婦人とともに来日した子や孫およびその配偶者をふくむ帰国者二世三世12名により、1988年に設立された。当初は暴走行為を繰り返す暴走族であったが、1990年頃から対立する日本人の暴走族を傘下におさめるようになって、勢力を拡大するとともに凶悪化していった。近年の「怒羅権」の逮捕者には30歳台以上が多く、構成員の年齢も50歳台に及んでいる。

　帰国者二世三世がどのように「怒羅権」の一員となるかについては、鍛冶致の分析が参考になる[9]。帰国者二世三世をふくむ中国帰国生徒は、「かきことば」と「優等生文化」の保有度が高い幹部・留学生出身生徒、保有度が中程度の知識青年、保有度が低い「DP-lize」に分けることができる。ここでDP-lizeとは、中国語で「土地のよたもの」をさす「地痞頼子」をもとに鍛冶が設定した用語である。幹部・留学生出身生徒が一般的高校に合格でき、知識青年が底辺高校に合格できるのにたいし、DP-lizeは高校には合格できない。DP-lizeたちは、中国においては学校的な規範から逸脱し怠学状態にあったため、学力を最初からもちあわせていなかったからである。

　なんとか高校に入学できたとしても、習慣的な遅刻・欠席・早退→授業出席回数の不足→留年

可能性の通告→高校側が呈示するラストチャンスの無視→留年確定の通告→自主退学という軌道に乗ってしまう。このような退学はしばしば他のDP-lizeに「伝染」する。移住前に必ずしも反学校的でなかった者も、移住後にDP-lizeと接触するなかで反学校的な要素を身につけていく。移住先で経験する孤立感や抑圧感から脱出するためには、DP-lizeたちが切り開いた路線に乗ってしまうほかないからである。

DP-lizeたちは、日本への帰国者であるにもかかわらず自分を中国人であると主張する。かれらの反学校文化にもとづく学校にたいする反抗は、日本人という民族集団にたいする反抗という側面をもち中国の民族文化を背景として反日本的でもある。移住前には必ずしも反学校的でなかった者が、移住後にDP-lizeと接触するなかで反学校的な要素を身につけていく。移住先で経験する孤立感や抑圧感から脱出するためには、DP-lizeたちが切り開いた路線に乗ってしまうほかないからである。「怒羅権」の結成と拡大にはこのような背景がある。

2　ブラジル人少年Tの事例

田巻松雄は、1998年に10歳で来日し、2019年に31歳で本国に退去強制されたブラジル人Tの克明なライフヒストリーを刊行した[※10]。本項では、これにもとづいてTの学びの場からの脱落と非行から犯罪にいたる軌跡を整理する。

Tは「定住者」の在留資格で来日し小学校4年生に編入した。当初日本語がまったく話せなかったうえに、2回の転校を余儀なくされ、仲間もできなかった。入学した中学校で、勉強についていけず、友達もできず、いじめがつらかったため数か月で不登校となり、日本人の不良グループとつきあうようになりバイクを盗むなど非行を重ねた。14歳のとき窃盗で逮捕され、「義務教育未修了者を対象とする教科教育課程を開始」した少年院に送致され、1年間入院し、規則正しい生活のもとで補習教育や職業指導を受け、入院中に中学校の卒業証書を取得した。けれどもTは高校への進学を思いつかなかった。

仮退院後3か月くらいしてパン屋に就職したが、かつての悪い不良少年たちと遊ぶため1週間でやめた。仮退院後半年ののち、Tは現住建造物放火などの非行により、外国人少年を対象とする処遇課程をもつ少年院に2005年に再入院し、1年半後仮退院した。両親の実家にもどり、ホテルの清掃や自動車部品の製造に1年数か月従事したが、景気悪化により2008年に解雇された。解雇後の仕事は不安定であり、父もリーマンショック後解雇されたこともあって、事実上の家出状態になった。2009年頃から同人や日本人の非行グループと共犯で強盗と窃盗をくりかえし、2010年にコンビニでの3度の強盗事件などを起こし逮捕された。地方裁判所が求刑9年のところ懲役7年の実刑判決をくだし、刑務所に収容された。

2016年仮釈放の決定にもかかわらず、退去強制令書が発布されたため入管施設に収容された。2016年に刑期を10か月残して仮釈放が決定されたものの、刑期中に不法滞在となったことと1年を超える懲役刑を受けたため、Tにたいして退去強制令書が発付された。Tは「ブラジルには家も仕事もないので日本で生活したい」と異議を申し立てたが認められず、そのまま牛久センターに収容された。2年半にもわたる長期収容ののち、Tは2019年にブラジルに退去強制された。

要約と結論

　本稿では、学びから排除される外国につながる子どもたちがどのような人生行路をたどることになるかを考察しようとした。Ⅰでは、不就学が憂慮すべき状況にあることと、Ⅱでは日本語能力の不足との関連を考察した。Ⅲでは学力不足の者の退避先である定時制高校については、中退者が大量に出現することをみた。中退者の多くは無為のうちに時をすごすことが示唆された。また夜間中学の存在意義が大きいことに注目した。Ⅳでは、家庭裁判所に送致された者と少年院に送致された児童について、非行から犯罪へと転落していく概況を検討した。Ⅴでは、その典型的な事例として、中国帰国者二世三世による準暴力団とされる「怒羅権」と、退去強制されたブラジル人Tの来日後20年間の軌跡を紹介した。

　結論的にいえば、外国につながる子どもたちを学びの場から排除するのではなく、包摂することこそがきわめて重要であるということになる。

注　釈

※1　文部科学省「外国人の子どもの就学状況等調査結果（確定値）概要」令和2年、同「外国人の子どもの就学状況等調査（令和3年度）の結果について」令和4年。

※2　是川夕（2019）『移民受け入れと社会的統合のリアリティ―現代日本における移民の階層的地位と社会学的課題』勁草書房、223 – 232頁。

※3　文部科学省「日本語指導が必要な児童生徒の受入状況等に関する調査（平成30年度）の結果について」令和元年、同「日本語指導が必要な児童生徒の受入状況等に関する調査（令和3年度）の結果（速報）について」令和4年。

※4　佐久間孝正（2015）『多国籍化する日本の学校―教育グローバル化の衝撃』勁草書房、第6章。

※5　同上書、第5章。

※6　法務総合研究所『平成30年版犯罪白書』平成30年。

※7　渡戸一郎（2017）「「編入モード」から見る日系ブラジル人の位置と第二世代の課題―リーマンショック後の外国人集住地域の事例を通して」編者代表・渡戸一郎『変容する国際移住のリアリティ―「編入モード」の社会学』ハーベスト社。

※8　法務総合研究所研究報告47「第4章　来日外国人非行少年等の特性と非行の背景」http://www.moj.go.jp、2022年10月7日閲覧。

※9　鍛冶致（2000）「中国帰国生徒と高校進学―言語・文化・民族・階級」蘭信三編『「中国帰国者」の生活世界』行路社、256 – 268頁。

※10　田巻松雄（2019）『ある外国人の日本での20年―外国人児童生徒から「不法滞在者」へ』下野新聞社。

第11章

日本語習得をはばむ壁：母語との言語文化的距離に着目して

佐々木　一隆

はじめに

　本章は、田巻（2020）『宇都宮大学HANDS10年史—外国人児童生徒教育支援の実践—』に基づいて、佐々木（2022）「外国人学生の日本語習得と母語からの言語的距離：『HANDS 10年史』国際学部外国人学生体験レポートを起点に」で提起した問題を詳述・発展させたものである。「国際学部外国人学生体験レポート」は、田巻（2020）第Ⅹ部（121-151頁）に掲載されている。

　一般に、幼少期や学童期、義務教育の時代に祖国を離れて日本に定住した子どもたちが自身の母語とは異なる日本語や日本社会に接した時、言語的にも社会的にもマイノリティーの立場となり、子どもたちは様々な困難に出くわすことになる。こうした状況でその後に生じる問題として、第二言語としての日本語習得の難しさ、継承語としての母語の維持（バイリンガル問題）、母国文化と日本文化のどちらを選ぶかをめぐるアイデンティティのゆれ、学業不振、日本の学校への不適合、高校や大学などの進学問題、就職問題、家族の貧困、犯罪などがある。しかしながら、子どもたちの潜在能力がこうした厳しい環境にもかかわらず本人の努力や周囲の人々の支援、制度の改革などにより開花することがある。日本の学校教育のもとで大学や大学院に進学して学位を取得し、日本語と母語（母国語）や国際語としての英語を駆使して日本社会や国際社会で活躍している人々が一定数いるということである。筆者は、後者のような成功事例について、特に日本語習得に焦点を当てどのような点に苦労し、それをどのように克服したかを言語と文化の視点から論じる。

　概略、本章における言語とは、言語がもつ様々な構造のことをいう。構造は、ふつう目や耳で確認できないが、樹形図と呼ばれる図を用いれば、語がいくつか集まって句となり、語と語が並べられて構成する句や文に支配関係が見られることが明示化できる。構造には語、句、文などの文法上の単位だけでなく、音声や意味にも構造がある。これに対して、本章での文化とは、社会科学者が用いる定義に基づき、ある集団の生活様式全般のことをいう。具体的には、その集団が作り出した物事を行うあらゆる方法、事物、考えから成り立つものをさし、芸術、信念、習慣、考案されたもの、言語、科学技術、伝統が含まれる(Culture is a term used by social scientists for a people's whole way of life. In everyday conversation, the word *culture* may refer to activities in such fields as art, literature, and music. But to social scientists, a people's culture consists of all the ideas, objects, ways of doing things created by the group. Culture includes arts, beliefs, customs, inventions, language, technology, and traditions. [The contributor of this article is Paul Bohannan, Professor of Anthropology at UC Santa Barbara, *The World Book Encyclopedia,* p. 942］）。

I. 問題の所在と本稿の目的

　佐々木（2022: 185）では、一般に外国人学生が日本語を習得する際の達成要因として重要なものに大別して学習環境（家庭・学校・地域）と母語からの言語文化的距離があると述べ、これらの二大要因を概観した上で、外国人日本語学習者の母語が言語文化的に日本語からどの程度の距離にあるかの要因に焦点を当て、言語学の視点から論じている。

　学生体験レポートに登場した修了生・卒業生・在籍生は17名で、氏名（母語）を紹介すると以下のようになる。小波津ホセ氏（スペイン語）、王希璇氏（中国語）、金信穆氏（韓国語）、アギーレナルミ氏（スペイン語）、鈴木アリサ氏（韓国語／日本語）、谷口ジェニフェ氏（ポルトガル語）、熊谷美陽氏（中国語）、土田美幸氏（タガログ語／日本語）、アティラナシル氏（トルコ語）、五十嵐ダリア氏（ロシア語）、木村マリアナリサ氏（ポルトガル語）、久富アリネリサ氏（ポルトガル語／日本語）、王書鴻氏（中国語）石雯漢氏（中国語）、張丹妮氏（中国語）、陳泓宇氏（中国語）、楊添植氏（中国語）である。国籍ではペルー、中国、韓国、ブラジル、日本、アメリカ、トルコ、ロシアにわたり、母語としてはスペイン語、中国語、韓国語、ポルトガル語、日本語、ロシア語におよび、中には母語と日本語の均衡バイリンガルの域に達している者もいる。

　第二言語としての日本語習得を論じる際に、一つの大きな要因として、学習者の母語が目標言語である日本語と言語文化的距離が遠ければ遠いほど習得が困難になるということがある。言語文化的距離とは、言語間に見られる構造と文化の程度差のことである。構造とは語・句・文、音声や意味などに見られる構造であり、文化とは発話や文章の理解、状況や場面の捉え方、会話・コミュニケーションの様態、コンテクスト依存度などがその代表である。本稿での「コンテクスト依存度」は広義の立場をとる。すなわち、一つの発話や文の中に生じる要素（語や句など）どうしの前後関係への依存度、一連の発話がなされる時の場面への依存度、一まとまりの文章が構成される際の状況や文脈への依存度もさす。以下、構造と文化を示す日本語の例を2つ見ることにする。

　（例1）太一が好きな**少女**があそこに立っている。（大津 2004、TON NU 2022類例）
　（例2）教授:「この部屋寒いね」（真冬の寒い日になぜか窓が空いているゼミ室で）
　　　　学生:「窓閉めましょうか」／無言で窓を閉める行動［窓の近くの学生］

　例1の「太一が好きな少女」はこの文の主語で、下線部が太字の名詞を前から修飾（前位修飾）している構造であり、日本語の構造的な特徴の一つである。また、下線部は「太一が少女のことを好き」なのか、「少女が太一のことを好き」なのかについて2とおりの解釈が可能であり、多義的である点も見逃せない。他方、例2はゼミの時間での教授と学生の対話で、こうした場面で教授の発言を聞いて学生が例示のような言動をしており、日本語の文化的な特徴の一つを示している。

本稿の目的は、こうした日本語が示す構造的・文化的特徴を習得していく際に、学習者の母語との距離がどの程度かという視点から日本語習得をはばむ壁（すなわち、困難点）を詳述することに重点を置き、そうした壁や困難点をどう克服したかについても少し触れることにある。このため、本稿は日本語の学習と教育のあり方や実践を論じることになる。

II. 日本語習得:学習環境と母語からの言語文化的距離

17人の体験レポートから、外国人学生の母語は、スペイン語、中国語、韓国語、ポルトガル語、タガログ語、トルコ語、ロシア語の7言語であることを確認した。

このI節では、こうした母語を出発点にして、17名の大半が基本的には来日により（数名は日本で生まれであるが）日本語への習得に至った学習環境は実に多様である。まず、来日のきっかけには多様な面が見られ、親の出稼ぎであったり、外国籍をもち外国にルーツがあるものの日本で生まれ育ったり、アメリカで生まれ、幼少時に父親の祖国である韓国に渡り、その後母親の祖国である日本に来たりするケースがあった。また、東日本大震災をきっかけに日本の医療技術に惹かれて来日したり、日本生まれではあるが、母親の母語を学ぶため一時期フィリピンに暮らした後に日本に戻ったり、母親の大学院進学や親の結婚を機にあるいは家の都合で来日したりする事例もあった。

日本語習得の達成を促す学習環境の要因についても17者17様の特徴が観察される。学習環境の主な要素は、家庭・学校・地域となるが、家庭で使用される言語や親の子供へのかかわり方が異なり、日本の学校に就学した時期や学校（小学校、中学校、高等学校など）も多様であり、公立か私立か、全日制か定時制か、日本人学校か外国人学校かなどの違いも見られる。地域についても都会か地方かなどの違いもあり、多様性が顕著に見られる。

他方、母語からの言語文化的距離という視点から日本語との相違を眺めてみよう。その一典型例として、Campbell（1995）に基づき主語S、動詞V、目的語Oから構成される基本語順について、日本語を各学生や卒業生の母語と比較すると以下のようになる。

(0) 現代標準日本語：Typically SOV. (Campbell 1995: 265)

(1) スペイン語：Both SVO and VSO are regular. (Campbell 1995: 496)

(2) 現代標準中国語：*ba*: although Chinese is essentially a SVO language,SOV is not at all uncommon. The co-verb ba provides a way of marking the object in inverted order: e.g. wo ba qi chem ai. le 'I bought the car'. (Campbell 1995: 122)

(3) 韓国語：SOV is normal. (Campbell 1995: 286)

(4) ポルトガル語：SVO is normal. (Campbell 1995: 405)

(5) タガログ語：There is a broad division into predicate-initial and non-predicate-initial languages. (Campbell 1995: 516)

(6) トルコ語：SOV is basic; the inverted sentence is possible, with certain reservations. (Campbell 1995: 552)

⑺ ロシア語：Free; SVO, SOV are common; O(S)V occurs.（Campbell 1995: 434）

　日本語の基本語順は典型的にSOVであり、比較的に単純と考えられる。これに対して、他の言語の基本語順を観察すると、それほど単純ではないことが多い。すなわち、スペイン語はSVOとVSOともに規則にかなっており、中国語は本質的にはSVOであるが、SOVがまれであるとは決して断言できない構文も観察される。一方、韓国語はSOV、ポルトガル語はSVOが単純に通常であると言える。さらに、タガログ語の語順は述部で始まるものと述部以外で始まるものに大別され、トルコ語はSOVが基本語順であり、条件付きで倒置文が可能である。最後に、ロシア語は語順が自由であり、SVOとSOVがふつうで、主語が省略される可能性を含んだO(S)Vの語順もある。例えば,基本語順が日本語と同じSOVの韓国語は日本語との言語的距離は近くなり、逆に、基本語順が日本語と異なるSVOのポルトガル語は日本語との言語的距離は遠くなる。こうした比較から、各母語における日本語との言語的距離はまちまちで、複雑であり、日本語習得へのプロセスも実に多様であることが予想される。

III.　先行研究：記述と理論

　言語がもつ語・句・文や音声や意味などの「構造」と文化が反映される「機能」をめぐり、記述と理論の両面から先行研究を眺めると、多様な「理論的枠組み」と多様で興味の尽きない「言語事実」が見えてくる。このⅢ節では、母語からの言語文化的距離と日本語習得の関係を述べるために必要な理論的枠組みと言語事実について、1項の理論面では言語理論を中心に、2項の記述面では文字、音声と音韻、語や文の構造、文化に焦点を定め、言語の構造と機能について概観する。

1　先行研究：理論
　言語の構造と機能を論じる主な言語理論には、以下のような枠組みがある。
・　生成文法　Chomskyほか
・　言語類型論　Greenberg, Shopen, 松本ほか
・　語用論／談話文法　Grice, Sperber and Wilson, Quirk et al. ほか
・　認知言語学　Lakoff and Johnson, Langackerほか
・　社会言語学　Labov, Wardhaugh and Fullerほか
・　日本語学・第二言語習得　衣畑、Bakerほか
・　社会学　牛田千鶴(2008)「在米ラテンアメリカ系住民のエンパワーメントとバイリンガル教育」『ことばと社会』第11号　特集：移民と言語 ①, pp. 48-68.
　　[母語重視型バイリンガル教育政策(ニューメキシコ州)を論じている。]
　Chomsky（1985）などに代表される生成文法では一つ一つの文が構造上の最大単位と定め、語・句・文の内部構造や文内での句などの移動を厳密に規定しようとする点に特徴がある。

例えば、英語ではwhatなどの疑問詞が他動詞の補部（目的語）の位置から文頭へ移動するという一般的な規則を立てて、基本語順とは異なる文の構造を捉えようとする。またGreenberg（1978）、Shopen（2007）、松本（2006）などの言語類型論では、世界の諸言語に対して主語と動詞と目的語を基本要素とする基本語順を6つのタイプに類型化し、各類型が前置詞を用いるかそれとも後置詞を用いるかとの関係性を捉えようする点に特徴がある。生成文法と言語類型論は文の構造を研究対象とし、内容が異なるものの言語普遍性を追究する点で共通している。他方、Grice（1975）やSperber and Wilson（1995）に代表される語用論、Quirk et al.（1985）の18章と19章に見られる談話文法、Lakoff and Johnson（1995）、Langacker（2000）などの認知言語学、Labov（1972）、Wardhaugh and Fuller（2021）などの社会言語学は、いずれも文構造に留まらず、そうした構造を実際の言語運用の場面で用いてコミュニケーションを図る仕組み（言語の機能）を主な研究対象とする点で共通する。もちろん、語用論は円滑な会話をもたらす協調の原理と4つの公準（質・量・関係性・様態）や関連性理論を展開し、談話文法は文領域を超えた会話や文章の構造を機能的に解明し、認知言語学はメタファーに代表され日常でよく用いられる比喩や状況・場面の捉え方とその言語化を重視し、社会言語学では言語と社会や文化との関係を解明する点で、それぞれ異なることは言うまでもない。Wardhaugh and Fuller（2021）などでは、言語が文化に何らかの影響を与え、逆に、文化も言語に何らかの影響を与えると主張するサピア＝ウォーフの仮説も論じている。なお、上で触れなかったが、意味論を中心とした研究者のWierzbicka（2006）も、英語と英語圏文化の深い関係を論じている。

2 母語からの言語文化的距離と日本語習得：文字、構造、文化の記述に焦点をあてて

　17人の体験レポートに照らして、2項でもCampbell（1995）に基づき、柴田（1993）なども加味して文字、音声と音韻、語や文の構造の比較を行う。そして、スペイン語をはじめとする7言語と日本語とのコンテクスト依存度の差を含む文化面の特徴も比較する。なお、Ⅰ節で論じた各言語と日本語間に見られる基本語順の違いは除くこととし、それ以外の視点を列挙すると、①文字、②発音、③語や文の構造、④コンテクスト依存度となる。①の文字については、目標言語である日本語が漢字圏に属する言語であるため、日本語教育で一般に言われている漢字圏か非漢字圏かという視点が重要となる。

　以上1項と2項をまとめると、文字、発音、基本語順、語や文の構造、コンテクスト依存度の視点が、各言語における日本語との言語文化的距離を決める要因である。

　17人の母語である7言語の中から、日本語と比較対照するために最終的に選んだ言語は、スペイン語、韓国語、中国語、ブラジル・ポルトガル語の4言語である。

⑻ 日本語
- 文字:漢字、平仮名、片仮名、ローマ字の4体系
- 音声と音韻:子音15、母音5;高低アクセント
- 語や文の構造:複数形は主に代名詞、関係節は名詞の前に置かれる（前置）、後置詞
- コンテクスト依存度:高い

⑼ スペイン語　Campbell (1995: 490-496)
- ・ ラテン文字
- ・ 子音20、母音10(基本5と二重5);強弱アクセント
- ・ 性・数・格の変化; 関係節は後置
- ・ コンテクスト依存度:日本語より低い

⑽ 中国語　Campbell (1995: 401-406)
- ・ 漢字
- ・ 子音22、母音8;声調4
- ・ 屈折なし;関係節は前置
- ・ コンテクスト依存度は日本語より低い。

⑾ 韓国語　Campbell (1995: 282-287)
- ・ ハングルと漢字
- ・ 子音22、母音8
- ・ 関係節は前置、後置詞
- ・ コンテクスト依存度は日本語と同様に高いが、敢えて比較すると日本語よりもやや低い。

⑿ ポルトガル語(ヨーロッパとブラジル)Campbell (1995: 401-406)
- ・ ラテン文字
- ・ 子音22、母音9;ブラジル・ポルトガル語には保守的と革新的な両面あり
- ・ 性・数・格の変化;関係節は後置
- ・ コンテクスト依存度は日本語より低い

　目標言語である日本語と比較対照する言語として、スペイン語、中国語、韓国語、ブラジル・ポルトガル語に限定した理由は概略以下のとおりである。第一に、日本語の基本語順は典型的にSOVであるのに対し、基本的にスペイン語と中国語とブラジル・ポルトガル語はSVO、韓国語が日本語と同様に通常SOVであるため、日本語との異同を比較できる。第二に、文字については日本語の4体系(漢字、平仮名、片仮名、ローマ字)に対して、スペイン語とブラジル・ポルトガル語はラテン文字、中国語は漢字、韓国語はハングルと一部漢字とまちまちであり、言語文化的距離も差があるため、比較する意義がある。また、日本語と中国語は漢字圏に属すのに対して、スペイン語ブラジル・ポルトガル語は非漢字圏であり、かつては漢字圏に属していた韓国も、基本的に現在は非漢字圏に属すと考えられる。第三に、発音に関しては、子音と母音の数が他の4言語よりも少なく、高低アクセントを旨とする日本語に対して、スペイン語とブラジル・ポルトガル語は強弱アクセント、中国語は4種類の声調、韓国語は高低アクセントであるが日本語と異なる特徴を有しており、比較に値する。第四に、語や文の構造について日本語は複数形が主に代名詞に生じ、関係節が名詞の前に置かれ、後置詞が使用される。これに対し、スペイン語とブラジル・ポルトガル語には性・数・格の変化があり、関係節は名詞の後に置かれ、前置詞が使われ、中国語には屈折がなく、関係節が前置され、前置詞が使われるという点で日本語との対比が顕著であり、韓国語は主に代名詞に複数形が生じ、関

係節は前置され、後置詞が使われる点で日本語と類似している。最後に、コンテクスト依存度について日本語は高いのに対して、スペイン語と中国語とブラジル・ポルトガル語は低く、韓国語は日本語と同様と考えられる。

Ⅳ．調査の目的と方法

外国人学生やその卒業生・修了生を対象に、上述した日本語学習の困難点を言語学的に明らかにする。理論と記述の両面で文献研究を進め、外国人学生・卒業生・修了生の母語に見られるコンテクスト依存度と構造の関係に焦点をあてた、アンケート調査とインタビュー調査も行う。

Ⅴ．仮説

言語文化的距離に照らして、「言語の構造」と「文化を反映する機能」の両面を比較対照した上で、母語と目標言語との間に距離があればあるほど目標言語の習得が困難になる。

例えば、基本語順が日本語と同様にSOVである、韓国語は日本語との言語的距離が近い。逆に、基本語順が日本語と異なる、SVOのスペイン語、ブラジル・ポルトガル語、中国語は日本語との言語的距離が遠い。また、言語と文化の融合と捉えられる表意文字としての漢字の視点からすると、中国語と日本語は言語文化的距離が近く、現代でも漢字の使用が認められる韓国語はやや近く、スペイン語とブラジル・ポルトガル語は遠い。

Ⅵ．アンケート調査とインタビュー調査：日本語習得の壁に関する事実確認

このⅥ節では、以下でアンケート調査と付随するインタビュー調査の様式を提示した上で、1〜4項で4名それぞれの回答結果を報告する。

○　アンケート調査とインタビュー調査の様式
目標言語の日本語を念頭において、スペイン語、朝鮮語、中国語、ブラジル・ポルトガル語を母語とする外国人にインタビュー調査を行う。

アンケート調査の様式は以下のとおりであり、前述したように回答がなかったロシア語母語話者を除いて得られた4名の回答結果に基づいてインタビュー調査を実施した。本調査の目的は、第Ⅴ節で提案した仮説が妥当であるかを検証することにある。アンケートは全部で8項目あるが、その項目の設定は、第Ⅲ節で示した「言語の構造と機能を論じた言語理論」と「文字、構造、文化から見た母語からの言語文化的距離と日本語習得」という視点に基づいて行われた。

○○○□□様
日本語習得に関するアンケートとインタビューのお願い
2022.9.7　佐々木一隆

　お世話になります。宇都宮大学の佐々木一隆です。お忙しいところ誠に恐縮ですが、研究上、紙面及び対面調査が必要なため日本語習得に関するアンケートとインタビューを実施したいと存じます。ご協力いただければ幸いです。よろしく願いいたします。

アンケート

1　あなたの母語を教えてください。
2　日本語や他の外国語の検定試験などで取得した級やスコアがあれば教えてください。
　　・日本語:
　　・他の外国語:
3　これまでの日本語学習をふりかえってみて、難しいと感じた項目は次のうちではどれですか。該当するものの（　）内に○か△を入れてください（○は難しい、△やや難しい:複数回答可）。コロン(:)のあとに　具体例か簡単な説明を書いていただけると助かります。
　　（　）文字:
　　（　）音声・発音:
　　（　）語や文の構造:
　　（　）ＳＶＯやＳＯＶなどの語順:
　　（　）修飾構造:
　　（　）助詞(後置詞):
　　（　）時制・相:
　　（　）発話や文章の理解:
　　（　）状況や場面の捉え方:
　　（　）比喩の理解:
　　（　）敬語・敬意表現:
　　（　）会話・コミュニケーション:
　　（　）文章表現:
　　（　）その他:
4　上記3の項目のうち、日本語を学習し始めた初期の段階で特に難しいと感じた項目はどれですか(1〜3項目程度でお答えください)。具体例か簡単な説明も書いていただけるとありがたく思います。
5　上記3の項目のうち、現在でも依然として難しいと感じている項目はどれですか(複数答可)。具体例か簡単な説明も書いていただけるとありがたいです。

6 これまでの日本語学習をふりかえってみて、上記3とは逆に比較的易しいと感じた項目はありますか。あれば該当するものを3の項目の中から選んで以下に書き出してください（複数回答可）。具体例か簡単な説明も書いていただけるとありがたいです。

7 あなたの母語のコンテクスト依存度は、日本語と比べて高いですか、それとも低いですか、あるいは同じくらいですか。簡単な例を添えて、あなたのお考えをお聞かせいただけますか。

　（注）コンテクストとは、言語が実際に用いられる際に依存する文章や発話の前後関係、周囲の状況や場面のことをいいます。例えば、日本語の場合、文章や発話の前後関係、周囲の状況や場面に依存する度合いが比較的高く、文の主語を示さない傾向が強いと言われています。

8 自由記述:これまで回答していないことで、日本語学習で困難に感じたことやそれをどのように克服したか、日本語学習のおもしろさや醍醐味、日本語学習の動機づけなどがあれば、自由にお書きください。

　お疲れ様でした。ご協力に心より感謝いたします。ありがとうございました。
　ご回答いただき、可能でしたら9月11日（日）までにご返送くだされば幸甚です。

インタビュー
　アンケートへの回答結果に基づいて、さらにお聞きしたいことがあります。このため、30分〜60分程度でZoomか対面によるインタビューの機会も設けたいと考えていますが、いかがでしょうか。もし可能でしたら、ご協力ください。重ねてよろしくお願いします。
　インタビューの予定期間:9/8（木）〜9/17（土）のうち9時〜20時頃　可能な限り時間調整します。ご都合のよい日時がありましたら、複数の候補をあげていただければありがたいです。

　以上が、本調査における紙面調査（アンケート）と対面調査（インタビュー）に用いた様式である。この様式に沿って、2022年9月7日から17日にかけて4名からアンケートの回答があり、その結果に基づいて9月9日に対面インタビュー、9月10日の午前にZoom、午後に対面によるインタビュー、さらに9月17日にZoomインタビューを実施した。その結果は、それぞれ1項〜4項に示してある。

1　小波津ホセ氏
　小波津氏によるアンケートへの回答結果は、以下1〜8のとおりである。

アンケートの回答結果
1 あなたの母語を教えてください。
　スペイン語
2 日本語や他の外国語の検定試験などで取得した級やスコアがあれば教えてください。

・日本語:日本語能力試験1級(2006年頃)

・他の外国語:TOEIC750点(2015年頃)

3　これまでの日本語学習をふりかえってみて、難しいと感じた項目は次のうちではどれです
か。該当するものの(　)内に○か△を入れてください。

(○)文字:漢字

(△)音声・発音:ラ行

(　)語や文の構造:

(　)SVOやSOVなどの語順:

(　)修飾構造:

(△)助詞(後置詞):は、が

(　)時制・相:

(　)発話や文章の理解:

(△)状況や場面の捉え方:日本的な表現(忖度等)

(　)比喩の理解:

(○)敬語・敬意表現:全般

(　)会話・コミュニケーション:

(　)文章表現:

(　)その他:

4　上記3の項目のうち、日本語を学習し始めた初期の段階で特に難しいと感じた項目はどれ
ですか:初期段階では「漢字」「助詞」「言い回し」を困難に感じた記憶があります。「言い回
し」とは、日本人の相手を傷付けないように言い方を変えたり、忖度等するような考え方
等です。

5　上記3の項目のうち、現在でも依然として難しいと感じている項目はどれですか。
敬語は未だに慣れない部分があります。

6　これまでの日本語学習をふりかえってみて、上記3とは逆に比較的易しいと感じた項目は
ありますか。あれば該当するものを3の項目の中から選んで以下に書き出してください:
なかったと記憶しています。

7　あなたの母語のコンテクスト依存度は、日本語と比べて高いですか、それとも低いです
か、あるいは同じくらいですか:　コンテクスト依存度は日本よりは低いと感じる。スペイ
ン語では主語を示さない事が多いが、それはコンテクスト依存度よりも動詞活用によって
主語がわかるからである。

8　自由記述(これまで回答していないこと):92年に来日した当時は学校独自の支援(主に担
任と加配教員)のおかげで日本語学習に励むことができたが、自助努力(最初の夏休みに
午前中の勉強)も重要だったと感じている。日本で生活することになったので日本語学習
の動機づけは学校への適応や交友関係構築が主だったと振り返る。

　以上の回答のうち項目3に焦点をあてると、小波津ホセ氏にとっての日本語習得の壁は、漢字と敬語・敬意表現全般が難しく、ラ行の発音、助詞の「は」と「が」、状況や場面の捉え方では忖度等のような日本的な表現がやや難しいことを確認した。

インタビューの要点（9月10日の午前にZoomで実施）

　インタビューは、田巻（2020）第Ⅹ部「国際学部外国人学生体験レポート」に記載されている、回答者（小波津ホセ氏）の属性と経歴の確認から始めた。次の段落の内容はインタビューで得た新たな情報も盛り込んである。

　スペイン語母語話者：体験レポートの表題は「母国往来と自分が開拓した道」。1984年ペルー共和国リマに生まれ、8歳時の1992年に来日。出稼ぎしていた親の呼寄せによる。日系人とは言え、平仮名の読み書き程度のため日本語ができないない状況で来日した。アイデンティティを失い同化へと行きかけた時期があった。スペイン語能力の低下も見られた。日本語の本格的な習得は日本の小学校入学からで、周囲の支援があった。専門学校卒業後にペルーに帰国して6年間滞在。宇大には3年次編入から博士後期課程まで在学し、博士（国際学）の学位を得ている。

　この後、1時間ほどアンケートの回答のうち気になる項目をインタビューにより尋ねた。その要点を項目別にまとめると以下のようになる。

項目2：　日本語能力試験1級はペルーで生活向上のために取得。もっと前に取得できたが。

項目3：　漢字の書き順が大変だった。初来日前にペルーでひらがな程度は知っていた。学校5年生時に-rr-の巻き舌の発音を日本語のラ行で是正するよう指導された。「らりるれろ、らりれろ」を登下校時に繰り返し練習した。「は」と「が」について今はもう区別できる。日本的な表現の忖度等に関連して、語用論の問題としてスペイン語で「この部屋ちょっと寒いね」という遠回しの発話が「窓を閉めてほしい」という意図を表すようなことがあるか尋ねたところ、スペイン語の文化ではないとの回答を得た。敬語・敬意表現全般について、今は理解できるが、誰を敬うのかなどの文化の面や使い方がよくわからない。［敬語はいまだに慣れない。（項目5）］

項目4：　日本語学習の初期の段階で、相手への配慮とする日本語の「言い回し」は特に難しかった。

項目7：　スペイン語でも主語を示さないが、その理由は（コンテクスト依存度よりも）動詞の活用形によって主語がわかるからに関連して、それ以外の事例について尋ねたところ、日本語のような言い回しはしないで、スペイン語は直接ものを言う。

項目8：　日本語学習は自助努力が重要である点を直接確認できた。日本語ができるようになって、サッカークラブに入り、生活圏が学校のみから広がり、前向きになった。

2 鈴木アリサ氏

鈴木氏によるアンケートへの回答結果は、以下1〜8のとおりである。

アンケートの回答結果

1　あなたの母語を教えてください。
　　日本語と韓国語

2　日本語や他の外国語の検定試験などで取得した級やスコアがあれば教えてください。
　　・日本語:
　　・他の外国語:韓国語(TOPIK6級)

3　これまでの日本語学習をふりかえってみて、難しいと感じた項目は次のうちではどれです
　　か。該当するものの(　)内に○か△を入れてください。
　　(　)文字:
　　(　)音声・発音:
　　(　)語や文の構造:
　　(　)SVOやSOVなどの語順:
　　(　)修飾構造:
　　(　)助詞(後置詞):
　　(　)時制・相:
　　(　)発話や文章の理解:
　　(　)状況や場面の捉え方:
　　(　)比喩の理解:
　　(○)敬語・敬意表現:「させていただきます」と使う人が多いが、状況によっては「いたしま
　　　　す」が適切な場合が多々あるなど、一般的に使用される敬語と正しい敬語の使い分
　　　　けに戸惑うことがある。
　　(△)会話・コミュニケーション:曖昧な言葉の言い回しなど(「大丈夫です」が遠慮なのか、
　　　　了承なのか分からない)
　　(　)文章表現:
　　(　)その他:

4　上記3の項目のうち、日本語を学習し始めた初期の段階で特に難しいと感じた項目はどれ
　　ですか:*私はバイリンガルのため、日本語を学習し始めた段階が他の日本語母語話者と
　　同じだと思います。ですが、日本に来てからは、「3」にも書いた、敬語について戸惑うこと
　　が今でも多々あります。

5　上記3の項目のうち、現在でも依然として難しいと感じている項目はどれですか:
　　例えば、目上の人や初対面の人に訪ねるときに、少なくとも私の周りでは「お伺いします」
　　と話す人が多く、これだと二重敬語になってしまうため「伺います」が正しいのですが、一
　　般的に使用される敬語を使うべきなのか、正しい方を貫くべきなのか、戸惑いを感じま

す。他にも例えばお店などでも「こちらコーヒーになります」という言葉も適切ではなく、「こちら、コーヒーです」で済む言葉を、「〜になる」という表現をわざわざ使うことに違和感を覚えます。

6　これまでの日本語学習をふりかえってみて、上記3とは逆に比較的易しいと感じた項目はありますか:私は日本語とともに韓国語も母語ですが、語順も大体の言葉も似ているので、変換しやすく、スイッチの切り替えのように、韓国語も日本語も状況によってすぐ切り替えられる部分だと思います。

7　あなたの母語のコンテクスト依存度は、日本語と比べて高いですか、それとも低いですか、あるいは同じくらいですか:
同じくらいだと思います。「こそあど」のように、これ、その人、あちら、どれなどの言葉を日本語と同じく頻繁に使うため、文章や発話の前後関係、周囲の状況や場面に依存する度合いも日本語と似ていると考えます。

8　自由記述: 私は、他の日本語学習者と異なると思いますが、それでも「日本語がペラペラ上手に扱える」とは思えません。敬語は以前使用したことがあっても毎回調べて確認しますが、それでも間違えることが多いです。また、お笑い(漫才など)や刑事ドラマなども最初は言葉が早すぎて理解が追いつかず、今はある程度理解は追いついても、疲れることがあります。言葉だけわかっても、感覚的にその言葉が「なぜ面白いのか」「なぜそのセリフを放ったのか」などを感じ取るのには8年いてもまだまだ先のようです。日本語は難しいですが、分からないことだらけなりに、言葉やそれに伴う感覚的なものも一つ一つ覚えていく面白さもあると思います。

　鈴木アリサ氏の顕著な特徴は、幼少期より日本語と韓国語の均衡バイリンガルとして両言語を獲得してきた点にある。上記回答のうち項目3に焦点をあてると、鈴木氏にとっての日本語習得の壁は、「させていただきます」と「いたします」の使い分けなどの敬語・敬意表現が難しく、曖昧な言葉の言い回しの「大丈夫」がやや難しいことを確認した。

インタビューの要点(9月9日に対面で実施)

　インタビューは同じ手順で行われ、回答者(鈴木アリサ氏)の属性と経歴の確認から始めた。次の段落はインタビューで得た新たな情報も盛り込んである。

　韓国語母語話者:体験レポートの表題は「アメリカ、韓国、岩手」。日本人と韓国人のハーフ。アメリカ生まれ、4歳から韓国(父親の国)、15歳の春から日本(母親の国)へ、幼稚園から中学まで、韓国の日本人学校に通う。日本人学校で日本語教育を受けることと日本語能力がつくことは必ずしも言えない。日本語が分からない時に楽に聞ける環境があった。

　この後、1時間ほどアンケートの回答のうち気になる項目をインタビューにより尋ねた。その要点を項目別にまとめると以下のようになる。

　項目1: 均衡バイリンガルについて家には日韓二言語があり、両言語に違和感はない。母

親の母語は日本語だが、韓国語もできる。レポートは日本語が、日常会話は韓国語の方が流暢である。

項目3: 韓国語ではサ行の濁音がないため、「ざ」の発音が難しく、「じゃ」となる。敬語・敬意表現について、韓国語は1歳でも年上なら身内か否かを問わず敬語を用いる点で絶対敬語であり、初対面は年下でも敬語を使う面もあり、日本語と異なる文化をもつ。会話・コミュニケーションにおいて、「大丈夫です」が遠慮なのか了承なのかについて、日本語の方が語用論的に判断するのが難しい。ただし、「この部屋ちょっと寒いね」という遠回しの発話が「窓を閉めてほしい」という意図を表す点は両言語で共通している。

項目4: やはり敬語の戸惑いが今でも多々ある。日本語では「帰る」が「お帰りになる」のような一般的な敬語化が成立する面があるが、韓国語の敬語は別形式を用いる。

項目6: 日本語と韓国語は、語順が同じで感覚的に似ているためであろうか、状況によって両言語の切り替えは比較的易しい。

項目7: 状況や空気を読んだり、話し手の意図を理解したりする時のコンテクスト依存度は日韓語で同じくらいだが、日本語の方が相手への過剰な配慮をして曖昧な言い回しが多く、会話が分かりにくくなることが多い。

項目8: 日本語は敬語の種類が多いが、韓国語の敬語は単純である。また、文字について4～5年前はハングルのみだった韓国で、最近高校生が教養として漢字を使うような傾向が見られるようになってきた。

3 陳泓宇氏

陳氏によるアンケートへの回答結果は、以下1～8のとおりである。

アンケートの回答結果

1 あなたの母語を教えてください。
中国語

2 日本語や他の外国語の検定試験などで取得した級やスコアがあれば教えてください。
・日本語:日本語能力試験1級(2021年夏)
・他の外国語:英検2級

3 これまでの日本語学習をふりかえってみて、難しいと感じた項目は次のうちではれですか。該当するものの( )内に○か△を入れてください。
( )文字:
(△)音声・発音:端、橋、箸などのアクセントの使い分け
(△)語や文の構造:大根などの和製漢語
( )SVOやSOVなどの語順:

( )修飾構造:

(○)助詞(後置詞):場所なのに「公園で散歩する」と言わず「公園を散歩する」と言う。

( )時制・相:

( )発話や文章の理解:

(○)状況や場面の捉え方:特定の実物を指示していないコソアの指示内容の区別

( )比喩の理解:

( )敬語・敬意表現:

( )会話・コミュニケーション:

(△)文章表現:「〜と思います」以外の文を終わらせる表現の欠如

( )その他:

4 上記3の項目のうち、日本語を学習し始めた初期の段階で特に難しいと感じた項目はどれですか:助詞のプロトタイプ的な使用

ex)・可能形になると「を→が」に変わる。カキが食べられる↔カキを食べます。

　　・好意表現の対象を表す「が」　りんごが好きだ

　　・通過点を表す「を」　「空を飛ぶ」↔「*空に飛ぶ」

　　・起点を表す「を」　「家を出る」↔「?家から出る」

　　・特定の動詞と親和性が高い助詞　「〜に相談する」↔「?〜と相談する」

5 上記3の項目のうち、現在でも依然として難しいと感じている項目はどれですか:易しくならずにずっと難しい項目はありませんが、習熟度が上がるにつれ難しく感じる項目はあります。それは母語の発音情報を受けずに日本語らしく発音することです。

6 これまでの日本語学習をふりかえってみて、上記3とは逆に比較的易しいと感じた項目はありますか:会話・コミュニケーションでは、非言語的な知識が言語能力の欠如を補えるから。文字では日本語独自のひらがなとカタカナだけ覚えれば話が済むから。

7 あなたの母語のコンテクスト依存度は、日本語と比べて高いですか、それとも低いですか、あるいは同じくらいですか:文の主語を示すかという観点から見れば、標準中国語文には主語を示さないといけないので、依存度は日本語よりも低いと思います。しかし、実際の中国語の使用場面を見れば、主語を示さない場面が見られます。例えば　「去○?(行きます?)」「不去(行かない。)」包丁でものを「切手了(指切った)」と言い、「我切手了」と言うことはありません。

8 自由記述: 日本人らしい正しい日本語を話すことを指していた時期がありましたが、そのようなことは不可能だと気付き、気が楽になっています。今は日本語を自分を表現する手段として捉え、標準的でなくても、自分の声を伝えられることが日本語を学んでよかったと思えるポイントです。

　以上の回答のうち項目3に焦点をあてると、陳泓宇氏にとっての日本語習得の壁は、例えば場所なのに「公園で散歩する」と言わずに「公園を散歩する」と言うような助詞の用法、特定の実物を

指し示していないコソアの指示内容の区別が難しく、音声・発音に関しては「端」「橋」「箸」などのアクセントの使い分け、語の構造として「大根」などの和製漢語、文章表現では「〜と思います」以外に文を終わらせるような表現の欠如がやや難しいことを確認した。

インタビューの要点（9月10日の午後に対面で実施）

　インタビューは同じ手順で行われ、回答者（陳泓宇氏）の属性と経歴の確認から始めた。次の段落はインタビューで得た新たな情報も盛り込んである。

　中国語母語話者：体験レポートの表題は「十年一昔」。遼寧省瀋陽生まれ、そこで12年間過ごし、中学一年の時に来日。日本で働いている親と一緒に住みたいから。日本語指導教員との出会い（週3回個別指導：日本語、国立大学進学を努力目標にというアドバイス）。茨城県の高校に進学し、いっぱい勉強した。推薦入試で国際学部入学を果たす。スペイン語、ポルトガル語も学習。現在はロシア語も学習している。

　この後、1時間ほどアンケートの回答のうち気になる項目をインタビューにより尋ねた。その要点を項目別にまとめると以下のようになる。

項目3：　文字について漢字圏は書くことに慣れているので、難しいとは感じない。音声・語の構造について、日中語は漢字を共有しているが、例えば「恐れ入ります」の和製漢語の「恐」は中国語では「脅かす」の意味を表す。SVOやSOVなどの語順をめぐる母語の影響や混乱があるか否かについては、新しい知識の習得は混乱せず、難しいとは思わない。文章表現において書き手の意見や考えなどを示す表現方法が乏しい。

項目4：　日本語の「を」が一番厄介。使用範囲（用法）が非常に広範に及ぶからである。

項目5：　表現はより自由に、発音はより高めたいところがある。

項目6：　非言語的な知識や情報は言語能力の不足しているところを補える。

項目7：　一般に中国語の方が日本語よりもコンテクスト依存度は低いことは、中国語が主語を必要とすることからもわかる。しかし、中国語でも標準的でない場合（例えば、学生どうしなどの改まった場面ではない時）は、語用論や場の環境が働き、主語を明示しない。

項目8：　能動的な語彙を使った豊かな表現力の追求は、日本語学習の醍醐味であり、日本語学習の動機づけともなる。

4　久富アリネリサ氏

　久富氏によるアンケートへの回答結果は、以下1〜8のとおりである。

アンケートの回答内容

1　あなたの母語を教えてください：ブラジルのポルトガル語。

2　日本語や他の外国語の検定試験などで取得した級やスコアがあれば教えてください。

・日本語:日本語能力試験N1

・他の外国語:TOEIC 870点

3 これまでの日本語学習をふりかえってみて、難しいと感じた項目は次のうちではどれです
か。該当するものの( )内に○か△を入れてください。

(△)文字:難しかったが、日本語母語話者も同じく難しいと思っているため。

(△)音声・発音:知っている言葉の羅列であれば、比較的人よりできていた。

(△)語や文の構造:人並に難しかった。

(―)SVOやSOVなどの語順: 深く学ばずに過ぎた部分。

(―)修飾構造:上記に同じく。

(○)助詞(後置詞):考えすぎてしまうと、未だにわからくなる部分。

(○)時制・相:例外が多いように感じた。

(△)発話や文章の理解:発話理解は○。文章理解は△。

(―)状況や場面の捉え方:

(○)比喩の理解:比喩表現の後に説明文がなければ、未だに理解できない。

(○)敬語・敬意表現:言葉は答えられる。使用場面は難しく感じる。

(○)会話・コミュニケーション:会話する機会が少なかったため。

(△)文章表現:中学～高校までは、会話練習は少なく、文章表現が多かったため。

( )その他:

4 上記3の項目のうち、日本語を学習し始めた初期の段階で特に難しいと感じた項目はどれ
ですか:助詞は、文章を書いている時に、ときたま数秒考える必要がある。比喩の理解は、
自分では理解できるが、言葉を使って具体的に説明することが難しい。理解できない時も
ある。会話・コミュニケーションは、機会が少なかったため。

5 上記3の項目のうち、現在でも依然として難しいと感じている項目はどれですか:3項目全て。

6 これまでの日本語学習をふりかえってみて、上記3とは逆に比較的易しいと感じた項目は
ありますか。あれば該当するものを3の項目の中から選んで以下に書き出してください:
音声・発音:親戚とアニメを見ることが多かったため、発音・聞き取りは人より早い段階で
できていた。

7 あなたの母語のコンテクスト依存度は、日本語と比べて高いですか、それとも低いです
か、あるいは同じくらいですか:あるけど、日本語ほどではない。ブラジル人は話すことが
好きな人物が多い。説明が好きな人たちが多いので、文化的に場面に依存することは、日
本語よりも少ない傾向にある。

8 自由記述:

　以上の回答のうち項目3に焦点をあてると、久富アリネリサ氏にとっての日本語習得の壁は広範
にわたり、以下のことを確認できた。すなわち、考えすぎると未だに分からなくなる助詞、例外が多い
と感じる時制と相、比喩の後に説明文がないと困難な比喩の理解、言葉としてわかるが使用場面

に応じた使い分けが困難な敬語・敬意表現、会話する機会が少なかったため会話・コミュニケーションが難しい。他方、音声・発音、語や文の構造、文章の理解、中学から高校まで会話練習が少なく文章表現が多かったため文章表現がやや難しいことを確認した。

インタビューの要点（9月17日の午後にZoomで実施）

インタビューは、同じ手順で行われ、回答者（久富アリネリサ氏）の属性と経歴の確認から始めた。次の段落はインタビューで得た新たな情報も盛り込んである。

ブラジル・ポルトガル語母語話者：体験レポートの表題は「日本生まれ日本育ちのブラジル人」。1999年に日本・神奈川県生まれ。数年間ブラジルに在住し、日本に戻る。日本の学校に通うことは、義務教育課程12年間で一度もなかった。小中高一貫の在日ブラジル人学校。小中学では担任が毎年変わるなどの環境変化が多く、教師とよい関係があまり築けなかったため苦労した。高校に上がって教師も安定。外国人生徒入試で入学。日本語・英語・母語を周回して、月に1〜2冊本を読んでいる。今はポルトガル語（母語）のお陰で様々な扉が開いている気がする。博士前期課程に進学して現在に至っている。

この後、時間ほどアンケートの回答のうち気になる項目をインタビューにより尋ねた。その要点を項目別にまとめると以下のようになる。

項目3：　音声・発音については、短い文章で知っている語が出てくると他の人より聞き取れた。SVOやSOVなどの語順等の括弧内にある（―）の符号は、深く学ばずに過ぎた事項で、あまり苦労しないで習得できたものを表す。比喩の理解については、「太陽のように明るい人だ」というような直喩は理解できるが、「時は金なり」のような隠喩は説明がないと理解できない。ブラジル・ポルトガル語には詩の場合を除き、隠喩はあまり使われないと思う。敬語・敬意表現はブラジル・ポルトガル語にあることはあるが、あまり使われない。日本語の「座ってください」を「お掛けください」とは言えるが、どういう場面でどんな人（目上、初対面、店員など）に敬語を使ったらよいのかが分からない。

項目4と5：　助詞については、論文を書く時に「は」と「が」のどちらがふさわしいかが分からない。比喩の理解ができても、発話がそれほどにはできない。会話・コミュニケーションもできない。これら3つは今でも難しい。

項目6：　音声・発音は一語一語の発音や聞き取りが早い段階からできていた。祖父母や叔父叔母が日本語話者だったから。

項目7：　ブラジル・ポルトガル語のコンテクスト依存度は日本語ほど高くはない。ブラジル人は話好きや説明好きが多く、文化的に場面に依存することは少ない。また、ブラジル人は忖度することはあまりなく、教員が「この部屋ちょっと寒いね」という遠回しの発話をした時に、学生が窓を閉めますというような発言をするか、窓を閉める行動をするということはないとの回答が得られた。

VII. アンケートとインタビュー調査結果に関する分析の方向性

　調査対象者4名の母語はスペイン語、韓国語、中国語、ブラジル・ポルトガル語であり、目標言語の日本語との言語的・文化的距離に起因して生じる困難な点を明らかにすることを主眼として第Ⅵ節で言語学的に記述した。そして、第Ⅴ節で提案した仮説（言語文化的距離に照らして、「言語の構造」と「文化を反映する機能」の両面を比較対照した上で、母語と目標言語との間に距離があればあるほど目標言語の習得が困難になる）の予測が、4名のアンケートとインタビュー調査の回答結果と整合するかどうかも緩やかに検証してきたことになる。

　例えば、4名中3名が今でも日本語の敬語が難しいと感じているのは、回答者それぞれの母語（スペイン語、韓国語、ブラジル・ポルトガル語）の敬意表現と構造的にも文化的にも大きく異なるからである。すなわち、構造的に日本語は動詞に敬意表現が付加されて「読む」から「お読みになる」という一般形式の敬語が形成される場合と、「言う」とは別形式の敬語「おっしゃる」が用いられる場合もあって複雑で、文法の中に敬語が明確に位置づけられている。韓国語は構造と文化の点で類似性も認められるため日本語に近いが、スペイン語とブラジル・ポルトガル語にはこうした文法体系は存在せず、文化的にも日本語と両言語は大きく異なるからである。なお、中国語母語話者からは敬語に関する回答がなかったが、この点も追究する価値がある。

　第Ⅴ節に掲げた「言語文化的距離に照らして、『言語の構造』と『文化を反映する機能』の両面を比較対照した上で、母語と目標言語との間に距離があればあるほど目標言語の習得が困難になる」は緩やかな仮説であり、反証可能性が十分な程度まで明示的ではないが、本稿を通して日本語習得において母語との言語・文化的な距離があればあるほど習得が困難となり、逆に、距離が近くなればなるほど習得が容易になることが一部について緩やかに確認できたと思われる。

おわりに

　本稿では、日本語が示す言語的・文化的特徴を習得していく際に、学習者の母語との距離がどの程度あるかという視点から、日本語習得をはばむ壁（すなわち、困難点）を詳述することに重点を置き、そうした壁や困難点をどう克服したかについても少し触れた。今後は、言語的距離と文化的距離を明示化することにより、様々な言語間での習得可能性の程度を予測し、日本語習得への貢献に資する可能性を探りたい。

参考文献

・Baker, Collins（2006）*Foundations of Bilingual Education and Bilingualism.* Fourth Edition. Multilingual Matters Ltd.
・Campbell, George L.（1995）*Concise Compendium of the World's Languages.* Routledge.
・Chomsky, Noam（1985）*Knowledge of Language: Its Nature, Origin, and Use.* Praeger Publications.

- Greenberg（1978）*Universals of Human Language*. Four Volumes: 1. Method & Theory, 2. Phonology, 3. Word Structure, and 4. Syntax. Stanford University Press.
- Grice, H. P.（1975）"Logic and Conversation," in Cole and Morgan 1975: 41-58.
- 亀井孝・河野六郎・千野栄一、編著（1989）『言語学大辞典』第2巻世界言語編（中）三省堂。
- 亀井孝・河野六郎・千野栄一、編著（1992）『言語学大辞典』第3巻 世界言語編（下-1）、第4巻 世界言語編（下-2）三省堂。
- 衣畑智英（編）（2019）『基礎日本語学』ひつじ書房。
- Labov, William（1972）"The Social Stratification of（r）in New York City Department Stores." In William Labov（1972）*Sociolinguistic Patterns*（Philadelphia, PA: University of Pennsylvania Press）pp. 43-54.
- Lakoff, George and Mark Johnson（1995）*Metaphors We live By*. The University of Chicago Press.
- Langacker, W. Ronald（2000）*Grammar and Conceptualization*. Mouton de Gruyter.
- 松本克己（2006）『世界言語への視座:歴史言語学と言語類型論』三省堂書店。
- Quirk et al.（1985）*A Comprehensive Grammar of the English Language*. Longman.
- 佐々木一隆（2021）「文脈依存度と日英語主語の比較:英語から自然な日本語への翻訳に焦点をあて」『宇都宮大学国際学部研究論集』第51号、35-42頁。
- Sasaki, Kazutaka（2021）"Some Notes on Nominalization in Japanese: A Typological Perspective." *Journal of the School of International Studies*, Utsunomiya University 52, pp. 39-44.
- 佐々木一隆（2022）「外国人学生の日本語習得と母語からの言語的距離:『HANDS 10年史』国際学部外国人学生体験レポートを起点に」『宇都宮大学国際学部附属多文化公共圏センター年報』第14号 、185-188頁。
- 柴田武（編）（1993）『世界のことば小事典』大修館書店。
- Shopen, Timothy, ed.（2007）*Language Typology and Syntactic Description: Clause Structure*（Volume I）, *Complex Constructions*（Volume II）, *and Grammatical Categories and the Lexicon*（Volume III）. Second Edition. Oxford University Press.
- Sperber, Dan and Deirdre Wilson（1995）*Relevance: Communication and Cognition*. Second Edition. Blackwell Publishing.
- 田巻松雄（2020）『宇都宮大学HANDS10年史—外国人児童生徒教育支援の実践—』日本学術振興会2020年度科学研究費補助金基盤研究（A）「外国人生徒の学びの場に関する研究—特別定員枠校と定時制通信制課程の全国調査」（課題番号19H00604、研究代表者田巻松雄）。
- 角田太作（1991）『世界の言語と日本語』くろしお出版。

- THAN THI MY BINH（タン ティ ミ ビン）（2018）「日本在住ベトナム人の子どもに対するベトナム語教育の可能性—家庭を中心としたバイリンガル教育の観点から—」宇都宮大学大学院国際学研究科博士論文。
- TON NU THANH TU（トン ヌー タン トゥ）（2022）「ベトナム人日本語学習者にとっての文章の多義的曖昧さに起因して発生する読解上の問題」宇都宮大学大学院国際学研究科博士論文。
- 牛田千鶴（2008）「在米ラテンアメリカ系住民のエンパワーメントとバイリンガル教育」
- 『ことばと社会』第11号 特集:移民と言語 ①、48-68頁。
- Wardhaugh, Ronald and Jane M. Fuller（2021）*An Introduction to Sociolinguistics.* Eighth Edition. Wiley Blackwell.
- Wierzbicka, Anna（2006）*English: Meaning and Culture.* Oxford University Press.
- World Book, Inc.（1984）*The World Book Encyclopedia*, Ci-Cz Volume 4.

座 談 会
「日本語習得の壁をめぐって」
佐々木一隆、小波津ホセ、鈴木アリサ、陳泓宇、久富アリネリサ

佐々木：こんにちは。宇都宮大学国際学部の佐々木一隆です。ご参集ありがとうございます。今回参加された皆様には、現在推敲中の「日本語習得をはばむ壁: 母語との言語文化的距離に着目して」の執筆にあたり、アンケートとインタビュー調査にもご協力いただきました。重ねて御礼申し上げます。

　今日の座談会のテーマについて確認しておきたいと思います。「日本語習得の壁をめぐって」とさせていただきたいと思います。私が進行役となって皆さんがどのようにして日本語習得の壁を乗り越え、日本語習得にいたったかを語っていただくという趣旨でございます。具体的には2つに分けまして、1つは「あなたにとっての日本語習得の壁とは何ですか」という問いですね。それからもう1つは、「そうした日本語習得の壁をどう乗り越えたか、あるいは乗り越えてきたか」ということで、それぞれについて、皆さんのご経験に基づいて自由に語っていただければと思います。ホセさん、鈴木さん、陳さん、アリネリサさんの順番でお願いします。まずは①「あなたにとっての日本語習得の壁とは何ですか」という問いについて、1人3分程度でお話しください。それから、②「そうした日本語習得の壁をどう乗り越えたか、乗り越えてきたか」について同様に1人3分程度でお話しいただければと思います。ご質問やコメントなどは随時してくださって構いません。そこまでよろしいでしょうか。では、ホセさんからお願いします、あなたにとっての日本語習得の壁とはどういうものなのか、そのあたりを語っていただけますでしょうか。

ホセ：私はペルーで生まれました。両親ともにペルー国籍でした。来日は8歳の時で、ある程度のスペイン語能力を持って来日をして、日本語に関しては0から覚えたっていう経緯があるなかで、やはり「文字」、ひらがな、カタカナ、漢字を覚えることがまずひとつの壁でした。日本語を話すということに関しても、文化的背景を理解して、人間関係においてその中で発言をする、または理解をするということが、難しかった部分がありました。

　あとは、発音ですかね。今は普通だとは思っているんですけど、やっぱり覚えはじめた当初というのは、スペイン語の訛りがあり、スペイン語にない発音を発声するということには苦労をして、だいぶ練習をしなければならなかったという、小学校の頃の記憶があります。自分で普通に日本語を話せていると思っていても、特に先生からは発音に関して指摘を受けたことが多々あったので、その改善についても、やはり壁ではあったのかなとは感じています。

鈴木：まず、本日の主題である「日本語習得の壁」と最初に聞いた時に、私に壁ってあったのかなというところから感じてしまいました。というのも、日本人の母と韓国人の父の間に生まれて2言語の間で育ってきたので、他の方たちと違って、いきなり何もない状態から日本語を学ぶのではなく、最初から2言語だったので、ちょっと違うと思うんです。ですが、韓国の日本人学校に通ったりして、私としては日本人と同じような日本語を使っていた「つもり」だったんですけれども、やはり日本で育つ日本人の子どもたちが使う言語と、私を含め、韓国で日本人学校に通っている子どもたちが使う言語とでは違っていて、文化的背景というのはかなり大きかったかなと思います。日本人が見ているテレビで、その時流行りの言葉だったり、その時よく使われることばだったりするのを、私は分からないわけです。なのでそういう壁とい

うんですかね、違いというのはあったと思います。あともう一つは、日本に来たのが高校一年生の時で、岩手県の田舎に移住しました。日本語は一言語で日本どこでも日本語ができる状態だと思っていたのですが、ものすごく方言とか訛りがありました。方言で授業などをされるとやはり私は全く理解ができなかったりしたので、そういう壁もあったかなというふうに思います。

佐々木: はい、ありがとうございます。ホセさんの場合、1つは、日本語が0の状態で8歳の時に来日されて、文字だとか話すこと、言語そのものの壁の部分が1つあって、もう1つは人間関係を含めた「文化的背景」というところがあった。これはアリサさんとも共通するところがあり、文化的な背景の違いと地元の方言の壁ということだったと思います。ホセさんの場合は、あと発音でしたね。では、陳さんお願いします。

陳: 鈴木さんとホセさんの話を聞いて、2人と比べて、私の日本語習得はむしろ壁しかない、「四面楚歌」といっても過言ではないような状況だったなと、今思っています。私は中学1年生の時に初めて日本に来ました。中学に入る前まで日本で暮らすことは絶対に無いだろうし、日本に行く事は当然ないだろうと思っていたんですけど。急に親に日本に行きなさいみたいに言われて日本に来ることになりました。もちろん、日本語のひらがなカタカナもわからない状態でした。しかも私の中学は、千葉県のある山のほうの中学だったので、そこには外国にルーツがある人すらいなかったから、日本語が話せない人は私だけだったのです。僕にとって日本語習得の1番大きな壁は、日本語の知識とか、日本語の文法構造そのものというより、「日本語を習得する環境」ではなかったかと思います。当時は周りの人はみんな日本人、日本語話して当然。僕だけ日本語が話せないから、なんていうか、日常がない状態だったのです。もちろんみんな中学生だから、中学生には超当たり前、ありきたりな話をかけられても、私答えられないし、理解もできないから、その環境がほんとに大きな、乗り越えないといけないんですけれども乗り越えるのが充分辛い壁だったなと思います。例えば子どもの言語習得を見ると、小さい赤ちゃんとか、子どもとか、言い間違えたりすると、親がすごく丁寧に説明したりするじゃないですか。どの親でもそうだと思いますが。でも中学生の僕は日本語が話せない、周りの日本の皆さんにとっては、それはありえないということになっちゃうから、優しい環境とは言い難い。その環境が日本語習得をはばむ壁なんじゃないのかなと今思っています。

でも、むしろその壁があったからこそ、日本語がものすごく伸びたと思います。言語を学ぶことは絶対に楽しいことではないと思いますし、むしろ辛いことだと私は認識しています。言葉を学ぶにはそれなりの時間勉強しないと、それなりの努力をしないと、どんなにうまい先生のところで勉強をしたとしても、それなりの習得度にはたどり着けないと思いますから。たとえ今の日本語教育がものすごく進展していて、私が来たのが10年前だから、10年前の私の現状と比べたら今の日本語教育はものすごく進展していると思いますが、それでもまだまだ足りないところもありますが、でもいっぱい支援しちゃうと、学習者に頼ってしまわれかねないから、言語習得は厳しいものなので、厳しい環境だからこそ良い習得ができる。壁であると同時に、むしろその壁のおかげで私は今日本語を話せるようになった、というふうに両面的に捉えています。

あとは、その環境が壁の1つで、日本語、そのものに関して難しいと感じたのが、日本語の「助詞」と思います。「は」とか「を」とか、「が」なのか「は」なのか、「公園を散歩する」、なんで「公園に散歩する」じゃダメなのか、そういう助詞の使い分けがいまだに難しいなと思っています。

佐々木: はい、ありがとうございます。そうすると陳さんの場合も2つですかね。最初の壁は本当に大きな壁だったと思いますが、日本語を習得する環境ですね。千葉の中学校では他はみんな日本語を母語

とする子どもたちだったわけですから。母語としない人は、陳さんお一人だったということで、なかなかその辺は厳しいということだったんですね。でもそういう環境だったからこそ、日本語の能力、技能が向上したということもおっしゃってくださいました。それからあともう1つは、陳さんは言語研究、言語学をやっているから、日本語そのものをいろいろ観察していると思いますが、「は」とか「が」とか「を」などの使い分け、「助詞」ですね。これがやはりいまだもって難しいですか。

　陳： そうです。直感的には、なんというか、よく使うようなプロトタイプ的なものだったら、瞬時に使えるんですけれども。やはりあんまり聞いたことがないような表現や、慣用表現はもう決まった表現で、決まった表現は歴史の影響とかもあるので、慣用表現自体が現代語とかけ離れているところがあるから、そういう表現になる時は、どっちだろうとわからなくなります。

　佐々木： よくわかりました。典型的な日本語で、教科書なんかにもそのまま載っていて、そこをきっちりと抑えれば習得できるようなプロトタイプ的なものはほぼ大丈夫だけれども、そこから外れる周辺的、派生的な例がちょっと難しいという、そういうことが1つですね。あともう1つは慣用表現ということでした。それでは続いて久富さん、お願いします。

　久富： 私自身は、日本の学校に通ったことがありません。というのも、日本に来たのが8歳の時だったんですけども、それからはずっと日本でもブラジル人学校に通ってきました。なので、もちろん通ってる人たちも、関わっていた人たちもブラジル人で、ポルトガル語を喋る人たちがほとんど9割以上でした。日本語の授業は週2ぐらいでやっていて日本人の先生方が教えてくれたのですが、日本語で喋るというよりかは、一方的に日本語を教えてくださるっていうスタイルの授業だったのです。勉強の一環としての日本語だったので、高校卒業するまではあまり壁というふうに感じることはありませんでした。でも、いざ大学に入学するってなったときに、やっぱり日本社会との関わりが周りの方より圧倒的に少なかったというのが、多分1番だめなところだったと思うんですけれども。文章表現は結構できていた方だと思うんですよね、周りの方と比べて。結構そういうところを褒めてくださることが多かったんですけれども、いざ日本語で話すとなるとあまり自然な日本語が出ない。教科書のような、テンプレートのような日本語しか話せないし、日本語で考えることができなかった。そういうことが初めて感じた日本語の壁で、そういうことに苦労するだろうなという頭で大学にも入学しました。同学年の人たちと喋っていても、私これまであんまり喋ってこなかったので「変だったら言ってください」っていうふうに言ってたので、度々指摘されることはあったんですけども、こういうものだろうと思っていたので、徐々にその壁はなくなってきました。

　今でもすごく壁に思うのは、敬語とか丁寧語とか尊重語ですかね。教科書でもちろん学んだんですけれど、どういう場面で使えばいいのかがいまだに分からない。例えばなんですけど、「座る」の丁寧語、敬語はなんですかと聞かれたら、「座ってください」でしたり、「おかけください」っていうふうに答えることができるんですけど、誰に向けてどういう場面で使えばいいのか未だに自然にわからないっていう状況です。なので、大学に入学した時も、同い年の同学年の人たちに普通に敬語で喋り始めて「そんなに壁作らないでよ」と言われることもしばしばでした。同学年の人たちとかはまだいいんですけれども、多分まだやってないと思うんですけども、たまに教授の方でしたりだと、フランクにお話ししていると、そのあと振り返った時に「なんかちゃんと喋っていたのかな」とちょっと悩んだりもして、ちゃんとそこを切り替えることがまだできていないのが、ちょっといまだに壁に感じるところですかね。あとはまあ徐々に、先程陳さんも言っていたんですけど助詞とかも、いまだにたまにポルトガル語を喋る知り合いとかが日本語を学んでてこの助詞ってこういう時になんで「で」なの「に」なのって聞かれたことがあったんですけど、全く説明

できずにいました。自分で喋ることはできるんですけど、いざ説明するとなると、なんでこのときにこの助詞を使ったんだろうっていうのがいまだに自分でもわからないです。

　佐々木：はい、アリネリサさんも大きく2つだったのかな。8歳の時に日本に来て以降ポルトガル語が母語の人たちが圧倒的に多い日本語学校に通ってきた。その中で、日本語母語話者の先生による日本語の授業で日本語を学習したが、勉強の一環として、特に書き言葉を中心に学んできた。そう考えてみると、日本語を社会の中で、あるいは自然な場面で、使う、話すというほうが壁に感じた。そういうことでいいんでしょうか。

　それと、敬語っていうのはやはり、話し言葉っていうのでしょうかね。「話す」という面に含まれる一例というふうに理解していいですかね。それがどういう場面で、というところが、いまだによく分からないというこのがあるのですね。「座る」の代わりに「座ってください」とか「おかけください」とかというのでしょうけれども、その辺がちょっとどういう場面でというのが分からないということでしたね。

　あともう1つは助詞ですね。1つ関連して確認ですが、助詞の例えば「で」と「に」の区別が分からない、ポルトガル語母語話者の友人から日本語の質問を受けた時にうまく説明ができないということですね。これはね、日本語母語話者でも、説明できないんです。直感は効くんですよ。こういう場合は「で」、こういう場合は「に」っていうようにね。分かるというか、直感的にそう発話しちゃうのですけれども、あるいは書いてしまうのですが、じゃあどうしてこの場合「で」で、どうしてこの場合「に」なのかと質問されるとね、答えられないんです。久富さんも日本語母語話者とほぼ同じような域に達しているのかなっていうふうにも思ったのですけれども。普通はね、日本語をいろいろ学習していく場合には、国語教育というよりは日本語教育ということで、非母語話者のためにいろいろやっていきますので、いろいろなルールがでてきて、日本語の先生が教えてくれる。それは明示的なルールなのでそれを覚えれば、誰かほかの学習者に聞かれても日本語の先生に教わったとおりに伝えれば、「これがルールですよ」と言えるんですね。そういう意味では、日本語母語話者と違って、日本語教育を通常のかたちで受けてきた人はその辺の説明ができるところがあります。久富さんはブラジル人学校での日本語の授業では、日本語母語話者の先生がいたけれども、説明みたいなものは受けてこなかったということでよいのですか。

　久富：たぶんなんですけど、今日は助詞「〜が」だけを使う文章を勉強しましょう、というような授業をされていたので、何か文章を出されて「が」「を」「で」「に」のどれを使いますかって複数の選択肢がない状態で学んだので、じゃあこの文章は「が」なんだな、次の日に学んだものは、このページに入っているこの文章は全部「で」を使うものなんだな、こういうところで「で」は使われるんだ、と他のものと比較せずに進んでいったのが現実です。1つの文章だけを出されて、どの助詞が入りますかっていう授業はなかったと思います。

　佐々木：なるほど。それはひょっとすると日本語教育の問題点かもしれないとちょっと思ったんですけれども、わかりました。大きく2点目が助詞関連ということで、それをどう相手に説明していくかということの難しさでした。

　これで一通り、日本語習得の壁とは何かについての皆さんからのお話と、それに関連するやりとりを終えたということになります。そうしましたらもう一つのことですね、「そうした日本語習得の壁をどう乗り越えてきたか」。皆さんそれぞれに壁があったということが先程のお話でわかりました。それが全てではないと思いますが、特に重要なところがそうだったと理解しておりますが、そのことに限らず、今度はどう乗り越えてきたかということをお話ししていただければと思います。

ホセ：大きく分けると2つ要因があるのかなと感じてます。1つ目は、他者のサポートがやはり大きいと思います。日本語を覚えていくにあたって、特に私の場合は小学校に転入してからは、日本語を指導してくれる先生方、個別の指導員がいらっしゃったということと、その時、その学年での担任の先生の理解というのがあって、サポートをしてくれたというところが1つの要因だったのかなとは思います。さっきも壁のところでいった発音に関してもやっぱり小学校の担任の先生から、厳しくというよりは、「直したほうがいいよ」みたいな感じで指導されて、発音の練習をさせられた。そういう指導をしてくれたおかげっていうのがひとつありましたし、他の先生方においても取り出し授業をしてくれたり、そういう対応があったっていうのが1つあったと思います。

　他者がひとつの要因だったとするともうひとつの要因は、自分でどうやってきたかというところかなと思います。私の場合は、親が先に出稼ぎで来日していて、家族が再統合するという意識のほうが強くて、「日本にずっと移住するんだ」っていう考えというのは、まずその頃はなかった。ただ、親には迷惑をかけられないなという意味で、日本語の勉強を始めたのが8歳からのころだったので、兄貴がいるんですけれども、兄貴と2人で夏休みに自分たちで勉強したり、あとは部活で学校のサッカー部に入って人間関係を持つことによって日本語を使う回数というのが圧倒的に増えたという意味では、そういう授業外での活動に関わることによって、日本語だけじゃなくて、日本的な習慣に対応するということを学んだのかなとは思います。

佐々木：はい、ありがとうございます。要因は2点あるということですかね。1つは他者からのサポートっていうことですね。もう1つは自分自身でどうやってきたかという、自助努力の側面ですね。サッカー部にも入ったことで、人間関係も学んだ。これはもう言語の学習を超えたところかもしれませんね。人間関係が言語にも関わってくるのかな、と思ったわけです。やはり部活だと日本語を使う回数が圧倒的に多くなり、自然な日本語で同じ仲間と話すことになる。今のお話を聞いていて、関取、お相撲さんですね、モンゴル出身とかね、いろんな外国から来る方が、日本の相撲界に入って、ちゃんこ料理を食べながら稽古をしていくと、なんかみなさんいい日本語を話すようになりますよね。なんかそれをちょっと感じさせるような話でした。

鈴木：はい、私の場合は、乗り越えられたかどうか客観的に見るのは難しいんですけれども、やはり自然な日本語を出すまでに、自分が努力したというか、どういうふうにやってきたかなと今振り返ってみると、例えばメールを送るとき、その日本語が正しいかどうかをその都度検索をしたり、あるいは会話とかは、もうずっと人間観察をして、「こういう話し方が自然なんだな」とか、「こういうテンポが適切なんだな」とかっていうことを学んでいったような気がします。今もそうなんですけれども、授業とか会議、あるいはこういう座談会とかでも、話している日本語を理解するためにはメモを取って、一回字にしてから理解するということをずっとやってきたので、やりすぎも良くはないと思うんですけれども、そのように自分なりの努力はしてきたのかなというふうに思います。

　あとは、高校から日本に来たというように先程申し上げたのですが、「日本語を使う」＝「日本文化に入る、日本社会に入る」という認識だったんですけれども。韓国の大都会のソウルから、田舎の方言がある岩手に行って、日本語を使うということも拒んでいた時期、嫌だった時期があったんですけれども、それをどのように乗り越えたかなと思った時に、担任の先生の理解がありました。それまでハーフっていうとなかなか、「日本人と同じだね」とか「日本語を喋れるからあなたは大丈夫だね」と思われてきたんですけれども、実はそうでもなくて。ですが担任の先生が「方言とか大丈夫？」とかいろいろ気にかけてくださって、

そのおかげでなんとか学習も続けて大学までこれたかなというふうに思います。はい、そのような感じで乗り越えたかなと思います。

佐々木：はい、ありがとうございます。やはり2点でしょうかね。1つは、自助努力っていうのですかね、自分で努力し続けているということで、皆さん明言されてないかもしれませんが、陳さんだって、アリネリサさんだって、一生懸命自分で努力してきたんだと思います。鈴木さんも自然な日本語を求めて、例えばメールについては今でも辞書とかで調べるんですか。送る前にエイヤーってすぐに送らないで、調べてから送るようにしている。それから会話については、いろいろ人間観察するということで「こういうテンポで話すんだな」と理解していく。佐々木がこういうテンポで話しているのも一つの参考になるんでしょうかね。それで、メモを取らないといけないという思いで結構メモを取ってきたようですが、場合によってはメモ無しで、ということも必要に感じているということでいいのですか。

鈴木：そうですね、ずっと取り続けてきたんですけれども、メモを取れない時にすぐ理解して答えなければならない場面が大学ではあるので、メモが取れない時も必ずちゃんと理解して話せるようにしないといけないな、というように今は感じています。

佐々木：なるほど、それは大事かもしれませんね。私も長年こういう仕事をやって、教えながら研究もして、研究しながら教えるという仕事もやって、いろいろな場所で、学会だとか研究会で、発表する機会も何回もやってきたわけです。若い時に最初にそういうところでやったときには、原稿を用意してそれを見ながらですね、読み上げながらやるっていうことだったんです。この頃は原稿をあらかじめ書いておく時間がなくなったので、その代わりにどうするかというと、ハンドアウトとかレジュメはちゃんとつくってね、納得いくかたちで作って、あとはメモを書いておくぐらいであとはもうぶっつけ本番みたいな、ということをやっています。メモをとるというのは全部書くというのが基本だと思うのですが、そうでなくても意外に上手く対応できる場合がある。メモは大事ですが、メモに頼らない方法もありますね。

陳：自分の日本語習得を乗り越えたコツというのは、いろいろ考えてみたら、昨日から考えてみたんですけれども、2つの言葉でまとめられるのではないかと思います。1つは「自分に厳しく」、もう1つは「自分に優しく」です。矛盾している言葉っていえば矛盾しているんですけれども、「自分に厳しく」というのは、私さっきも言いましたが、言葉を学ぶ事はもちろん難しいことですし、厳しいことでもありますから、そもそも場合によっては楽しくない面の方が多いので、壁に直面してその壁から逃げないことが大事ではないのかなと思います。この前中国語の記事で「偽留学」という言葉を知って、「偽留学」という現象が今中国社会ではすごく話題になっているらしいんですよ。他の国にルーツがある方々はどうなのかわからないんですけれども、中国の特徴としては、まず人が多く、中国語を話せる人が14億人いるので。「偽留学」というのは、せっかく留学に行ったんだけど、イギリスの話だと、せっかくイギリスに留学しに行ったんだけど、イギリスの研究室の人はみんな中国語が話せる人で、中国の中華料理屋でご飯食べて、中華的なものを売るスーパーで買い物をしたりする。そのような「偽留学」は、結局留学にいったかどうかすら分からないような留学になってしまうという現象が今中国社会で話題になっている。先ほども言いましたが、日本語指導、日本語支援というのが10年前の状況だった時と比べてだいぶ良くなっていますので、逆に本当に日本語を習得したいならその壁にぶつけて、その壁に直面しないと絶対に乗り越えられるわけがないから、逃げないで自分に厳しく、自分のわからないところに直面することがまず1つ、そこを決心しないといけないところかなと思います。

もう一つは矛盾しているかもしれないが、「自分に優しく」というのは、わからなくて当然というふうに

認識して、私は中学生の時に来たから、2年後には高校受験があるじゃないですか。みんな高校受験で忙しい時に私はまだまだこれは「が」です、それは「は」です、それは「を」です、みたいな日本語の勉強をしていたので、ものすごく焦っていたんです。でも逆に考えると、2歳の子どもはたいした日本語を話せないじゃないですか。て考えると自分にも、できない自分に優しく。結局目指すのが日本人と同じというよりは、自分にとって満足がいくような、自分の言いたいことを言えるような、自分が納得できるかどうか、ということを目指す方向、目指す目標にしたほうが、それは私にとっては自分に優しい、というコツかなと思いました。

佐々木：はい、ありがとうございます。一見すると相矛盾する、相反する言葉、でも非常にわかりやすく説明していただきました。自分に厳しくという面と、自分に優しく、という両面があるということですね。他の方、今陳さんがおっしゃったことについて、何か感じたこととかあったら、もしかかったら発言してください。

鈴木：今の陳さんのお話、皆さんのお話を聞きながら、私よりも日本語がお上手というか、この中で私が1番できていないのかなと思ったんですけれども…。それで、「日本語教育が10年前よりも進展している」というところが気になりました。陳さんは千葉県の山の中学で、日本語の先生はいらっしゃったんですか、その時に。

陳：それはいらっしゃいました。

鈴木：いらっしゃったんですね。陳さんのために、その先生をつけてくださったんですか。

陳：そうです。

鈴木：そうなんですね。なんかその、私もすごく田舎の岩手に行った時に、もし私が日本語が全然できない状態で行ったらちょっと厳しい環境だったと思ったんですけれども。今の日本語教育が進展しているっていうのはどういうことでしょうか。日本語の先生が増えたとか、あるいは教え方がちょっと変わったとか、「進展している」という部分が気になったので教えていただけると幸いです。

陳：わかりました。それは確かに言われてみれば誤解を生むような説明の仕方をしてしまったかもしれません。私の言っている「進展」というのは日本語の先生が増えたとか、日本語の教授法が発明されたとかの意味での進展ではなくて、日本語教育を展開する環境がすごく進展しているなと思っています。さらに外国人に対する認識だとか、海外にルーツがある子どもとの触れる機会がもちろん増えてる中で、一般の日本の人、ほんとに標準的な日本人が、海外の人、留学生とか外国人児童生徒に対する認識が10年前より深まったというか、身近なものになっているので、その中で日本語教育を展開することが、その生徒、学習者本人に、習得に向いた学習環境を提供することがよりやりやすくなっている、という意味で「進展」というふうに使いました。別に、日本語教育そのものはまだ10年間で変わるものじゃないと思っています。

佐々木：はい、ありがとうございます。他はいかがでしょうか。大丈夫でしょうか。陳さんありがとうございました。それでは久富さんお願いいたします。

久富：自分の場合、何かの発表をさせていただく機会が大学の中ですごく多かったです。というのも、自分がすごく珍しいルーツを持っているっていうふうに人から言われるので。国際学部だったこともあり、「その経験をじゃあ皆さんに発表してください」って言ってくださる方が多かったので、1年の時から発表をする機会があれば、とりあえず引き受けるっていうことをまずやっていました。その発表をするにあたって、まさに原稿をつくるというところからはじめ、台本みたいなものを持って発表をし始める、みたい

なことも度々しましたし、論文を書いている時も、卒論を書いていた時も、担当の先生と週一くらいで話をしたりしてたんですけど、話をする時もあらかじめ自分で何を話したいのかっていうのをまとめ書きみたいなのをして、それを見ている状態で話をしたりっていうことをずっとしながらやっていましたね。その度に、お話しする前にまず敬語とかそういうものを調べてから、話の中で使いそうだなというものをどこかに書いておいて、ちらちら見ながら話をしたりとかしてました。あと、とりあえず人と関わる機会があったら参加する。宇都宮大学が主催している多言語高校ガイダンスにも呼ばれたら参加して、そこでブラジル人の方と関わることも多かったんですけれども、大学内の同学年の人たちとも、教師ともお話しすることもあったので、そこで誰かと話をしたり、「ちょっと変なところがあったら言ってください」って言ったりとかしてました。とりあえず人と積極的に関わっていました。

　佐々木： ありがとうございます。一言で言うと、人と関わっていた、人と関わるように積極的に行動した、ということでよろしいでしょうか。それで壁を乗り越えてきたというような感じですかね。数年前に3大学(福島大学、茨城大学、宇都宮大学)の研究コンソーシアムがありましたが、そこで久富さん何か発表されましたよね。ああいうのもやはり積極的に参加されていたんだなっていうように思いますね。

はい、これでひととおり、ふたつのこと、「日本語習得の壁って何か」と「そうした壁をどう乗り越えてきたか」についてそれぞれお話をいただきました。その中でいろいろ質疑もしてということで、ここまできました。ほぼ所期の目的は達成したのかなとは思っていますが、最後にぜひちょっと言いたいことがあれば言っていただければと思うのですが、いかがでしょうか。

　陳　： 「私は敬語が大好きです」ということを言い残したいです。鈴木さんと久富さんとホセ先生が、敬語は難しいとおっしゃいましたが、他の言語は私そんなに詳しくはないですけど、中国語には、敬語がないんですよ。中国語は、相手に対して敬意を表すときは、その感情はあるんですけど、手草とか仕草とかで表すのです。頭を下げたりするとか。日本語は敬語があるから、特に文章を書くときに、手紙とかメールを書くときに、敬語を使えば、相手に対する敬意を表現できるので、私にとっては大変便利な1つの言語現象だなと思っていますので、私は敬語がものすごく好きです。習得していて、敬語、勉強していて良かったなと思いました。

　久富： 日本語の勉強を徐々に高校でしたりとかして、大学受験で本格的に日本語を学び始めるみたいな感じで日本語習得に向き合ったので、あんまりその壁とか意識せずに来ました。意識する時間も多分なかったと思うんですけど、なんか改めて振り返るといろいろとやってきたんだな、みたいなのをちょっと思い出すことができました。自分の今までの経験を振り返ることができる良い機会だったのかなと思いました。ありがとうございました。

　ホセ： はい、今回このような場を設けていただいてありがとうございました。やっぱり書面で読むのとみんなからいろいろ話を聞くのとまたちょっと違うなという印象で、みなさんもいろんな経験をしてこられたなっていうところで、聞いていて面白いなと思いました。アリネリサさんが言うように、やっぱり今まで自分の経験を語ってくださいと言われることが多いんですけれども、言語に絞っていろいろ聞かれるという事はあまりなかったので、ある意味新鮮ではあって、振り返る機会、自分の日本語を覚えた、話せるようになったことについて振り返る良い機会になったなと改めて思ったので、ありがとうございました。

　鈴木： 今回の座談会を通して、ここにいる人たちはすごく特殊だと思います。先生の理解があったり、私以外ですけどご自身の素晴らしい努力があったり。でもそうではない人もたくさんいるはずなんですよね。しかしこのような座談会とか、先生のご研究だったり、そういうことを通して、日本語を教える先生、

あるいは日本語に壁を感じている人たちに、何か少しでもヒントになればいいかなというように思いました。なので、そうではない人たちにも届くことを願って、私もこの場でそのような人たちの役に立つようなことが話せたらよかったかな、というように思います。ありがとうございます。

佐々木：お1人ずつ最後一言いっていただきました。私はそれぞれ4人の方々を知っておりますので、私と学生さんとのやりとりというのはある程度あるんですけれども、この4人が今日みたいな感じでお話しする機会ってほとんどなかったんじゃないかなって思うんです。田巻さんと研究上、いろいろやりとりしている中で、4人が実際に顔を合わせて一堂に会してなにか話をするっていうのも意義があるのでないかなとおっしゃって確かにそうだと思ったんです。今日実際にこういう場をもってみて、非常に良かったと実感しました。日本語習得の壁というのがテーマの一つで、それをどう乗り越えるかということでしたけれども、今日お話しいただいたことというのは、ある意味特殊、一部かもしれません、ここにいる方々の4人はですね。そうでない方のほうが圧倒的多数かもしれませんが、こういうなにか経験をヒントにしていただくっていうのは、重要かなと思うんです。座談会は以上にさせていただきます。本日はどうもありがとうございました。

全員：ありがとうござました。

■座談会参加者紹介

鈴木　アリサ（SUZUKI Arisa）
（宇都宮大学大学院　多文化共生学プログラム）

「莉莉は、ふだん、ことばがわからない中、必死にがんばっているんです。だから許先生も、日本語を教える、というよりは、中国語でたくさん莉莉の話を聞いてあげてください。それが、莉莉にとって次もがんばろうって力になるんですから…」(温又柔『来福の家』(集英社、2011年、169-170頁)。越境文学を研究しておりますが、この言葉に救われました。座談会での話も、今日本語を習得する子どもや、昔苦労して習得した人たちの気持ちに寄り添う、そんなお話になっていると思います

陳　泓宇（CHEN Hongyu）
（宇都宮大学国際学部4年）

私は中国東北部の遼寧に生まれ、中国で小学校を終え、日本に来た。中国の東北部だから、飛行機で二時間で着く距離だが、文化的な距離は宇都宮から東京へ行く時の二時間より遥かに遠かった。通じないから自分の言いたいことを相手に伝えられるまで相当な時間を要した。今回の日本語学習と言語距離に関する座談会に参加でき、日本語との類似度が異なる他の言語を母語とする参加者三人に出会った。今回を機に、母語と日本語の距離、物理的空間上の距離、人と人の文化的心の距離など、日本語習得に与える要因を多面的に考えるいい機会になった。

小波津　ホセ（Jose Raul Bravo Kohatsu）
執筆者紹介参照

「日本語」に焦点をあてた今回の座談会は新鮮であった。成長過程における日本語について今まで詳細に尋ねられることはほとんどなく、異なった視点で自分を振りかえる場となった。日本語は単語や文法等の習得度合が重視される傾向にあるが、無意識のうちに文化の習得も要求されると再認識させられた。また、ルーツや世代によっても日本語に対する向き合い方が異なっており、日本語習得の難しさが表面化したとも感じている。

久富　アリネリサ（HISATOMI Arine Risa）
（宇都宮大学大学院　多文化共生学プログラム）

インスチトゥートエドゥカーレというブラジル人学校を卒業、茨城県住まいの久富。コロナ禍によりできなかったことが多くあったため、現在宇都宮大学院在学中。座談会では様々な地域の取り組みについてお聞きすることができて、さらには自分の経験を話すこともできて、とても有意義な時間を過ごしました。外国人入試を受けてから5年、その間だけでも多くの変化がありました。この先も、外国籍の人が学べる場が少しずつ多くなれば嬉しく思います。

【執筆者紹介】

佐々木　一隆 (SASAKI Kazutaka)
編者／第11章、おわりに

宇都宮大学国際学部教授。教育学修士。専門は英語学・言語学。英語受動文の多様性、言語普遍性からみた日英語名詞句の比較、文的な性質をもつ英語名詞句、英語研究による日本語翻訳・英語教育への寄与、多文化共生における言語研究の重要性などについて研究している。主な著書に『大学生のための現代英文法』(萱原雅弘との共著、開拓社、1999年)がある。学術論文多数。日本英語学会評議員(2015年4月〜2023年3月)。

田巻　松雄 (TAMAKI Matsuo)
編者／はじめに、序章、第5章、コラムⅡ

宇都宮大学名誉教授。「とちぎに夜間中学をつくり育てる会」代表。北海道夕張市生まれ。2010年度から2021年度まで、宇都宮大学HANDS事業の代表者として、外国人児童生徒教育支援に関わってきた。主な著書に、『夕張は何を語るか』(編、吉田書店、2014年)、『未来を拓くあなたへ』(下野新聞新書、2017年)、『ある外国人の日本での20年』(下野新聞社、2019年、英語版2021年)。

横溝　環 (Yokomizo Tamaki)
第1章

茨城大学人文社会科学部准教授。国際コミュニケーション博士。専門は異文化コミュニケーション・多文化関係学。著書に『フェイス相互作用論』(春風社)がある。実践活動として、大洗町を中心とした地域日本語教室の開催(月4回)、小中学校の取り出し授業の支援等を自治体、地域ボランティア、学生と共に行っている。

立花　有希 (TACHIBANA Yuki)
第2章

博士(教育学)。宇都宮大学国際学部准教授。専門は、比較教育学、異文化間教育。主な論文に、「ドイツの就学前教育における移民の子どもの言語発達の評価と支援」(異文化間教育学会編『異文化間教育』第45号、2017年)、「ドイツにおける幼小連携の取組に関する一考察」(関東教育学会編『関東教育学会紀要』第43号、2016年)など。

石川　朝子 (ISHIKAWA Asako)
第3章

大阪大学大学院(人間科学修士)。下関市立大学特任教員。教育社会学・異文化間教育学が専門。外国につながる子どもの教育に関する研究。研究業績に、志水宏吉編著『高校を生きるニューカマー—大阪府立高校にみる教育支援』明石書店 2008年、志水宏吉ら編著『日本の外国人学校—トランスナショナリティをめぐる教育政策の課題』明石書店 2014年(第Ⅲ部　中華学校)等がある。

鄭　安君 (Cheng An-chun)
第4章

博士(国際学)。宇都宮大学国際学部附属多文化公共圏センター研究員、相模女子大学・国際医療福祉大学非常勤講師。著書は『台湾の外国人介護労働者—雇用主・仲介業者・労働者による選択とその課題』(明石書店、2021年)、「各国社会福祉の現状:台湾」宇佐見耕一他編『世界の社会福祉年鑑2022』(旬報社、2022年、pp.283-306)等。人の移動と文化の流れに関心。

スエヨシ・アナ（ANA Sueyoshi）
コラムI

ペルーのランバイエケ州チクラヨ市生まれ。日系3世。2004年筑波大学大学院国際政治経済研究科博士課程単位取得後退学。同大学に外国人研究者として勤務。2006年より宇都宮大学国際学部に勤務。ラテンアメリカ論、スペイン語などを担当。『越境するペルー人―外国人労働者、日本で成長した若者、「帰国」した子どもたち』（共編著）下野新聞社、2015年、"Intergenerational Circular Migration and Differences in Identity Building of Nikkei Peruvians", Contemporary Japan, Volume 29, Number 2, 2017, pp.230-245、など。

小波津　ホセ（Jose Raul Bravo Kohatsu）
第6章

博士（国際学）、獨協大学非常勤講師。日本ペルー共生協会会長。共著に『越境するペルー人』下野新聞社、2015年。論文に「ペルー人第2世代の学歴と職歴の関連性」『アジア・アフリカ』研究学第58巻第4号、2018年。「親子関係がペルー人第2世代の社会進出に与える影響の検証」『JICA横浜海外移住資料館研究紀要』第12号、2018年。

佐々木　優香（SASAKI Yuka）
第7章

博士（社会科学）。現在、筑波大学人文社会系特任研究員。専門は、日本とドイツにおける移民の社会統合政策や移民第二世代の言語教育。主な著書に、「在日ブラジル人の定住化をめぐるディアスポラ政策の展開と実践」（明石純一編著『移住労働とディアスポラ政策：国境を越える人の移動をめぐる送出国のパースペクティブ』筑波大学出版会、2022年）など。

加藤　佳代（KATO Kayo）
第8章

横浜生まれ。多言語・多文化社会のあり方、図書館における多文化サービス、伝統文化の継承に関心があり活動を続けている。神奈川県立地球市民かながわプラザ（あーすぷらざ）外国人教育相談コーディネーター、よこはまライブラリーフレンド事務局、むすびめの会（図書館と多様な文化・言語的背景をもつ人々をむすぶ会）企画委員、日本舞踊藤間流師範、横浜邦楽邦舞家協会会員。

中村　　真（NAKAMURA Makoto）
第9章

学術修士、MA。宇都宮大学国際学部教授。心理学分野で、表情を通した感情コミュニケーションの研究を行ってきた。共感性との関連で、共生や排斥の問題に関心をもち、近年は、学際的、分野融合的観点から、共感の反社会的側面、嫌悪感情と排斥行動、社会的共生と排斥行動などをテーマに研究を行っている。『感情心理学ハンドブック』（共編　北大路書房　2019）、『共感』（梅田・編　岩波書店2014）、他。

駒井　　洋（KOMAI Hiroshi）
第10章

大連出身。東京大学文学部社会学科卒業（1964）。同大学院社会学研究科博士課程修了（1970）。博士（社会学）＜筑波大学＞（1996）。筑波大学名誉教授（2004 - ）。専門は国際社会学。移民政策学会元会長（2015-2017）。主な著作に『国際社会学研究』（日本評論社、1989年）、『移民社会学研究』（明石書店、2016年）、『国際社会学のパイオニア―駒井洋自伝　知への飛翔と地球遍歴』（明石書店、2022年）。

おわりに

　本書を締めくくるにあたり、編者の一人として、三部構成からなる本書の特徴を述べるとともに、本書の内容とその方向性に沿う事業について紹介する。

三部構成としての本書の特徴

　本書の特徴をひとことで言うならば、外国人生徒の学びの場について、多様な学び場があることに目を向けた様々な人たちが共同執筆している点にある。言い換えれば、I部からIII部まで、第1章から第11章まで、そして二つのコラムと座談会を眺めてみると、多様な学び（場）を探求するために、国籍、言語、文化、地域、学問領域、研究内容と方法、学習内容と形態などに関心をもつ多様な執筆者・発言者たちが、そうした違いを越えて時には研究会等でも討論して執筆・発言をしているということである。すなわち、多国籍、多言語・多文化、多様な地域・学問領域・研究内容と方法・学習内容と形態が取り上げられており、学際的で、グローカルとグローバルの視点を軸とした点で国際学的様相も見られる。このため、必然的に比較の視点も伴っている。さらに、こうした多様性をめぐる記述や説明の先には、普遍的特徴も見えてくることがあると思われる。

　I部「夜間中学、定時制課程、特別定員枠校」は、卒業証書を授与する多様な学校に焦点を当てたものであり、人の国際移動により生じた国や地域でのグローバル化とグローカル化、多国籍化、多言語・多文化化への移行と比較の視点が見られる。第1章では、北関東に位置する外国人集住地域X市における多様な学びの場（ブラジル人学校、外国人受け入れ重点高校の普通科単位制高等学校、夜間中学）の現状と課題を取り上げた。第2章では、夜間中学・定時制高校の制度と機能をドイツとの比較を通して論じた。第3章では、定時制単位制高校における外国人生徒の教育を支える論理について、外国人特別入試枠をもつ市立札幌大通高校の事例を紹介しながら論じた。第4章では、補習教育と生涯教育の狭間にある台湾の夜間中学の役割と社会的意義を取り上げた。コラムIでは、ペルーの教育制度における代替的基礎教育の位置付けについて情報提供している。

　II部「学校以外の学びの場」は、学校以外の学習支援組織に光を当てたものであり、「よりそい」「ともに学ぶ」「移民の子ども」「つなぐ」がキーワードとなる。第5章では、組織らしくない組織による学校らしくない学校づくりとしての自主夜間中学での学びについて議論した。第6章では、移民の子どもに求められる多様な学びの場について、ペルー人移民団体を事例として論じた。第7章では、学びをつなぐ場としてのブラジル人学校について、北関東にあるブラジル人学校を事例に考察した。第8章では、人と学ぶ場をつなぐ「あーすぷらざ外国人教育相談窓口」の立ち上げの経緯を明らかにした上で、当窓口が果たす役割について記述した。コラムIIでは、2022年12月3日に行われた、多文化公共圏センター多様な学び研究会、とちぎに夜間中学をつくり育てる会、田巻松雄研究グループの共催による「自主夜間中学について考える研修会」第1回での実践報告と座談会を振り返った。

　III部「排斥、排除、壁」は、学際的・融合的で国際学的な色彩の濃い研究を提示したものであ

る。第9章では、心理学の視点から、排斥の実態とその背景にある心理プロセスについて明らかにした。第10章では、社会学の視点に立ち、学びから排除される外国につながる子供たちの行方について論じた。第11章では、言語学の視点から、日本語習得をはばむ壁について、母語との言語文化的距離に着目して詳述し、そうした壁をどう克服したかにも触れた。各章のタイトルはそれぞれ「排斥」「排除」「壁」という異なるキーワードを用いているが、個人から集団までの「ヒト」との関わりの中で日本在住の外国人生徒（の学び場）にとって困難な状況に注目して、どのようにすれば排除や排斥ではなく包摂していけるのか、どうすれば日本語習得の壁を乗り越えられるのかという方向性をさぐる点で共通している。III部の各章は心理学、社会学、言語学の領域内に留まらず、それぞれ隣接する学問領域との学際的・融合的で国際学的色彩が濃く表れている。III部は全体としてもそうした色彩で構成されている。

　なお、第11章との関わりで企画された座談会では、国際学部の在学生と卒業生が一堂に会して、日本語習得の壁とその克服法を振り返ったわけだが、有意義な交流の場にもなった。

多様な学び研究会の発足：目的、経緯、今後の予定

　本書がめざす方向性に沿う研究会が、昨年の2022年5月に宇都宮大学国際学部附属多文化公共圏センターの一事業として誕生した。「多様な学び研究会」である。研究会の目的は、国際学部などの関係者が集い、多様な学習者（義務教育未修了者、形式卒業生、学齢超過の外国人、学齢児童生徒等）が学ぶ場をつくり育てることに資する研究と活動を行うことである。

　コラムIIで紹介したように、本研究会は、「自主夜間中学について考える研修会」第1回を2022年12月3日に開催して、実質的な活動を開始した。

　12月26日には教育相談コーナー設置と学習支援に向けた意見交換会を行った。2023年1月6日には、本研究会やHANDS事業（外国人児童生徒教育支援）の活動についての情報共有と交流を目的として、学生が企画した交流会が開かれた。HANDSで外国人児童生徒の学習支援活動をする学生、留学生、「とちぎに夜間中学をつくり育てる会」と「多様な学び研究会」の会員が参加して交流を深めた。「つくり育てる会」の協力により、「多様な学び研究会」とHANDS事業の連携の可能性を確認できた点で大変に有意義な情報共有が行われた。今年の正月にちなんで紙粘土で干支のうさぎを作り、かるた遊びもして、学生の力の素晴らしさを実感した。

　「多様な学び研究会」は、3月11日に第2回研修会を開催し、4月より教育相談と学習支援の場の本格始動をめざす。

　本書は、2022年度日本学術振興会科学研究費助成事業基盤研究（A）「外国人生徒の学びの場に関する研究―特別定員枠校と定時制・通信制高校の全国調査」（研究代表者　田巻松雄、課題番号19H00604）の研究成果の一部として出版した。宇都宮大学国際学部より、本書を国際学叢書第14巻として出版することを認めていただくとともに出版助成をいただいた。記して感謝申し上げたい。

裏表紙「前を向いて歩こう」は書道家山内太鶴による

宇都宮大学国際学叢書第14巻

外国人生徒の学びの場　多様な学び場に注目して

2023年3月31日　初版　第一刷発行

編　　者：佐々木一隆／田巻松雄
発　　行：下野新聞社
　　　　　〒320-8686 栃木県宇都宮市昭和 1-8-11
　　　　　TEL 028-625-1135 FAX 028-625-9619
印　　刷：株式会社シナノパブリッシングプレス
装　　丁：デザインジェム
ⓒ Shimotsuke Shimbun 2023 Printed in Japan
ISBN978-4-88286-846-0 C3036